赤の歴史文化図鑑

ROUGE
HISTOIRE D'UNE COULEUR

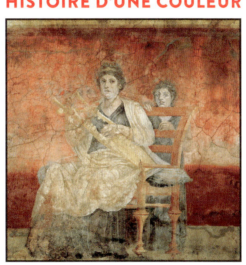

赤の歴史文化図鑑

ROUGE
HISTOIRE D'UNE COULEUR

ミシェル・パストゥロー
Michel Pastoureau

蔵持不三也・城谷民世 訳
Fumiya Kuramochi　Tamiyo Siroya

原書房

凡例

1. 本書は、ミシェル・パストゥロー『赤。色の歴史』（Michel Pastoureau, Rouge. Histoire d'une couleur, Éditions du Seuil, Paris, 2016）の全訳である。
2. 訳文中、【　】内は訳注である。
3. 改行は訳者の判断で適宜おこなった。
4. 原著の引用文は、邦訳がある場合は原則的にその訳文にもちいた。ただ、訳文と齟齬がある場合（例：プリニウス『博物誌』）は、原著にならった。

目次

序文　7

原初の色　12
(始原から古代末期まで)

最初の色彩　16
火と血　22
画家たちのなかのプリニウスとともに　30
赤く染める　36
古代ローマの赤紫　40
日常生活における赤　44
語彙の証拠　50

好まれる色　54
(6-14世紀)

教父たちの赤4色　58
キリストの血　64
権力の赤　69
最初期の紋章色　74
愛、栄光、美　80
赤対青　86
フィレンツェ貴婦人の衣装　90

異議を申し立てられた色　94
(14-17世紀)

地獄の業火に焼かれて　98
赤毛の男ユダ　102
赤の嫌悪　108
画家たちの赤　116
3原色　126
布と衣服　130
赤頭巾ちゃん　135

危険な色？　140
(18-21世紀)

赤の周縁――ローズ　144
美顔料と社交界の慣例　152
赤旗と赤い縁なし帽――進行中の革命　162
政治的な色　167
エンブレムとサイン　176
現代における赤　181

原注　195
参考文献　209

雄牛は赤い布をみせただけでたけり狂い、
哲学者は色の話をされると熱中する。
(ゲーテ)

人間科学にとって、「赤色」を語ることはある種の冗語法ともいえる。赤は元型的な色であり、人間が克服・利用・再生産し、最初は絵画に、のちには染色にさまざまな意味合いで活用してきた色でもある。それゆえ赤は何万年も前から他の色に優越してきた。数多くの言語において、「赤」をさす語が「美しさ」や「生き生きした」の意味を帯びているゆえんでもある。今日ですら、西欧では青は好ましい色ではない。たとえ日常生活において赤の場が控えめになっているとしても——少なくとも古代ギリシア・ローマ時代や中世でのその場と比較して——、この色はなおももっとも強烈かつ顕著なものであり、詩的や夢想的ないし象徴的な特性をもっとも帯びている。

　筆者は以下の章で旧石器時代から現代までの西欧社会において、赤という色がいかなる歴史を刻んできたかをみていくつもりである。もとよりそれは容易な作業ではない。赤が介在する領域が多岐にわたっており、その研究が提起する問題も数多いからである。歴史家は、言語学者や社会学者ないし文化人類学者などと同様、赤については他のいかなる色にもはるかに多くを語らなければならない。まさに赤は大海（！）なのだ。その大海で溺れたりしないため、そして本書が適切な次元をたもちつつ、先行書に匹敵できるようにと思いつつも、残念ながら一部の資料を割愛ないし短縮して、しかじかの時代に速やかに移動したり、しかじかの問題を回避しなければならなかった。ただ、何本かの導きの糸（言語表現や衣服、芸術、学問・知識、シンボルなど）を頼りとして、きわめて豊かな色彩のラビリンスに入りこんでも迷わないようにした。

＊

　本書は現在進行中の連作、すなわち『青。色の歴史』（2000年）をかわきりに、『黒。色の歴史』（2008年）、『緑。色の歴史』（2013年）までの連作の4作目となる。いずれも書肆は同じスイユ社である。おそらく5作目は黄色を扱うことになるだろう。既刊書と同様、本書もまた年代順の構成となっているが、内容は赤色の歴史であって、赤の百科全書ではない。たんに現代世界における赤の研究でもない。つまり、本書は歴史書であり、言語表現から、日常生活や社会的実践、科学的知、技術的適用、宗教的倫理、さらに芸術的創造を経てシンボルへといたる、長期的かつ多角的な赤の研究なのである。通常、色の歴史的研究——ありていにいえばさほど数は多くない——は、ごく近い時代ないし絵画表現にかぎられており、かなり要約ないし単純化したものとなっている。絵画史も色彩史も歴史には違いないが、後者は明らかにより広範囲である。

　一見するかぎり、本書はまた、既刊の3書と同じく個別研究的である。だが、色はけっして単独では登場しない。社会的・芸術的ないし象徴的な視点からすれば、色はそれ自体意味をもたず、十全に「機能する」こともない。それがなにがしかの意味や機能を帯びるのは、他のひ

とつないし複数の色とむすびつき、あるいは対立する場合である。したがって、なんらかの色を他の色と切り離して考えることは不可能といえる。赤を語る際は、必然的に青や黄、緑、さらには白や黒についても語らなければならないのだ。

前記連作の4書とあとに続くであろう書は、およそ半世紀前から筆者がその構築にかかわっている建造物、すなわち古代ローマ時代から18世紀にかけての西欧社会における色の歴史という建造物の、いわば礎石をなすものである。本書を読んでいただければわかるように、筆者はこの長期にわたる時代の両端をかなり詳細に扱っている。だが、それは筆者の研究の根幹にある編年的な部分——すでにしてきわめて長大なものだが——の枠を出るものではない。筆者はまたその研究を西欧社会に限定している。自分にとって色の問題はなににもまして社会の問題としてあるが、筆者のような歴史家は地球全体を語る能力を持ち合わせてはおらず、西欧以外の文化研究者たちによって導かれた作業を、二次的ないし三次的にまとめようとする嗜好ももっていないからである。埒もないことを書き記したり、他人の著作を剽窃ないし盗作したりしないよう、筆者は自分が知っていること、そして30年以上にわたって教鞭をとった、パリの高等研究実習院や高等社会科学研究院でのゼミで教えてきたことを中心に論じている。

色の歴史を構築する。対象をヨーロッパに限定していても、それは容易な作業ではない。歴史家や考古学者、美術史家（絵画史家をふくむ）が近年までかかわるのをこばんできた、とりわけ厄介な作業なのである。たしかにその困難さは多岐にわたる。本書の序文として、それを指摘しておいてよいだろう。これらの困難さがじつはすでにして主題の一部となっており、われわれの知識の欠落部を理解するうえで役立つからである。ここではまた、歴史と史実のあいだには、実際のところなんら境界がないということも指摘しておこう。

これらの困難さは以下のように3通りに分類できる。

まず、第1の困難さは参考資料にある。われわれは何世紀も前から残されてきたさまざまなオブジェや図像表現、芸術品、モニュメントなどを目にすることができるが、その色は原初のものではなく、時間がつくりあげたものなのである。当初の状態と現在のそれとのあいだには、ときに著しい乖離もある。では、どうするか。それには原初の色と思われるものを万難を排して復元ないし再発見するか、あるいは時間の所業を、歴史家がそうしたものとして受け入れるべき歴史の記録として認めなければならないのだろうか。さらにいえば、これらの色と向きあう際、かつての社会におけるきわめて異なる照明条件も考えなければならない。松明やオイルランプ、燭台、ロウソク、ガスといった照明が生み出す明かりは、電気が供給するそれとは同じではないからだ。自明といえば自明なことだが、今でも博物館や展覧会を訪れる際、われわれはそうした光を想い出すのではないか。

はたして歴史家はその作業においてこのこと

を考慮しているのだろうか。過去何十年ものあいだ、研究者たちはしかじかのオブジェや芸術作品、そしてモニュメントを、モノクロの複製——最初は版画、ついで写真——によって分析するのを習いとしてきた。それゆえ、彼らの思考様式や感性もまた「モノクロ」になってしまったように思われる。記録文書や書籍、さらに大部分がモノクロの図像資料にもとづいて作業することが一般的だったため、歴史家や考古学者は過去を色が不在の世界として考え、研究してきたのではないか。

2番目の困難は方法論にある。絵画をふくむ造形表現における色の状態ないし働きを理解しようとする際、歴史家はしばしば途方に暮れたりする。そこでは物質的・技術的・化学的・造形的・思想的・象徴的な問題が、一挙に立ちあがってくるからである。それらをいかに分類ないし配列すべきなのか。いかにして分析をおこなうのか。さまざまに現れる疑問にどのような順序で向きあえばよいのか。今日、いかなる研究者も研究チームも、色の問題をよりよく研究するうえで役立ちそうな適切な方法をまだ提示していない。それゆえ、膨大な疑問と多様な問題点を前にして、おそらく筆者をはじめとする研究者たちは、自分が導こうとしている論証に都合のよいデータだけをとりあげ、反対に不都合なものは無視する傾向にある。むろんこれは明らかに誤った手法である。

第3の困難は認識論的なものである。色についてのわれわれの今日的な定義や分類、さらに概念を、短兵急に過去もそうしたものだったとするわけにはいかない。かつての社会におけるそれらは、今のとは異なっていたからである（同じことは将来の社会のそれらについてもあてはまるだろう）。知識について真にいえることは、認識についてもいえる。たとえば、古代や中世の目は、21世紀の目のように色を認識せず、そのコントラストに対してもしかりである。いつの時代であれ、眼差しはつねに文化的なものとしてある。ただ、アナクロニズムは資料の隅々で歴史家を待ち伏せしている。とりわけそれが顕著なのは、スペクトル（17世紀末まで知られていなかった）や3原色および補色の理論（人間科学ではどうにもできない）、暖色と寒色の区別（純然たる慣例）、色の同時対比法則、あるいは色の生理的ないし心理的な影響などの場合である。つまり、今日の知識や感性、そして「真実」は昨日のそれではなく、明日のそれとも異なるのだ。

＊

こうした困難は、全体として色が提起する諸問題の特徴が文化と密接にむすびついていることを強調する。歴史家にとって、色は物質や光の構成要素、さらには感覚ないし知覚としてではなく、なによりもまず社会的な事実として定義される。まさに社会こそが色を生み出し、これに言葉と定義をあたえるのである。社会はまた色のコードと意味価値をつくり、その用途を組織して役割を定めてもいる。それゆえ、色の歴史全体はまずもって社会史であるはずだ。そ

れを認めなければ、短絡的な神経生物学ないし不毛な科学至上主義におちいることだろう。

　こうした歴史を立ち上げるため、研究者は二重の作業を求められる。まず、往時の社会において色の世界がいかなるものでありえたかを、この世界のあらゆる構成要素を考慮しながら明確にしなければならない。用語法や言語表現、色素化学、染色技術、衣服システムとそれにともなう着衣コード、日常生活における色の場、権力による規制、聖職者たちのモラル、科学者たちの思索、そして芸術家たちの創作といった要素を、である。とすれば、色はその調査・考察分野に事欠くことがなく、歴史家に複雑な問いを投げかける。一方、通時軸でいえば、歴史家は特定の文化圏に着目して、歴史的に観察可能な色のあらゆる面に影響をあたえる変化や消失、革新ないし融合を検討しなければならない。

　こうした二重の方法によって、すべての資料は吟味される必要がある。色は本来的に超資料的かつ学際的な分野といえる。だが、一部の分野は他のそれより実用的で実りが多い。まず、語彙である。語の歴史は過去にかんするわれわれの知識に原初的で的確な情報を数多くもたらしてくれる。色についていえば、その歴史はまず、社会全体においてそれが最初に分類という機能をどれほどになっていたかを強調している。分類・結合・対比・序列化という機能である。次に、繊維や染色、衣服、外観の分野では、おそらく化学的・技術的問題が経済的・社会的・象徴的な問題と密接にまざりあっている。そこではコスチュームが社会生活によって設定された色の最初のコードを形づくっているのだ。

　用語法、布地、そして衣服。その色についていえば、少なくとも詩人や染色家たちは、画家や化学者ないし物理学者と同様にわれわれに多くを教えてくれるはずだ。西欧社会における赤色の長い歴史は、その格好の事例といえるだろう。

原初の色

始原から古代末期まで

長いあいだ、西洋では赤が唯一本格的な色とよばれるにふさわしいものだった。編年的にも序列的にも、赤は他の色を凌駕していた。他の色が存在していなかったわけではない。ただ、それらが色としてみなされ、やがて物質文化や社会的なコード、そして思考体系のなかで赤に匹敵する役割をになうようになるには、長い時間がかかったのである。

人類はまさにこの赤の出現を待って最初期の彩色体験をおこない、成功し、その色彩世界を形作るようになった。今日知られている最初期の色彩用語がしめしているように、人類がまた早い時期からその色彩群を多様化し、変化に富んだ色相や濃淡を生み出すようになったのも、さまざまな赤によってだった。おそらくそこでの用語法は、絵画の実践や染色技術と合致していた。一部の言語では、たとえば古典ラテン語[1]のコロラトゥス（coloratus）ないし近代カスティーリャ語のコロラド（colorado）のように、同じ語が文脈によって「赤い」あるいは単純に「染まった、色のついた」を意味している。

さらに別の言語では、「赤い」や「美しい」をさす形容詞が同じ語根から派生している。ロシア語の場合がそうで、「赤」（クラスニイ krasnyy）や「美しい」（クラシヴィ krasivy）が同一の語彙群に属している[2]。さらに他の言語では、色をしめす語は白と黒と赤しかない。しかし、「白い」と「黒い」は必ずしも真の色彩形容詞と認められておらず、基本的には光と闇を意味するにすぎない。唯一赤という語だけが正当な色彩語となっている[3]。

こうした赤の優越性は日常生活や物質文化にみられる。地中海周辺地域では、赤は住居（レンガや瓦）や家具調度品（各種の陶磁器など）、布地、衣服、さらに装身具や宝飾品のなかで特権的な地位をしめている。そこでは赤が人々を守り、飾り、そして幸運をもたらすとされているのである。同様に、さまざまな表現や儀礼では、この色はしばしば権力や聖性とむすびつけられ、きわめて豊かな象徴性を帯びているだけでなく、ときには超自然的な力さえそなわっているようでもある。

赤はたんに最初の色としてだけではなく、典型的な色としても古代社会に登場していた。

12頁

アルタミラ洞窟壁画の赤いバイソン

1879年に発見された際、スペイン北部アルタミラ洞窟の壁画群は専門家たちの不信をまねいた。一部の研究者は、やがて徐々に同様の壁画群が発見されるようになるまでの長いあいだ、その信憑性を疑い続けた。アルタミラ洞窟の「大広間」天井には、バイソン16頭のほかに、馬や鹿、イノシシなどの動物像が、壁面の自然の起伏を利用して量感たっぷりに描かれており、さながら生きているかのようである。

後期旧石器時代前1万5500年–前1万3500年頃、アルタミラ洞窟「バイソンの間」、サンティリャナ・デル・マール（スペイン）

ターヌムの船団

スウェーデン南西岸ターヌム地方に点在する青銅器時代のさまざまな遺跡には、220あまりの岩面画があるが、これらは最初線刻され、のちに赤色【赤色オーカー】が注入されている。そこには数多くの船が表現され、その一部には漕ぎ手の所作もはっきりとみてとれる。彼らは死者の国に向かおうとしているのだろうか。

前800–750年頃、ヴィートリュッケ遺跡、ターヌムスヘーデ（スウェーデン）

最初の色彩

人類は染色するよりはるか以前から描いていた。今日知られている洞窟群は後期旧石器時代の前3万3000年ないし3万2000年、つまり染色が登場するより2万5000年前に描かれたとされている。だが、この年代は新たな発見によってさらに古くなる。たとえば、フランス南東部アルデーシュ地方で発見された、ショーヴェ洞窟の最初期の動物壁画によってである【1994年に発見されたこの洞窟壁画は、前3万7000−前3万3500年頃に描かれた447体の動物画で知られる。2014年、ユネスコの世界文化遺産に登録】。だが、それははたして絵画の始源だろうか。旧石器時代人たちは石や岩の上に絵を描く前に、洞窟の壁面に描いたのだろうか。先史学者たちはそれについてなおも議論している。

それにしても、描くとはどういうことなのか。一部の小石や骨片、小像、さらには利器にすら色の痕跡がみられる。その線や点刻、面、斑点などにである。これを絵画とよんでよいのだろうか。それについての議論はできるが、年代の決定はむずかしい。ただ、本書の関心にとって重要なのは、そこにはほぼ例外なく赤色の痕跡が残っているということである。赤が芸術の色となる以前に、記号や徴の色だったようにも思える。やがて旧石器時代末期のマドレーヌ期（前1万5000−前1万1000年頃）に入ると、赤の痕跡があるオブジェ【先史学ではこれらを「動産品」とよぶ】はさらに数多くなる。その素材は変化し（石、獣骨、象牙、鹿の枝状角など）、色彩群も多様化するが、そこでも赤は支配的な色だった。

さらにいえば、壁面や石ないし骨片に彩色する以前、おそらく人類は自分の身体にそれをおこなっていた。こうした身体彩色は洞窟壁画や動産彩色より古かった。すくなくともここでもまた赤が主要な色だったと考えられるだろう。いうまでもなく、現代までそれが顔の化粧としてみられるからである。女性たちはなおも頬や口唇をこの色で染めており、化粧品の世界はもっとも多様かつ繊細な赤の濃淡を提供している。

たしかに赤は大昔から装身慣行においてきわめて重要な役割を演じてきた。それを立証するのが、赤く彩色された石や穴がうがたれた貝殻、骨片、さらに歯などで、旧石器時代、これらはすべて護符【あきらかに護符と思われる出土品は新石器時代以降】や首・耳飾り、腕輪などを作るのにもちいられていた。墓壙から大量に出土するこれらのオブジェもまた年代測定がむずかしいが、おそらくは身体装飾とむすびついており、そこには赤の多様さをみてとることができる。ことほどさように、この色は保護ないし呪的なものとみなされていた。一部の墓壙で副葬品とともにみつかった、赤色オーカーの欠片ないし「ベッド（基層）」がその証拠となる。これらの「ベッド」は、最後の旅に出立する死者を守るためのものではなかったか。死者に彼岸での生をあたえるものではなかったか。それについては不明とするほかない。だが、先史時代の赤が3通りの性質を帯びていたことは明らかである。指呼的、予防的、審美的という性質である。この遠古の時代、人々は男女を問わず、すでに赤色によって互いに自分を目立たせ、守り、飾っていた。

墓壙から洞窟遺跡に目を向けると、その「大

広間」や通廊にはヨーロッパでもっとも有名な壁画がみられる。ショーヴェやコスケ【南仏マルセイユ近郊の壁画洞窟で、フランス南西部のガルガス洞窟とならんで、とくに陰形手型で知られる】、ラスコー、ペシュ＝メルル【以上フランス】、アルタミラなどである。これらの壁画の配色に注目してみよう。それは現代のものと較べてかなり限定的である。黒色、赤色、褐色、ときに黄色（事例はごく少ない）、さらに白色（おそらくより後代のもの）などで、緑色や青色は皆無である。黒色は酸化マグネシウムないし植物性の炭、黄色はオーカーを多くふくんだ粘土質の土、そして赤色は通常はヨーロッパにもっとも広く分布する赤鉄鉱のヘマタイトから析出されていた。したがって、問題は供給より、むしろ変容にある。旧石器時代人たちはいかにして天然の鉱物質の土を作画の顔料に変えることを学んだのか。すでに化学があったといえるのだろうか。

近年の分析結果によれば、一部の黄色オーカーは水分を除くために石製の坩堝で熱せられ、赤色オーカーに変えられたという。現在残っているこれら坩堝のいくつかには、なおも赤の痕跡が認められるともいう。同様に、一部の顔料は、今日その展性を修正して光に対する関係を変え、オーカーが壁面に定着するのをうながすための一種の触媒とみなされる生成物、すなわち滑石や長石、雲母、石英などを多分にふくんでいる。たしかにそこには化学がみてとれる。

木材を燃やして顔料となる炭を作る。それは

ショーヴェ洞窟の子熊像

フランス南東部アルデーシュ地方のショーヴェ洞窟では、他のなににもまして「熊を感じさせる」（ジャン・クロット）。その壁面には数か所に壁画が描かれているが、そこではアナグマが褐色の熊ととなりあっており、洞奥の中央部には突き出た岩塊の上に熊の頭蓋骨が置かれ、地面にはそれを囲むように12個の頭蓋骨が半円状にならべられている。ヨーロッパやシベリアの数か所にもみられる同様の「聖所」と思しき遺構からすれば、旧石器時代人は熊を崇拝していたとも考えられる。だが、こうした仮説は先史学者からは受け入れられていない。

前1万3000− 前2万9000年。ショーヴェ洞窟、通称「陰形手型」の壁面、ヴァロン＝ポン＝ダルク（アルデーシュ地方）

どちらかといえば単純な技術である。ただ、土からヘマタイトを板状にとりだして洗浄したのち、すり鉢状の容器のなかでこれを突き棒で砕いて濾過する。そして赤みを帯びた細かな粉を析出してから、長石の粉末や植物性の油ないし獣脂とまぜて色合いに濃淡をあたえたり、壁面やその他の場所に顔料をよりしっかりと固着させるようにしたりするのは、はるかに複雑な技術である。にもかかわらず、ニオー【フランス南西部アリエージュ地方の壁画洞窟】やラスコー、アルタミラの「画家たち」、いや、おそらく彼らより前のコスケやショーヴェの「画家たち」ですら、すでにそれを知っていた。

絵画の実践についていえば、本格的な「描画法」があったとするわけにはいかないだろう。だが、現在まで残っている洞窟壁画には、いたるところで多様な赤の色相がみられる。この多様性は知的な手法（顔料素材の混合や溶解・希釈、触媒の追加、特殊な粘着剤の選択など）によって、あらかじめ明確にもちいられていたのだろうか。それはまたなにかしら特定の意図や意味と符合しているのだろうか。あるいはそれはたんに長い時間が作用した結果なのか。この問いに答えるのはむずかしい。当初の状態ではなく、時間が変質させた顔料による彩色しかみることができないからである。たとえ20世紀まで無垢なままだった洞窟であったとしても、原状と現状とのあいだの乖離はつねに大きい。

くわえて、今日、われわれは明るい状態で壁画を目にするが、その明るさは先史時代の画家たちのそれとは異なってもいる。電気の照明は、当然のことながら松明の照明ではない。しかし、洞窟壁画を研究する際、どれほどの専門家がそのことに気づいているだろうか。また、一般の訪問者のうち、壁画と現代のあいだに、全時代を通して、何百万、いや何十億（？）もの彩色画、つまりわれわれの視線や記憶がなしですますことができないような彩色画がある、ということを意識している人はどれほどいるだろうか。ただ、これらの図像はじつは時間のフィルターにかけられて、なにほどか歪曲された結果なのである。それをわれわれは享受し、「消化し」、一種の集団的無意識のうちに登録してきた。いわば時間が自らの力をしめし、流れ去る長い歳月によって芸術がたえず変形をこうむってきたのだ。したがって、われわれははるか昔の祖先たちのようにみることはできないし、むろんこれからもそうだろう。このことはフォルムについてのみならず、色についてもいえる。

後期旧石器時代の洞窟壁画と近東や古代エジプトの絵画のあいだには、1万年以上の時間差があるが、その間、描画技術は発達し、新たな顔料も豊かになった。とくにそれは赤色の多様化に顕著にみられる。たとえばファラオ時代のエジプトでは、なおもヘマタイトが広くもちいられていたが、絵師たちは他の素材も利用するようになっていた。辰砂や硫化水銀、さらにまれには鶏冠石や硫化ヒ素ももちいた。ただ、後二者は遠隔地からの輸入品で高価だったため、少量が使われたにすぎなかった。それらはまた強い毒性も帯びていた[4]。染色用の漆には高度な技術的知識が求められた。しばしば指摘されているように、古代エジプト人たちは前3000年頃（！）には最古の人工顔料を考案している。熱した銅製やすりの削り粉を砂やカリとまぜて作った、有名な「エジプシャン・ブルー」[5]である。青や緑青の色相を帯びた合成顔料は当時縁起のよいものとみなされ、今日でも感嘆の的となっている。

一方、エジプト人たちは多様な赤色をもちい

最初の色彩　19

センネジェムの墓

デル・エル・メディナにあるセンネジェムとその家族の墓に描かれた内壁画は、上エジプト・テーベ地方でもっともよい状態で残っているもののひとつで、一見新しいように思える。ここでは裕福な職人だったセンネジェムとその美しい妻ティネフェルティが、神々をたたえている。2列にならんだ座位の神々は、冠をかぶっているところから容易にそれとわかるオシリスを先頭に、一種の行列をつくっている。

前1250年頃、センネジェムの墓、礼拝堂西側内壁、デル・エル・メディナ（エジプト）

るという点でもおくれをとっていなかった。アカネやケルメス【カーミンカイガラムシの雌虫を乾燥したもの】、アクキガイといった植物ないし動物由来の素材を、顔料に変えることを知っていたからである。そのため、彼らは赤い布地片を手に入れて残存している染料を抽出し、それを化学的に鉱物粉の上に沈殿させた。こうしてえられた物質が顔料となった。だが、このような複雑な作業に頼らずとも、黄色オーカーを焼成するだけで赤色オーカーになるのではないか[6]。これだけでも天然顔料を人工顔料に変えられるのではないか。事実、前述したように、旧石器時代人たちはすでにそうすることを知っていた。

　古代エジプト人たちはさまざまな色を好み、それを商っていた。後代のフェニキア人同様、彼らのあいだでは同じ職人たちが顔料を作り、同時に染料や美顔料、ガラス、石鹸、さらに一部の薬も手がけたものだった。そこではまたいくつかの素材がさまざまにもちいられてもいた。たとえばヘマタイトは画家たちのための赤色顔料だっただけでなく、水に簡単に色をつける染料であり、血の病を癒し、出血を止める医薬品でもあった。前1千年紀を通して、エジプトの商人たちはこれら各種の製品を大部分の地中海低地地方に供給し、その見返りとして、自国の職人たちが加工にたけていた原材料を仕込んだ。こうして赤色顔料用として、スペイン産の辰砂や黒海沿岸のビテュニアとポントス地方の赤色オーカーを入手したのだった。

古代エジプトの葬送画には、しばしば新しいと思えるほど生き生きと輝いている色彩群がみられるが、これらは伝統的な価値をもっていた。たとえば男性像は赤ないし赤褐色の肌で描かれ、より明るいベージュないし黄味がかった女性像と識別されている。これに対し、神々の身体はより生き生きとした黄色であらわされた。この顔料はしばしばヒ素の硫化鉱物で、そのためだけにもちいられた石黄（雄黄）を原料としていた。一方、砂漠をしめす乾燥した赤色は、通常はナイルの泥土峡谷をあらわす肥沃な黒色と対比されている。

　こうした図像学に特有な表現には、さらに象徴的な次元も付加されている。赤はしばしば肯定的というより、むしろ否定的な特性も帯びていたのだ。それは焼けつくような砂漠の色であるだけでなく、エジプト人たちの敵であるその住民ないし来住者たちの色でもあった。つまり、この色は暴力や戦争、そして破壊を象徴していたのである。赤はまたイシスとオシリスの弟神セトの色でもある。悪の力の化身とされるこの砂漠の神は、しばしば赤毛の持ち主として、あるいは赤い衣をまとった姿で描かれている。兄オシリスを殺害し、のちにはホルスと敵対するようになるセトは、残虐さや廃墟、カオスを象徴する。また、彼の名はいったいに赤色で記されてもいた。

　言葉と文字もまた、たしかに赤の負性の性質を強調するためにもちいられていた。文脈によって、同じ語が「赤くなる」ないし「死ぬ」を意味し、ときには「恐怖心をいだかせる」の謂いともなった。「赤い心をもつ」（怒っている）や「赤いおこないをする」（悪事を働く）といった表現もまた、負性の意味でもちいられた。書記はしばしばヒエログリフ（聖刻文字）を赤色でなぞったが、それは危険や不幸、死を想起させるものだった。

　しかし、古代エジプトの赤は、すべてが邪悪なものではなかった。その一部は勝利や権力、さらにより多くのそれは血や生命力を意味していたからだ。悪から守ってくれる赤もあった。赤碧玉製の護符は、しばしば赤い衣をまとった雌牛の姿で描かれた、豊饒ないし豊穣の女神イシスの血ないし涙で塗られていると考えられていた。だが、ファラオ時代におけるエジプトの象徴世界は終始一貫したものではなく、つねに同じ意味を帯びていたわけでもなかった。古王国時代【前2686–前2185】とヘレニズム時代【アルゲアス・プトレマイオス朝。前332–前30年】のあいだ、上エジプトと下エジプトのあいだで、色に託された意味は同じではなかった。それはなおも考古学者たちにとって謎となっている。

　こうしたことは古代近東世界においてもいえる。そこでもまた色は壁面や動産品の装飾で重要な位置をしめていたが、その解釈はなおむずかしい。ただ、おそらく赤は肯定的なもので、創造や繁栄、権力、一部の神々、とくに肥沃神への崇拝とむすびつけられていた。たとえばシュメール人やアッシリア人は、石や粘土の神像に生き生きとした色を塗ったが、赤はほとんどつねに中心的な色だった。それは神聖さと現実世界の色でもあった。

火と血

　以上の点から、後期旧石器時代から前1千年紀までの古代社会において、赤が象徴的な優越性を確固としてもっていたことはまちがいない。ただ、その理由を明確にするのはむずかしい。人類の色彩観が何千年にもわたって進化し、他の色より赤が優先されたという考えは、一時期一部の研究者たちを魅惑した。そして19世紀後葉には、文献学者や神経学者、考古学者、眼科医たちのあいだで、古代のいかなる人々がいかなる色を認識していたかどうかについて、激しい意見の対立があった。ゲルマン人たちはギリシア人やローマ人たちより青や緑を知覚していたかどうか。古代のユダヤ人や近東の人々は他の色より赤を重視していたか。こうした疑問に答えるため、研究者たちはさまざまな史料を集め、用語法を分析してきた。これによって言葉が一種のコードに変換できれば、知覚のメカニズムを明らかにする研究が可能になるかもしれない[7]。

　今日では進化論的・言語学的ないし生物学的理論はかえりみられなくなっている[8]。古代人の視覚器官は現代人のそれとなんら変わるところがないからである。ただ、色の知覚はたんなる生物学的ないし神経学的現象ではない。それはまた知識や記憶、想像力、感情、そして他者との関係、より広くいえば社会生活を刺激する文化的な現象でもある。したがって、ある色に名がつけられていなければ、つまり、名づけられる機会がない、もしくはほとんどなければ、それが何色かわからない。では、社会はその物質的生活や制度、社会的コード、さらにとりわけ儀礼や信仰、象徴体系のどこにしかじかの色の場をあたえるのか。これは大きな問題である。たしかに赤は長いあいだ、いやきわめて長期にわたって最重要な役割をにない、他の色がもちえなかった多少とも呪的な力を帯びてきた。はたしてそれはなぜなのか。

　そのひとつの答えは、おそらくこの色の2通りの主たる「指示対象」、すなわち火と血にある。これら自然の2要素は大部分の社会で、そして過去のいかなる時代においても直截的に赤とむすびついている。今日でもなお、ほとんどの辞典には、「赤い」という形容詞の定義として、「火と血の色」といった類の定型的な説明がみられる。たしかに他の色もまた自然のなかにひとつないし複数の指示対象をもっている。だが、それらはさほど普遍的ではなく、確固としたものでもない[9]。

　それに対し、赤はつねに、そしていたるところで火と血をさししめしている。赤と血のむすびつきは、あらゆる脊椎動物が赤い血をしているところから、いわば自明なものとしてあるのだ。ただ、赤と火のむすびつきはさほど明確ではない。自然の状態では火が赤いというのはむしろまれで、通常はオレンジ色や黄色、青、ときには白、さらにモノクロないし多色なのである。燠でさえ、赤よりはオレンジ色をしている。とすれば、シンボルと表現の世界において、火がつねに赤だというのは、いったいなにに由来しているのだろうか。

　おそらくこの色は生き物として認識されていたはずである。それゆえ赤は、少なくとも古代社会では生命の色だった。一方、火は共通点をもつ太陽同様、光と熱の源泉であり、自立した

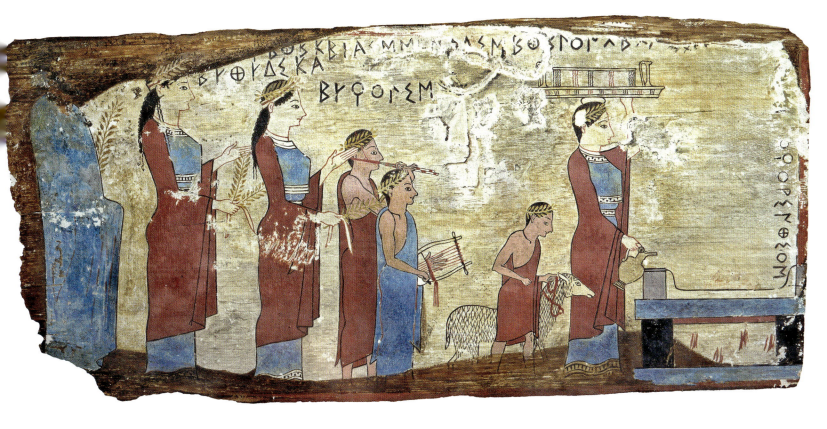

供儀の行列

このみごとな彩色板木には、供儀壇に導かれる1頭の羊が描かれている。ここでは供儀獣が神々への奉献のシンボルである赤い細縄につながれている。

前530年頃、アテネ、ギリシア国立考古学博物館

生命をあたえると思われていた。諸説はあるが、前50万年から前35万年にかけてなされた――さらに古いとする説もある[(10)]――人間による火の実用化は、生存条件を一変させ、「文明」とよばれるものを築いたという点で、疑いなく人類史上最重要な出来事だった。世界各地の神話で、数多くの物語がいかにして人間が火を手に入れたかを語っているゆえんだが、たとえばギリシア神話のプロメテウス【以下、ギリシア神話の神々はすべて短音で表記する】のように、それはしばしば神々から盗んだという筋書きとなっている[(11)]。生き物であると同時に超自然的な存在でもある火は、古くから崇拝の対象となり、その崇拝は歴史時代まで続いた。たとえばインド【アグニ神】やペルシア【アータル神】では、独自の神殿のほかに、当然のことながら赤い祭服に身をつつんだ神官を有していた。火は人間が神々と交信するのを可能にし、ときには神そのものともなった。さらに火神はいたるところに存在し、赤と密接につながり、この色や火自体と同じように、両義的な象徴性を強調してもいた。

たとえばギリシア神話のヘパイストス【古くは雷と火山の神で、オリュンポス12神の1柱】がそうで、のちにローマ神話でウゥルカーヌスとなるこの火と鍛冶の神は、創意工夫に富んだ寛大な創造者であると同時に、強い復讐心をいだいた有害な呪術師でもあった。最初期の文献が語るところによれば、ヘパイストスは生まれつき跛者(はしゃ)で醜く、赤毛、つまり、のちにその主と

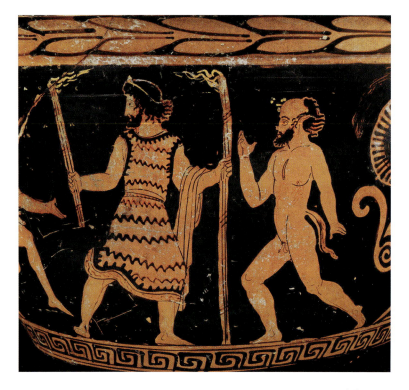

人間たちに火をもたらすプロメテウス

保存状態が素晴らしくよいこの赤絵式混酒器の図柄は、おそらく芝居の一幕をあらわしている。右手のサテュロスがプロメテウスの所作を模倣しているからである。

前450年頃、アイオリス考古学博物館、リーパリ（イタリア）

なる火と鉄の色をしていたという[12]。この神にならって、西欧の伝統的な鍛冶師たちもまたすべてが謎めいた存在で、職人でありと同時に呪術師でもあった。

ときに火は好ましく肥沃をもたらし、浄化と再生ともかかわっていたが、ときには反対に偽善的で暴力的な破壊者で、人間をふくむ生き物すべての敵でもあった。火は維持して管理し、消えないようにしなければならない。それが利益や恩恵の源泉だからである。一方、火は逃げて身を守るか、消すかもしくは統御しなければならない。赤もまた火と同様で、しばしば好ましいことをもたらすが、ときに呪わしいものとなる。ただ、象徴的にいえば、いずれの場合でもその度合いは他の色より強力である。

こうした象徴的な両義性はまた、赤色のもうひとつの指示対象を特徴づけている。血である。あらためて指摘するまでもなく、この血も生命と死の源泉にほかならない。血が生き物の体内を巡っているか、立ち去っているかが生死を分ける。血はまた人間が神々と交信するのを可能にするが、通常それは、きわめて古くからおこなわれ、慎重に管理されてきた儀礼での供儀獣の流血という形をとる。

さらに血は信仰や俗信、物語、神話、呪術的・予防的行為など、キリスト教が初期に闘ったものを生んでもいる。たとえば動物の血を神々に捧げることや獣血のなかに身を浸すこと、あるいは第三者の血を飲むことや、戦友ないし狩猟仲間の血と交換するといったことである。ときに清浄、ときに不純、そしてときに神聖、ときにタブーとされた血は、こうして救いと豊饒・多産としての側面と、危険で死をもたらすという側面をそなえていた[13]。

血が神々のものであり、その食料であるという考えは、長いあいだ支配的だった。こうして供儀獣の血が神殿や祭壇、さらに信徒たちにもふりかけられた。彼らを浄め、神々を満足させ、その許しをえるために、である。

すでに新石器時代からはっきりと認められているこれらの供儀は、旧約聖書のなかにも頻繁に登場している（紀元1世紀になってエルサレムの神殿が破壊されたのち、おそらくユダヤ人のあいだから姿を消している）[14]。供儀獣は赤い毛並みをしていなければならなかった。さながらそれは神々がこの色を好んでいる、もしくは当該獣——通常はウシ科動物——がより大量かつ強力で、より多産ないし多くの滋養をあたえてくれることをしめしているかのようだった。また、紀元後最初の数世紀、ローマ帝国全域ないし地中海沿岸一帯に広く普及していた東方起

雄牛の咽喉を切り裂くミトラ神

赤い彩色の痕跡をたもつこの白大理石の浅浮彫は、ミトラ教の中心的な儀礼、すなわち雄牛の流血供儀の様子を表現している。

260-280年頃、ローマ国立博物館

源のミトラ信仰では、その主たる儀礼が赤毛ないし赤い衣をまとわされた雄牛の供儀を中心に営まれていた。古代ローマのキリスト教徒詩人・著作家であるプルデンティウス【341-410頃】は、このミトラ教を激しく非難し、次のような興味深い一文を残している。

　仰々しいいで立ちの大神官が地面に掘られた巨大な穴の中に陣どる。この穴は小さな穴がいくつもある何枚もの板がかぶせられ、その全体は空洞と隙間だけとなる。供儀はまさにここで営まれるのだ。そして荒々しく威嚇的な雄牛が1頭ここにつれてこられる。その体躯は赤い布をまとい、角と肩には同じ色の花飾りがついている。やがて雄牛が板の上に乗せられると、神聖なナイフで胸が裂かれる。たちまち燃えるような血がざっくりと開いた傷口から流れ出し、煮え立つような流れとなって急ごしらえの板の上に広がる。腐敗した雨にも似たこの血は、やがて大神官のいる穴に流れこむ。大神官はその血を頭や衣、そして全身で受け止める。それから彼は飢えたように血を最後の一滴まで集め、頭を後ろに傾けて、悪臭を放つその血で顎や耳、口唇、鼻梁を濡らし、さらに目までこのおぞましい液体で塗る。口蓋もまた例外ではなく、舌にま

ヒョウに乗ったディオニュソス

ブドウとワイン、そしてあらゆる過度・過剰の神であるデュオニソスは、しばしば赤色で表現されている。たとえば、この図にみられるデロス島【エーゲ海】のモザイクがその1例である。ここではデュオニソスは通例の赤マントではなく、3色の衣をまとい、一見若い女性のようにもみえる。だが、その属性からまちがいなくディオニュソスとわかる。一方は、この神がしばしばまたがるヒョウ、他方は、手にしたオブジェ、すなわちタンバリンとチュルソス【ブドウの葉やツタが巻きつき、先端に松かさがついている杖】からである。

前180-前170年頃、仮面の館、デロス(ギリシア)

で血を注ぎこむ。(…)最後に、大神官は穴から出る。その姿はみるも恐ろしいが、神聖なものとなっている。こうして彼は、贖罪を象徴する血にまみれたまま参列者たちの前に現れる。彼らはこれをみて平伏し、牛の卑俗な血が、汚れた大神官を仲立ちとして、自分たちを浄めたことを確信するのだった(15)。

プルデンティウスはミトラ信仰が衰退し、なおも雄牛の血の浄化力を信じる信者たちがまれになった時期に書いている。これに対し、一部のキリスト教徒著作家たちは、かつてギリシア人やローマ人たちがこの雄牛の血を猛毒とみなし、それを飲んで自死した何人かの著名人のことを好んでとりあげている。ミダス王【8世紀後期のプリュギア王とされる】やイアソンの父アイソン、テミストクレス【前528-前462頃。アテナイの政治家・軍人で、サラミスの海戦でペルシア軍を破った】、ハンニバルなどである。

一部の信仰、たとえば古代ギリシアのディオニュソス信仰では、赤ワインが早くから血にとって代わり、これによって動物供儀が徐々に衰退していく。やがてかつての血のように、今度はワインが祭壇や地面、火、神官ないし聖職者のうえに注がれるようになった。むろん、ワインもまた特殊な血、つまりブドウの血ではあるが、それは同時に生命と不死の飲み物であり、エネルギーと健康と快楽の、さらに知識とイニシエーションのシンボルでもあった。人々を慰め、詩人たちに着想をあたえ、万人に喜びもあたえた。ブドウ自体は神々からの賜物であり、ワインはときに神々自身の血をつくり、ときには神々への供物ともなった。

実際の色がどうであれ、ワインは象徴的に赤とむすびつけられ、今日までそれに変わりはない。そのかぎりにおいて、白ワインはじつはワインではないのだ。ブドウとワインの神ディオニュソスは、しばしば赤いマント、あるいは赤ら顔、ときには赤毛で描かれている。すべての神々同様、この神もまた、人間に特有な逸脱状態である酩酊を知らなかった。それゆえ、酔うことのない人間は、神に近い存在ということになる。弱く堕落した存在や暴君、蛮人たちはそうした存在たりえない。

大部分の古代宗教が赤と生命力を結びつけたこの特権的な絆は、葬送慣行でもみられた。先史時代と同様に、死者が墓の中で生きるないし生きなければならないとする信仰はかなり広まっていた。近東やギリシア・ローマ、あるいはブルターニュやゲルマニアのバルバロイ(異邦人)の墓壙から、大量の副葬品が出土するゆえんである。また、旧石器時代の死者たちが赤色オーカーの墓底に安置されていた【この問題については、ルロワ゠グーラン『先史時代の宗教と芸術』(蔵持訳、日本エディタースクール出版部、1985年)を参照されたい】のと同様に、紀元前後の数多くの死者は墓や石棺の中で、赤いオブジェないし副葬品に囲まれていた。ヘマタイトや辰砂、石(紅玉髄、碧玉、ザクロ石)や赤いパート・ド・ヴェール(飾り焼結ガラス)、ワインないし血の容器、赤色の布地、宝石、小像、同じ赤色の果物や花弁などで、これらは死者を他界で守り、彼らに生命力の一部をとりもどさせるためのものだった(16)。

その文学的な証言として、ウェルギリウス【前70-前19】の『アエネイス』第5巻にみられる長々しい儀礼がある。そこではアエネイアス(アエネーアース)が父アンキセスの墓にもどって、さまざまな献酒をしている。

キタラの女性演奏者

イタリア中部カンパニア地方のボスコレアーレ【ナポリ近郊】にあった別荘は、79年のヴェズヴィオ山の噴火で火山灰に覆われた。今も残るこの壁画からして、おそらく別荘を所有していたのは高位者だっただろう。高価な顔料である辰砂（しんしゃ）がふんだんにもちいられている壁画には、宝石入りの豪華な帯状髪飾りをつけた女性が、玉座のような椅子に腰かけて、キタラを演奏するさまが描かれている。リラの一種で、低く柔らかな音を出すキタラは、威信を誇示する楽器だった。

前40年頃、ニューヨーク、メトロポリタン美術館

「アエネーアースは寄りあいを、
出でて多勢の供をつれ、その中心を進みつつ、
土を盛った墓壇に、おもむき着いて型のよう、
生の葡萄酒を盛る杯の、二つと新たに絞られた、
乳の二杯と屠られた、犠牲の血潮の二杯とを、
あわせて大地に灌祭し、紫赤の花を地にまいて、
祈りながら申すよう、「聖なる父よわれここに、
重ねて挨拶申します。効（かい）なく敵より救われた、
あなたの灰と魂と、あなたの影よ、われわれは、
ご挨拶を申します…(17)」
（『アエネーイス上』泉井久之助訳、岩波文庫）

古代のローマでは、赤や紫がかった花、とくに花弁がすぐに落ちるケシやスミレが、しばしば葬儀用の供花としてとくに重要な役割を演じていた。これらの花は短い生涯を象徴していた。バラもまた「ロザリア祭」（バラの祭り）、すなわち毎年5月から7月にかけて営まれた死者の魂のために祈りを捧げる一連の儀式において、葬送にかかわる意味をふくんでいた。反対に、やはり赤ないし赤紫色の花だが、しおれることがないハゲイトウは不死を象徴していた。詩人たちはしばしばこれを鮮やかさが束の間のバラと対置させたものだった。以下の短い匿名の作品は、おそらくイソップの寓話に着想をえて書かれたものである。

「貴女はなんて美しいの」、ハゲイトウが言う。「貴女の香りとみごとさは神々や人間たちを恍惚とさせる」。「たしかに」、バラが答える。「でも、わたしは数日間しか生きられない。だれかに摘みとられでもすれば、すぐにしおれてしまう。それに引き換え、ハゲイトウの貴女は、いつまでも若いままいられ、花を永遠にたもつことができるわ」(18)。

画家たちのなかのプリニウスとともに

　ここで花と葬送習俗から離れ、作画慣行にもどろう。一般に考えられているようなこととは裏腹に、ギリシア絵画はエジプト絵画ほど知られていない。それははるかに多様で複雑なものだったが、証拠となる作品の多くが消失している[19]。まず、長いあいだ考古学者や歴史家から看過され、やがて否定ないし拒絶、あるいはその役割がさしたるものではないとみなされてきた建築や彫刻の彩色からみていこう。古代ギリシアにおいて、きわめてささやかな作品をふくむ彫像全体や建築物およびその装飾が、じつは彩色されていたという事実が認められるようになるには、近年まで待たなければならなかった[20]。

　では、赤はどの位置をしめていたのか。少なくとも残っている彩色の痕跡や、18世紀から19世紀にかけて若い建築家たちによって作成された資料[21]にもとづけば、おそらく赤はもっとも中心的なものだった。しだいに精緻化していった技術を駆使してつくられたレプリカをもとに、最近さまざまに試みられた復元がそれを立証している[22]。それによれば、近東での事例と同様、ギリシアの彫像と建築物の赤色は、古典時代、とくにヘレニズム時代より古代の方により広まっていたという。だが、やがて時がたつにつれて彩色は多様化していった。この点にかんしていえば、新古典主義の歴史家や神学者たちから受けついだイメージ、すなわち、装飾過剰ではない白い古代ギリシアというそれをはっきりと修正しなければならない。それがまちがったイメージだからである。ギリシア人たちは強烈でコントラストがはっきりした色を好んでおり、石の上にみられる極彩色はかなり強いものだった[23]。

　一方、公共ないし神聖な建物にみられるような大壁画の場合はどうだったか。それらが大部分消失しているため、この問いに答えるのはむずかしい。近年、重要な発見がなされているが——たとえばマケドニア王の彩色葬室のように——、われわれはいくつかの史料、とくに60–70年に編まれたプリニウス【古代ローマの博物学者・軍人・属領総督で、ウェスウィウス山（ヴェスヴィオ山）の大噴火時に殉職した】の『博物誌』のうち、全体がギリシア・ローマの絵画にあてられた第35巻から知ることができる。ただ、偉大な芸術家たちの名前を教えてくれ、何点かの有名な作品をとりあげてその主たる主題（神話や歴史）に言及してはいるものの、色についてはほとんど語っていない。しかも少なくとも図像学的な視点からではなく、たんに顔料の視点から語っているにすぎない。それゆえ、一般的な作品、とくにさまざまな証拠（私邸壁画や奉納画、葬送画、看板など）を遺してくれた職人たちの作品や陶器に目を向ける必要がある。

　壺絵は歴史家が古代ギリシアの研究、神話や宗教だけでなく、動物誌や戦争、着衣、武具、物質文化、社会関係なども研究するうえで利用

ギリシア陶器——赤絵式と黒絵式

黒絵（射手）の皿は内側が黒絵式、外側が赤絵式の、いわゆる「バイリンガル陶器」を生み出した過渡期に位置づけられる。ここに載せた絵付師オルトスの作品が、まさにそれである。

前4世紀と前6世紀、ルーヴル美術館古代ギリシア・エトルリア・ローマ部門

できる、主たる造形学的源泉である。そこでは色が重要な働きをする。最古の壺絵装飾はとりわけ幾何学的で多色だった。やがて7世紀にコリントスで生まれた黒絵式壺が普及する。通常、それは素焼き粘土の地のうえに図像が線刻・彩色されている。続く赤絵式壺は反対の技術をもちいた。前530-前520年頃にアテナイに登場したこれは、絵付けの段階で、画像の部分だけを残して地の全体を黒く塗りつぶす。そして、この図像の部分が焼成時に粘土の赤みを帯びるようになるのである。図像は黒絵式壺より正確で写実的であり、図柄も大きい。主題も多様化していた。白ないし多色の痕跡はすべて消え、彩色は基本的に赤と黒の2色だけとなった(24)。

一方、ローマの絵画はギリシアの絵画より知られているが、それは装飾や作品が後者より大量に残っているからだけでなく、正確さを別にすれば、史料がより能弁だからでもある(25)。プリニウスの『博物誌』はここでもまたわれわれの主要な情報源となっている。ただ、彼の記述は必ずしも明快ではなく、とくにその用語は解釈がむずかしい。他のラテン著作者——および、現代の一部美術史家——と同様、プリニウスは顔料そのものを意味する用語と、この顔料からえられた彩色をさすそれをたえず混同していた(26)。ラテン語のcolorという語自体は、ときに染料ないし顔料を、ときに彩色の結果を意味する。しかもプリニウスがしばしば省略的に書いているため、読者はもはやどのレベルでの作画なのかがわからなくなっている。古代絵画

を研究する近代の歴史家たちのあいだでは、こうした用語の不明確さによって、かなりの数の無理解や議論が生まれている⁽²⁷⁾。

この問題は今日でもなお続いている。たとえば「バーミリオン・レッド」という語は、たんなる鮮紅色なのか、それとも、より正確には硫黄と水銀を合成させて作られた人工的な赤色顔料なのか。判断に躊躇するところである。だが、現代人はプリニウスや古代人より罪が深い。というのも、中世から今日まで、われわれは色をその媒体や素材から切り離して考えるようになっているからである。つまり、赤や緑や黄色のことを観念的かつ無条件に語っているのだ。1世紀のこのラテン人著作家はそれがなかなかできなかった。彼にとってしかじかの色はその物質性と切り離しては考えにくく、それ自体をモノとみなすことはめったになかったのである。

用語法に由来するこうした困難さのみならず、芸術の歴史にはしばしば時代錯誤的な注釈ないし問題提起がなされている⁽²⁸⁾。この歴史によって、ときに技術的、ときに歴史的なプリニウスの主題が、今日の美術批評のように、審美的な次元で判断されるようになった。つまり、絵画にかんするプリニウスの言説に、なにかしら彼には無縁のことが問われるようになったのである。しかし、彼は紀元23年に生まれ、79年に没した人物であり、現代を生きたわけではない。したがって、彼がなにかを判断したとしても、それはローマとその歴史をたたえる思想家としてであり、審美家としてではないのだ。

くわえて、プリニウスは新しいものと敵対し、その時代、つまりネロ【皇帝在位54-68】やフラウィウス家の歴代皇帝時代【69年から96年までのウェスパシアヌスやティトゥス、ドミティアヌス】の絵画より、古代の絵画を好んでいた。色については、彼は同時代の人々が求めていたと思われる軽薄で目障りな色相（コロレス・フロリディ）を難じ、かつて称賛されていた控えめでくすんだような色相（コロレス・アウステリ）を懐かしんでいた⁽²⁹⁾。一方、顔料については、はるか遠くのアジア諸国から招来されたそれをさほど批判せず、嘲笑すらしていない。彼によれば、その赤い顔料は「インドの泥土（…）やそのドラゴンないし象の血から抽出したもの」だという⁽³⁰⁾。これは中世にもなお語られていた伝説、すなわち画家たちがもちいていた赤みがかった樹脂には、1頭の象に殺されたドラゴンの血が入りこんでいるとする伝説に由来する。『博物誌』の他の巻同様、ここでもまたプリニウスは反動主義者ではなく、保守主義者としての一面をみせている⁽³¹⁾。立派で威厳があり、有徳な人物。それが大プリニウスなのである。

『博物誌』はこれまでみてきた第35巻だけでなく、鉱物や染色、美顔料、さらに医薬品を扱った他の巻や章でも、ギリシアやローマで使われていた顔料にかんする情報を数多くあたえてくれる。これらの情報は、他の著作家——とくにウィトルウィウス【前80/前70-前15以降。ローマ共和政期の建築家・建築理論家】やディオスコリデス【40頃-90頃。ギリシア出身の医師・薬理学者・植物学者で、ネロ皇帝下のローマで活躍した。紅色染料の発見者】⁽³²⁾——、さらに絵画それ自体についてなされたさまざまな分析による情報を補完してくれる。そして後者の分析は近年になって数をまし、とりわけ前1世紀から後2世紀までの絵画にたいするわれわれの知識をかなり発展させてもくれた⁽³³⁾。

古代ローマの画家たちは他のいかなる色よりも、多様な赤の顔料を大量にもちいた。このこ

と自体は、赤の優越性とそれが帝国全域で享受していた寵愛をしめす重要な証拠といえる[34]。エジプト人やギリシア人によく知られていた赤色オーカーやヘマタイト、さらに辰砂についてはすでに前述しておいたが、ローマではヘマタイトは少なくともより洗練された絵画では多少ながら衰退傾向にあった。これに対し、辰砂【賢者の石ともよばれていた】は高価で強い毒性を帯びた危険なものだったにもかかわらず、かなり流行していた。たとえばポンペイの壁画では、いたるところでその地を派手に描くためにもちいられた。今日、われわれが好んで「新たな富裕層」とよぶ人々が所有する数多くのヴィラの壁面に、赤が支配的にみられるゆえんである。事実、プリニウスは辰砂が「アフリカ産の赤色オーカーより15倍高価」であり、その価格は、前述したもっとも高価な顔料である「アレクサンドリア・ブルー」、すなわちエジプシャン・ブルーに匹敵するとしている。

プリニウスの時代、つまり紀元1世紀、贅沢品である辰砂はスペイン中南部のアルマデン鉱山から掘り出されていた。やがてそれは原鉱のままローマに送られ、キリナルの丘麓にあった数か所の工房で加工された。当時、そこは本格的な工業地区で活気に満ちていたが、騒々しくて悪臭を発する危険な場所でもあった。辰砂にはさらにより一般的なものもあった。それはアペニン山脈の火山群山麓にある鉱山から採掘されたが、ポンペイの画家たちはおそらくこれを蔑視していた。彼らの裕福な注文主たちは、より美しく、高価で、見栄えがするものを望んでいたからである。

グリフィンたちの館

パラティーノの丘の上に位置するこの建物には、第2ポンペイ様式に属する美しいだまし絵群を擁する大広間がある。ここではさまざまな赤色顔料がもちいられている。辰砂やヘマタイト、ルブリカなどである。

前80年頃、ローマ、グリフィンたちの館

パエストゥムの飛びこむ人

葬送画に描かれたこの意外な人物はどこへもぐろうとしているのか。もうひとつの生へか、他界へか、それとも冥府の神ハデスの世界へか。それともたんなる日常的な沐浴なのか。1968年にパエストゥムで発見された墓にある石棺の蓋石裏面に赤色で描かれた情景。樹木はおそらくオリーブである。

前480–前470年頃、パエストゥム、国立考古学博物館

　古代の辰砂は硫化水銀からなる鉱物で、当時はまだそれを人工的に作ることができなかった。それができるようになるには、中世初期の西洋に新しい合成顔料、すなわちバーミリオンが出現するまで待たなければならなかった。これについては後述するが、ローマの画家たちは他の赤色顔料、とくにさまざまな品質のオーカーも使っていた。プリニウスがルブリカと総称したもので、しばしば辰砂の下塗りにもちいられた。それは熱すると黄色オーカーとなり、加熱温度によってオレンジや赤、紫あるいは褐色に変化するという(35)。同様のことは、ヘマタイトや他の酸化鉄を多くふくんだ赤色鉱物についてもいえる。もっとも評判のよかったものは、小ア

たちの鉱物由来の赤色顔料のうち、エジプト絵画について述べた際に紹介しておいた鶏冠石[37]と、鉛白を高温で熱して作った人工的な顔料である鉛丹[38]についても言及しておこう。この鉛丹という語は、ラテンの著作家のあいだではかなり曖昧なものだった。それはときに鉛丹（赤鉛）をさし、ときにプリニウスの『博物誌』にみられるように辰砂を、そしてときには赤色群に属するさまざまな鉱物性顔料の混合をも意味していた。ローマの「科学的な」画家や職人たちは、エジプト人たちがめったにしなかったような混合顔料を活用していた。たとえば、美しいバラ色の色相をえるために、彼らは鉛白とルブリカを一緒に燃やした[39]。さらに、ヘマタイトに少量の辰砂を入れて光沢を出したりもした。ローマでは、作画はしばしば知的な実践でもあった。

こうした鉱物性顔料にくわえて、植物ないし動物由来の顔料もあった。たとえば自生（クロベや糸杉）ないし外来（リュウケツジュ）の樹木から分泌される赤い樹脂と、とくに有機顔料である。この有機顔料はアカネやケルメス、アクキガイといった染色物質で、これらをもちいて、あらかじめじめ用意しておいたカオリンやアルミナなどの白色鉱物粉に色をつけた[40]。エジプト人やギリシア人のそれと同様、ローマ人の有機顔料もとりわけ赤の色相とかかわっており（ウィトルウィウスは黄色や緑の謎めいた有機顔料について語っている[41]）、画家たちはそれが光にたいしてきわめて強い抵抗力を帯びているとして珍重していた。

ジアの黒海沿岸にある都市シノペ一帯から輸入された。この都市名が最終的にシノピスないしシノピアという顔料の呼称となった[36]。ただ、西ローマの主要な港までの長い海路で運ばれたため、その値段は高かった。

ここではまた、ローマ画家たちや、彼らと同様の顔料をもちいていた帝国全域の画家や職人

赤く染める

ケルメスで彩色された絹製の外套片

この外套片の年代を特定するのはむずかしい。これはスペイン・ムーア様式のサマイト【金糸などを織り交ぜた厚手の織物】で加工された豪華な外套で、奇跡を起こすとの評判をとっていた聖母像に着せるため、中世から近代初頭まで、フランス南西部ルシヨン地方のテュイルでもちいられていた。丈夫な染料であるケルメスの赤は、時間の試練にみごとに抗してきた。

11世紀（？）、ノートル＝ダム教会宝物庫、テュイル（ピレネ＝オリオンタル県）

画家たちのことはここできりあげ、次に染色職人たちに目を向けよう。これら職人たちもまた色について歴史家に多くを教えてくれる。ただ、彼らの歴史は残念ながら不明とするほかはない。いったい人類はいつから染色をおこなうようになったのか。定住生活をする前からか。現在の知見では、この疑問に確実に答えることはできない。しかし、絵画の場合と同様、赤の多様化とともにそれが始まったということだけは、さほど大きなリスクなしにいえるだろう。それを立証するのが、今日まで残っている何点かの最古の布片である。これらの布片は前3千年紀初頭以前までは遡らないが、そのすべては赤の、いや、赤だけの痕跡をしめしている。

たしかにそれより前の時代でも、さまざまな色の衣をまとった人物像が描かれている。だが、これらの図像は実際の色をどの程度まであらわしているのか。具体的な造形資料で王なり英雄なりが赤く描かれていたとしても、実際に彼らがこの色の衣を身に着けていたわけではない。むろん、そうではなかったともいえないだろう。とすれば、関係する資料や時代がどうであれ、こうした記録の問題を看過してはならない。

さまざまな文字証拠からわかるように、エジプト人たちは巧みな染色家だった。プリニウスによれば、彼らはまた媒染、すなわちミョウバンや酒石酸塩、石灰などの媒材をもちいて、色を布地の繊維にしっかりと定着させる方法を考案したという[42]。さらに、墓の副葬品からは布や衣服の多様な切れ端が出土している。これらはたしかに古王国時代（前2686-前2181）はまれだったが、プトレマイオス朝の時代（前332-前30）にはかなりの数となる。赤色群のなかで、主たる染料はアカネとケルメスだったが、アクキガイやベニバナ、ヘンナなどの痕跡もみつかっている。同様の染料は前1千年紀の近東や地中海低地地方のほぼ全域でも出土している。

これらの染料のうち、ヘンナは熱帯地方の低木で、葉を乾燥させて粉末状にしたものが、布だけでなく、皮革や白木、髪、爪、さらに肌を染めるための染料となった。たとえば女性たちは顔を化粧する際、顎や口唇、眉などにこれを紅白粉としてもちいていた。一方、ベニバナから抽出した成分もまたときに黄色、ときに赤の染料となった。ギリシアやローマの染色職人たちは、これをオレンジ色の色相を出すために使った。赤い色を出す際は、彼らはアカネやケルメス、アクキガイを大量にもちい、そこにリトマスゴケ、つまり岩【「アクキガイ」の意もある】についた地衣類に由来するオルシエラをくわえた。この染料をラテン語でロッケラとよぶゆえんである。プリニウスによれば、もっとも評判が高かったオルシエラは、カナリア諸島産のものだったという。採集がむずかしく、加工も複雑だったため、この染料は比較的高価なものだったが、多少とも紫がかった赤の色相を出すことができ、僅かな媒染で十分だった。

これに対し、アカネは背丈のある野生の多年生植物で、多くの土地、とくに湿地帯を好んで生えており、その根は強い染色力をもっている。これが染料としてもちいられるようになった時代（前5ないし4千年紀、あるいはそれ以前か）や地域（インドかエジプトか、あるいは西洋か）

は不明だが、それが赤色群の一角をなしていたことはわかっている。それゆえ、アカネがもっともちいられた染料だったと想定してもよいだろう(43)。このアカネはしっかりとして強烈な色相を生み出すが、さまざまな媒染剤（最初は石灰と発酵尿、のちに酢や酒石塩酸およびミョウバン）をもちいれば、濃淡を変えられることが早くから知られていた。

やがて時代とともにその技術は完成度をまし、前2千年紀ともなれば、地中海低地方の染色職人たちは、アカネの媒染と赤の色彩群を完全に自家薬籠中のものにするまでになった。ただし、他の色の場合はそうではなかった。問題は、新石器時代のいつ、人間はアカネの根を地中に探し、赤みを帯びた主根を集めて外皮をとり除き、それを砕いて、染料としてもちいることを思いついたのか、というところにある。そして、染色に成功するまで、どれほどの試みが失敗・挫折したのか、どれほどの誤りや予期せぬ出来事をこうむり、あるいは経験しなければならなかったか。これはなおも謎としてある。

ローマ帝国では、アカネ（ルビア）による染色は徐々に本格的な産業活動へと合流し、一部の地域はその栽培を専門的におこなうようになった。ローヌ河谷やポー平原、スペイン北部、アルメニア、ペルシア湾沿岸地域などである。何人かの著作家はその栽培について詳述している。それによれば、土地は湿潤で石灰質、灌漑もよくなされていなければならない。3月に種をまくと、1年半後にアカネはかなり成長し、秣となる葉や茎を提供してくれるという（そのため、雌牛や雌羊はわずかながら赤みを帯びた乳を出す）。だが、根を引く抜くにはさらに3年待たなければならない。引く抜いた根は乾かして外皮をはぎ、それからすりつぶす。こうして粉末状になったものが染料としてもちいられたともいう(44)。

アカネの栽培はさほどむずかしくはなかったが、野ネズミに対してはしっかりした備えをしなければならなかった。アカネがこの小動物の好む黒っぽい漿果をつけていたからである。それゆえ、ネズミを捕まえ、漿果を集める。ガレノス【131頃-201頃。ギリシアの解剖学者で、古代ローマ最大の医学者】は、この漿果がきわめて強力な利尿剤になるとしている。古代の医学はこれを大いにもちいていた。

こうしたアカネは多様な染料性をもち、深く変化に富んだ赤の色相を出すことができる。ただ、色つやに欠けていた。それゆえギリシアとローマの染色職人たちは他の染料を好んだ。たとえばケルメス（コックム）である。たしかにそれははるかに高価で、入手も困難だったが、鮮やかな赤をあたえてくれた。前述したように、このケルメスは動物由来の染料で、地中海周辺に生えた大小の樹木——大部分はコナラ——の葉についた、一部の昆虫を集めて乾燥させたものがもとになっている。もちいられるのは雌だけで、それが卵を産もうとしているときに捕まえなければならない。酢の蒸気で燻蒸し、日光で乾燥した雌虫は褐色の粒状になり（グラヌム）、すりつぶすと、鮮紅色の体液を少量分泌する。これが染料としてもちいられる。色が安定していて濃く、輝きもある。だが、わずかばかりの量をえるには、かなり大量の虫が必要となる。それゆえ、ケルメスは高価であり、豪奢な布地にのみ使われた。

これらさまざまな染色にかんして、ローマの職人たちはエジプト人やフェニキア人、ギリシア人、さらにエトルリア人たちの知識と技能を集め、発展させた。そして、さほど時間をかけ

アカネ

15世紀中葉に北イタリアで描かれたこのアカネは、新石器時代からしっかりした赤の染料として抽出されたその根を象徴的にしめしている。

1450年頃、パリ、フランス国立図書館、ms.latin 17848, fol. 8.

ることなく、色や染料の専門家となった。やがて共和政末期、きわめて古い職業結社の「染色組合」(コレギウム・ティンクトルム)[45]が6組織に分かれ、それぞれ赤およびそれに近い色相を手がけるようになった。アカネ由来のすべての赤を作る「サンディキニイ」、ケルメスによる赤を作る「コクキナリイ」、アクキガイ由来の鮮やかで紫がかった赤を作る「プルプラリイ」、各種の木を基とする濃い赤と褐色味を帯びた赤を作る「スパディカリイ」、ベニバナ由来の赤とオレンジ色を作る「フランマリイ」、そしてサフランからの黄色とオレンジ色を作る「クロコタリイ」である[46]。

たしかにその長い歴史をつうじて、ローマの染色職人たちは赤や紫、オレンジ、黄といった色の多様化に卓抜した能力を発揮した。ただ、黒や褐色、バラ色、灰色の多様化についてはさほどではなかった。さらに青や緑のそれに対しては、凡庸の域を出なかったといえる[47]。こと最後の2色にかんするかぎり、ケルトやゲルマンの職人たちの方がより能力があった。彼らがローマ人たちに技能を伝えるようになったのははるか後代、すなわちネロやフラウィウス家出身の皇帝たちのもとで「蛮風」がまず束の間ながらもてはやされるようになった1世紀、ついで緑色や青色が婦人服に進出するようになる3世紀だった。

古代ローマの赤紫

次に、ケルメス以上に貴重で、古代ローマの染色術に名声をもたらしたもうひとつの染料をみていこう。赤紫である。

ありていにいえば、この分野でも、ローマ人の知識はギリシア人やエジプト人、そしてとくにフェニキア人から譲り受けている。ローマが地中海世界に覇を唱えるよりはるか以前、赤紫に染められた布は大いに評判をとっており、価格もきわめて高かった。富と権力の象徴としてのそれは宝物とみなされ、歴代の王や族長、聖職者たちがこれをまとい、神々の彫像にも着せられていた[48]。この赤紫の布が威信をもつようになった主な要因は2つある。ひとつは、なにほどか神秘的な染料によってえられた染色の比類のない輝き、もうひとつは、光に対する堅固さと抵抗力である。他の染色とは反対に、赤紫の着色成分は時間がたっても弱まることなく、むしろ陽光や月明かり、あるいはたんなる炎の光の影響を受けて増幅し、豊かなものになった。

こうして布は新たな色合いを帯び、やがて当初にはなかった多彩に変化する光沢をしめすまでになる。すなわち、その色相は赤から紫、紫から黒、ときにはバラ色や薄紫、青を経て、最終的に赤へともどるのである。それゆえ、あらゆる人々にとって赤紫の顔料は生きている魔術的な物質に思えたものだった。さらにその起源については、さまざまな伝承が流布してもいた。

たとえばギリシアでもっとも広まっていた伝承によれば、赤紫の特性を発見したのは1匹の犬だったという。それはヘラクレスの、あるいはクレタ王のミノス、ときには羊飼いの犬とされたが、この犬は浜辺をうろついて貝を探し、それを軽くかんだ。すると、鼻先が赤く染まったともいう。

詩的なイメージが薄れているより新しい別の伝承は、フェニキアの船乗りたちが、食事のために数個の大きなアクキガイの身を貝殻からとりだそうとした際、指先が血のなかに浸したかのように赤く染まったとしている[49]。

古代の赤紫色は実際は地中海東岸でみつかる貝の汁から作られていた。この貝には主要な2種類があり、一方は高級な赤紫（pourpre）をもたらしてくれるプルプラ貝（purpura）で、これが染料の呼称となっている。もう一方のムレクス貝（murex）は2種類ある。細長いムレクス・ブランダリス（murex brandaris）と円錐形のムレクス・トルンクルス（murex trunculus）で、もっとも需要があったのは後者である。これはパレスティナ沿岸部、とくにティルスとシドン地方で大量に採取された。これらの地では現在もなお工房の跡地に巨大な貝塚をみることができる。

だが、その汁が染色力をもつ貝はほかにもあり、キプロスやギリシア、エーゲ海諸島、シチリアなど、つまりアドリア海北部の海岸で採取された。ただ、これらの貝を識別するのはむずかしい。ギリシア語にしてもラテン語にしてもそれらをしめす語がとくに不安定で、混乱もあり、くわえて数が多かったからである[50]。

これらすべての貝類、とくにムレクスとプルプラは採取が困難だった。それは秋ないし冬にかぎられ、繁殖の時期である春は、その汁が染

ムレクス・トルンクルス

円形の床タイル片。ウツボと大きな背棘魚のあいだに、円錐形の貝で、そこからもっとも高価な赤紫色を抽出するムレクス・トルンクルスがみられる。この豪華なモザイク片は、ローマ帝国のもっとも豊かな属州だったリビアのレプティス・マグナ周辺に建てられた、ローマのある富裕者の別荘でみつかったもの。

3世紀中葉、トリポリ考古学博物館

色力を失う。一方、夏には、貝は暑気をさけるため、海底や砂場ないし岩陰に隠れてしまうからである。それゆえ、採取は秋から初冬にかけて、プルプラの場合は餌と籠を手に沖合で、ムレクスの場合は海中の岩場でなされた。しかも、こうして採取した貝は生かしておかなければならなかった。汁を吐き出すのが死にかけたときだからである。この汁を出すのが小さな腺——古代人たちはこれを肝臓と考えていた——であるため、これをそこなうことなく貝からとりださなければならなかった。

こうしてひとたび集められた汁は、さまざまな加工（塩漬け、煮沸、煮詰め、選別）を経て染料となった。赤紫の染料が高価になったのは、この長い工程による。わずかな量の汁を抽出するだけでも、かなり大量の貝を集めなければならず、汁を染料に変化させる際には、その80パーセントが失われもした。プリニウスや他の著作家たちによれば、染色職人たちにもちいられる染料324グラムを手に入れるには、7-8キログラム（！）の汁が必要だったという[51]。

ただ、学者たちの分析やかなりの数にのぼる文献があるにもかかわらず、古代の赤紫はなおもその謎が明らかとなっていない。貝から染料、

染料から染色布へといたる工程を可能にするような化学的・技術的な加工を、工房が秘密にしていたからである。それゆえその手法は地域や工房ごとに異なり、時代と流行によって変化してもいた。たとえばローマ人は、赤紫の最初の考案者で商人でもあったフェニキア人の作り方をもはや踏襲してはいなかった。嗜好もまた変わっていた。時代が進むにつれて、濃い赤や深紅、青みないし紫がかった赤が求められるようになったのである。ただ、その結果は貝の性質や採取時期、汁の混合具合(52)、光のあて方、染色職人の技量、繊維の性質、もちいられた媒染法などで著しく異なった。それはまた、どのような色相や色彩効果を求めるかでも異なった。おそらくこのことは、赤のみならず、バラ色や薄紫、紫、そして黒のすべてについていえただろう(53)。

　一方、とくにローマ帝国時代の工房や取引の組織については、より詳しくわかっている。それぞれの工房は複雑な設備や熟練工、さらに裕福な「企業家」ないし卸売業者だけが提供できる資金を必要とした。赤紫は高級な輸出品で、卸商人が専門店のある帝国内の主要な都市にそれを供給した。これらの専門店は染料そのものだけでなく、すでに染色された毛織物や絹織物を、ときには赤紫色の布地や衣類すら非常な高値で売った(54)。2世紀のローマでは、ティルス産の紛れもない赤紫で染められた最高級毛織物が、モノクロの毛織物より15-20倍で販売された。きびしく罰せられたものの、不正行為もかなり横行していた。赤紫染料の原産地や品質の詐称、生産コストを安くするための貝汁の混合、つまりリトマスゴケないしアカネをもちいて内緒でなされた一番染浴などである。

　ローマ帝国末期には、大部分の工房が帝国工場となり、地域によっては貝の採取や染料の製造、輸送、取引を独占するまでになる。私企業はまれとなり、その活動は地方での取引と低品質の赤紫の販売だけに限定された。歴代の皇帝たちは個人が尋常ならざる赤紫布に贅沢な出費をするのを抑制し——これは非生産的な投資とみなされていた——、自分だけがそれを手にできるようにした。こうして帝国が続くあいだ、赤紫に染められた衣服ないしそのあて布を保持する権利は制限され、最終的には聖職者や行政・司法官、あるいは軍人が任務を遂行する際にのみもちいられた。

　そこでは、「プルプラム・インドゥエレ」（赤紫の衣をまとう）というラテン語の表現が、きわめて高位の市民的ないし軍事的任務につくことを意味した。一方、全身に赤紫の布をまとうといういで立ちは皇帝の特権で、その絶対的な権威や神聖な本質を象徴した。この特権に違反することは、国家的な反逆罪となった(55)。スエトニウス【69頃-128頃。古代ローマの伝記作家】が語っているところによれば、カリギュラ帝の時代（皇帝在位37-41）、マケドニア王ユバ2世【前52頃-前23頃】の洒落者だったが礼儀知らずの王子は、頭から足まで赤紫の着衣でローマに赴き、そのために逮捕され、処刑されたという(56)。

　ただ、個人は盛装時に、通常は帯やガロン【テープ状の縁飾り】として赤紫をもちいることができた。貴族(パトリキ)たちが白いトガの上につけたこの帯は、「クラウス」【帯のほかに、「縞」や「釘」の意もある】とよばれ、長いあいだ若い貴族たちだけのもので、その幅や色の濃淡が地位や身分、年齢、さらに財産の程度をしめしていた。個人はまた赤紫に染められた布をもつことができ、それをベッドカバーや壁掛け、カーテン、

絨毯、クッションといった調度品の生地にもちいた。もっとも豊かな者たちはそれなしですますことができなかった。ローマの詩人ホラティウスは前1世紀末に書いた『風刺詩』の1編で、成り上がりだが大金持ちのナシデニウスなる人物を揶揄しているが、この人物は豪華な食事のあと、あろうことか、これみよがしに食卓を赤紫のナプキン（ガウサペ・プルプレオ）でふいたという[57]。

赤紫の発見

古代ギリシアでは、赤紫の発見とその最初の考案者にかんする伝説が大量に流布していた。これに対し、近代の芸術的・文学的伝承ではそれがひとりないし1匹だけとなっていた。ヘラクレスの犬である。この犬は食べられそうな貝をあさって砂浜を掘っていた際、赤く染まった鼻先を主人にみせたというのである。ここに載せた情景は、スペインのフェリペ4世から依頼された神話画全体【マドリード王宮近くの狩猟館トーレ・デ・ラ・パラダ用】を、ルーベンスとともに制作したテオドール・ファン・テュルデン【1606-69】が描いたもの。

テュルデン作「赤紫の発見」（1636年）、プラド美術館、マドリッド

日常生活における赤

　ローマ人たちの生活にもちいられた大量の布は、すべてが赤紫で染められていたわけではなかった。それが不足していたためだが、これらの布はしかししばしば鮮やかな色をしていた。彼ら以前のギリシア人たちや古代の他の大部分の民族同様、彼らもまた人目を惹く色や強烈なコントラスト、極彩色を好んだ。前述したように、この極彩色は彫像のみならず、かなりの数の建築物にも使われた。最終的にギリシアやローマのイメージは17世紀末の新古典主義研究を受けついで白となったが、やがてそれはアカデミックな知や思想、文学や絵画、のちにはモノクロ写真、さらに映画やこま割り漫画に引きつがれることになる。

　だが、これは誤ったイメージである[58]。公共空間と同じく、住居にはいたるところにさまざま色がみられたからである。大部分の神殿や世俗の建物は内側も外側も彩色が施されていた。極彩色の装飾だが、全面単色もあり、その場合は赤が突出してもちいられた。大都市では、今日「建築塗装」とよばれるものが、数多くの企業主と労働者たちの生活の糧となっていた。大理石と高価な石材のみが本来の特徴を残していたが、建築家たちは自らが施す彩色を楽しみ、色や模様のけばけばしい効果を求めた。偉大な建設者だったアウグストゥス【初代皇帝在位前27-後14】は石のローマを継承し、大理石のローマを残したことを誇った。たしかにそれは白の画一的な大理石ではなかった。ただ、そこには多少とも誇張があった。家屋やありふれた建物では、主たる素材は石や大理石ではなく、多様な赤の濃淡を最大限うちだして彩色した焼成煉瓦だったからである。まさにこの煉瓦が、多方面にもちいられる同じ色の瓦（テグラ）とともに、ローマを白ではなく、赤の街につくりあげたのである。同様のことは帝国の主要な都市についてもいえる。

　ここではまた、ローマ時代の建築に広くもちいられ、夥しい火災をまねいた木材のことを忘れてはならない。たとえば64年のローマの大火は、ネロ帝が無実のキリスト教徒たちを犯人に仕立て上げたことで知られているが、しかじかの地区を破壊した火災はほかにも数多くあった。ありていにいえば、火災は1世紀末のユウェナリス【60頃-130頃。風刺詩で当時の腐敗した社会・風俗を告発した詩人】が指摘しているように、ほぼ毎日のように起きていた。「いつになったら、わたしは毎日火事がなく、毎夜警報のない場所で生きることができるのだろうか」[59]

こうした嘆きはたんなる文学的な紋切り型ではなく、古代都市を「赤い街」に仕立てたなんらかの現実と符合していた。庶民地区での火のまわりの速さは、数多くの書作家たちが報告している。火は炉を媒体としてほとんどの家にあった。この炉は一日中火が焚かれ、食事や儀式が営まれ、祖先たちと交流し、家族を守り、その永続を保証してくれる、いわば本格的な祭壇だった。火が消えたままにしておくことは、悪い兆候を意味した。反対に、炎の形と色を観察することは、当時はやっていた占いだった。まれではあったが、かなり赤い炎は、重大な出来事を告げるとされていた[60]。

　貴族の家の内部は、19世紀の考古学者たちが考えていたほど簡素なものではなかった。たしかに家具はさほど多様ではなく、オブジェも比較的まれだった。だが、椅子は数多く、座る、寝そべる、休む、陳列する、さらに室内の空間を区切る、組織するといった、さまざまな役割をになっていた。こうした椅子はしばしば多少とも無造作に布で覆われていた。この布の色は変化に富み、流行を追って変えられた。ただ、少なくとも2世紀末までは、壁や装飾全体と同様、おそらく赤が中心だった。

　では、衣服についても同じことがいえるだろうか。答えは容易でない。ローマの場合でも、古代も他のいかなる時代でも、その衣服の研究は色を看過してきた。優先的な関心はつねに形態の考古学であり、衣装の部位の目録、布地の素材、付属品などであり、色は歴史家の注意をほとんどひくことがなかった。古代の史料もまた色についてはほとんど言及しておらず、図像表現も誤っていた。著作者たちは逸脱したり顰蹙を買ったりした話は語っているが、日常生活における色についてはさほど語っていない。同

彫像の極彩色復元

前20年頃に制作されたこの有名な彫像、すなわちプリマポルタのアウグストゥス像【原型は皇妃リウィアが隠居していたプリマポルタのリウィアのヴィラ跡から1863年に発見された】の複製では、原型についていた色の痕跡および現代の作品との比較によって、古代の極彩色の状態を復元しようとする試みがなされた。

　前頁は鉱物を素材とする主たる顔料。ギリシア・ローマの彫像にもちいられたもので、孔雀石や黄色オーカー、赤色オーカー、辰砂（しんしゃ）、ヘマタイト、藍銅鉱、エジプシャン・ブルー、鶏冠石、石黄などである。

左（44頁）：コペンハーゲン、ニイ・カールスベルグ・グリプトテク美術館
右（45頁）：2004年の展示複製、ローマ、ヴァティカン美術館

様に、造形資料も日常的なものより、例外的なものないしその場かぎりのものを描いていた。

　ただ、そこでもまた４色、すなわち白、赤、黄、黒がおそらく他の色よりもそれぞれ色相ないし濃淡を変えて多用されていた。これらの色のうち、黄色ないしオレンジ色はとくに女性にもちいられた。一方、黒は一部の高位者および服喪者用だったが、通常それは純粋な黒というより、むしろ濃い灰色ないし褐色をしていた。帝政期のローマでは、成金は赤い服をまとうのを好み、「高齢のローマ人たち」は白ないし単色の毛織物になおも忠実だった[61]。

　だが、やがて東洋や蛮族たちに由来する新しいモードがくりかえし、そしてしだいに数をまして到来するようになると、衣服の色が多様化していった。ネロ帝の時代には、一部の貴族や皇帝自身が緑の衣をまとって顰蹙を買っている。だが、伝統と白＝赤＝黄という強制的な三幅対を飛び越えたのは、とくにローマの既婚女性たちだった。こうして１世紀末には、青や紫、緑などの衣服を身につけ、あるいはケルト人やゲルマン人と同じように、縞、チェッキー、斜め井桁などの模様、さらに雑色からなるトゥニカ（貫頭衣）やストラ（長い外衣）、パラ（マント）を、さまざまな流儀で着こなした彼女たちがみられるようになる。

　衣服の色以上によく知られているのは、これら既婚婦人たちがもちいていた美顔料の色である。帝政初期より、色は過度なまでに多様化していた。すなわち、額と顎と腕には白（チョーク、白鉛）、頬骨と口唇には赤（ルブリカ、フクス）[62]、まつげや目のまわりには黒（灰、各種の炭、アンチモン粉）が美顔料として使われていたのである。こうして美容師（オルナトリケス）によって「色塗りされた」女性たちの顔

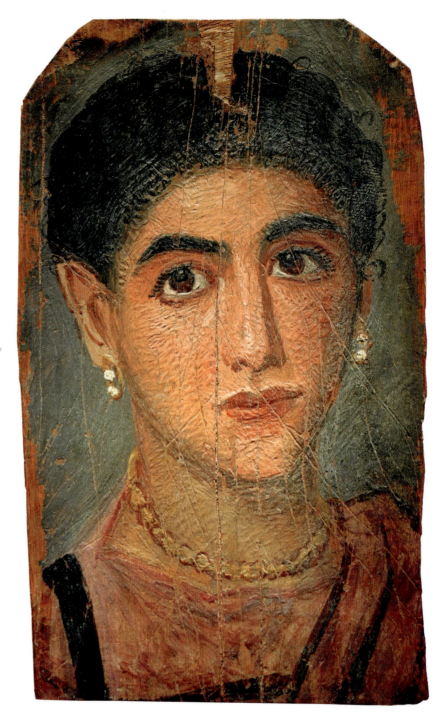

を批判し、美しくなるためにそれぞれ婦人たちが自宅に大量の化粧壺や小瓶をもっていたことを難じる著作者は多かった。

さらに、美顔料を乱用してかえって醜くなった女性もいたようで、女性美のエキス・パ・ー・ト・でもあったオウィディウス【前43–後17/18。『転身物語』などで知られる詩人。『女性化粧論』ものもしている】は、そのことを次のように指摘している。「化粧術が女性たちの肌を美しくするのは、あまりにも自分を美しくみせようとしない場合だけである」(63)。これに呼応するかのように、それから数十年後、マルティアリス【40頃–104頃。ヒスパニア出身のラテン語詩人で、エピグラム（警句）の創始者とされる】は、化粧品を乱用し、昼と夜で顔が異なるガッラという女性をこう酷評している。「ガッラよ、君は100あまりの美顔料で顔をつくるが、昼間に君がみせる姿は、君と一緒に寝たりはしない」(64)。

女性の装身具はあらゆる種類の宝飾品や護符、首飾りで完璧なものとなるが、ここでもまた赤が支配的だった。それが美しく魅惑的なだけではなく、幸福ないし幸運をもたらすとみなされていたからである。たとえば半貴石（ルビー、ガーネット、碧玉、カーネリアン）、加工・染色された飾り焼結ガラス、貴金属にはめこまれた少量の辰砂やサンゴなどである。とくに帝政前期には、一部の男たちもまた女性にならって、着衣の上や下に――旧石器時代の男たちと同様（！）――、庇護力を帯びているとする赤い宝飾品や護符を控えめながらつけていた。その赤が鮮やかで強烈であればあるほど、宝飾品ないし護符の効力が大きいとされた。

そうしたものとしてとくに貴重だったのはルビーである。これは際立って赤い石で、身体を温め、性欲を刺激するだけでなく、精神を強化し、毒蛇やサソリを遠ざける特性を帯びているとも考えられていた。それはしばしば血の滴りの形に加工された。サンゴはほとんどの場合、数多くの危険、とくに落雷を避ける効力があるとされた。実際、少なからぬ船乗りたちはマストの先端に「サンゴ石」（ローマ人の理解では、サンゴは鉱物だった）をそなえつけたものだった。

蝋画法で描かれた遺影

ミイラ化された死者の顔の上に副葬されたローマのエジプト人女性の遺影は、おそらくかなり定型的だったが、この例のように、多少とも写実的だった。女性たちがとくに関心を向けたのは、美顔料と宝石だった。

160年頃、ルーヴル美術館古代エジプト部門、パリ

金やガーネット、ルビーの宝飾品

図版左の円形の留め金（金・ガーネット）はパリ北郊のサン＝ドニで、メロヴィング朝の王妃アレゴンド（570頃没）の墓から出土したもの。右は前1世紀のローマの貴族の指輪（ルビー）。

左：6世紀、ブリュッセル、ベルギー王立芸術・歴史博物館。
右：前50年、個人コレクション

モザイクに表現された雄鶏

一部の神々の属性で、占いともむすびつけられた雄鶏は、ローマ人から敬われていた。赤色は栄光と勝利の徴であり、雄鶏の鶏冠の色は、目にすることのできる赤のもっとも美しい色相を帯びているとみなされていた。キリスト教はローマ人ほど称賛はしていなかったものの、なおも雄鶏を珍重し、勇気と警戒心のシンボルとした。

5ないし6世紀、マダバ考古学公園のゲオルギウス聖堂跡地で発見されたモザイク、ヨルダン

石や布について、一部の著作者たちはどれが赤のもっとも鮮やかで美しい色相かを定めるため、創造的な発想と言葉づかいを競った[65]。この赤の色彩競合で勝利をおさめたのは、面妖なことに雄鶏の鶏冠(とさか)（ルブルム・クリスタトゥム）だった。これはわれわれには驚きだが、ローマ人にとっては別段意外なことではなかった。彼らはこの鳥を大いに称賛し、こういってよければ崇敬すらしていたからである。

さまざまな神（太陽神アポロン、戦神マルス、豊饒の女神ケレス、商売の神メルクリウス）の象徴でもあった雄鶏は、占いの分野でも重要な役割をになっていた。その鳴き声や歩き方、飛翔、羽ばたき、餌を前にしての態度などを分析して、どのように行動し、いかなる決断をするか、結論を出していたのである。戦いの場でも

また、同様にして戦端を開くべきかどうかを占った。こうして多くの将軍たちは、その赫々たる栄光を雄鶏に負ったはずである。それは軍人でもあったプリニウスをして、こう言わしめている。「雄鶏は世界の主である」(66)。

雄鶏のこのような栄光は、大部分がその鮮紅色の鶏冠に負っていた。同様の冠を頭にいただく鳥は神々から愛され、その使者としての役割をになっていた。ただ、ごく一般的にいえば、ローマ人は赤に他のいかなる色よりも強い象徴性を託し、それを活用できそうなものすべてに注意を払った。雄鶏の場合、その象徴性はつねに肯定的なものだったが、他の動物では赤は否定的ないし不安にさせるような意味を帯びていた。

ティトゥス・リウィウス【前59-後17。古代ローマの歴史家で、『ローマ建国史』42巻を編んでいる】によれば、ローマでは第2次ポエニ戦争真っさかりの前217-216年の冬、ハンニバルのローマ軍攻撃の前夜、赤毛の雄牛が牛市場（フォルム・ボアリウム）から逃げ出し、一軒家（インスラ）の階段を4階まで上り、そこから虚空に身を投げたという。この異常な出来事は凄惨な敗北を告げるものと解釈された。そしてそれは、トラシメヌス湖畔の戦い【前217年】とカンナエの戦い【前216年】での、ローマ史上もっとも悲惨な敗北となって現実化したともいう(67)。

赤い鶏冠や毛並みないし羽毛をもつ動物が好奇心や不安ないし称賛をかきたてたとしても、人間の場合はそうではなかった。ローマでは赤毛はおぞましい徴とみなされていた。女性のそれは苛酷な人生、男のそれは愚かさの徴だというのである。こうした風習はおそらくゲルマン人から受けついだものと思われる。事実、たとえば芝居では、ゲルマン人は戯画化されたバルバロイとして登場していた。大男（プロケルス）や肥満者（クラッスス）、禿頭（クリスプス）、赤ら顔（ルビクンドゥス）、そして赤毛（ルフス）などである。さらに日常生活でも、人を赤毛とよぶのは、もっとも流行していた侮蔑のひとつだった。それは中世の大部分を通じて、聖職者の世界でも同様だった(68)。

語彙の証拠

本節ではなおも語彙の問題にとどまり、古代言語における色にかかわるさまざまな用語の頻度や分布、衰退などについて検討をくわえておこう。徹底した分析というのは望むべくもないが、他の語彙と較べてかなり頻繁に登場する色彩言語が3つある。赤と白と黒である。古代の用語法では、赤はすべてのリストや辞書の先頭に位置づけられていた。使用度の面で、赤という語はつねにもっとも数多く登場し、ヘブライ語でもギリシア・ラテン語でもそうである。たしかにそれは書き言葉についてのみだが、話し言葉ではそうではなかったと想定することは、理にかなっているとはいいがたい。

まず、最初の事例として旧約聖書と、フランソワ・ジャクソンがヘブライ語とアラム語の最古の聖書テクストを基におこなった詳細な研究(69)をとりあげよう。ただ、長々と読まなければならないにもかかわらず、収穫はさしてない。旧約聖書には色にかんする記述がきわめて少ないからである。その一部の書は全体として色をしめす語をまったくといってよいほどもちいていないのだ（たとえば「申命記」）。他の書でも布についての記述にかぎられている。顔料（アクキガイ、象牙、黒檀、石、貴金属）と色の用語法的な混同もみられる。

さらに、聖書のヘブライ語では、色をさす総称がなく、アラム語のtseva'は色よりむしろ染色を意味していた。こうした困難さや限界にもかかわらず、語彙と色彩についてある事実がわかっている。赤の優越である。みつかった色にかんする記述のうち、4分の3は多様な赤色に触れている。それらは赤褐色から鮮紅色や中間的および濃い赤を経て赤紫にまでいたる。赤の次にくるのは白と黒だが、その言及ははるかに少ない。さらにより遅れて褐色がくる。黄色や灰色はごくまれで、青は皆無である。偉大な言語学者であるジャクソンはその調査の収支を以下のようにしめくくっている。

聖書には色にかんする記述がさほどみられず、あってもかなり局部的である。ときにそれは家畜についての語り（「斑がある」や「縞模様がある」といった形容辞のレベル）、ときには皮膚病（白が中心）、ときにはまた聖具にかけられた布の輝き（赤と赤紫が支配的）に登場し、よりまれだが、王の祝宴や、なおも初期的な段階にあった象徴システムに寄与するような、幾通りかの状況においてもみられる。宗教的なものごとを気にかけ、旅行中には神殿の聖具ともなる聖書では、統計的に大半をしめる赤紫＝赤の領域が強調されているが、こうして赤は色の中心として評価されていた。これに対し、白ははるか後方にあって、さほどの評価を受けなかった。黒にいたっては、かろうじて言及されている程度だが、呪わしいものではなかった。このかなり多様な色彩世界は、いずれにせよときに聖書の表現に誤ってむすびつけられるような、不快な赤の地獄やおぞましい闇の黒、さらに純心で天使的な白とは無縁であった(70)。

長いあいだ、こうした赤――より広くいえば赤＝白＝黒の三幅対――の優越性は、言語学者や民族言語学者たちから強調されてきた。それ

は、アメリカ合衆国のふたりの研究者、すなわちブレント・バーリンとポール・ケイが1969年に上梓した有名な書『基本の色彩語──普遍性と進化について』【日高杏子訳、法政大学出版局、2016年】で指摘したように、すべての言語にあてはまるわけではないが(71)、まちがいなく数多くの言語についてはいえる。100あまりの言語の語彙研究から、彼らは色彩語がいかにして徐々に登場するようになったかを秩序づけている。それによれば、すべての言語は白と黒をさす語をもっているという。そして、第3の語があれば、それは赤を、第4の語は緑か黄色、第5の語は黄色か緑、第6の語は青を意味する。

このような流れはおそらく普遍的なもので、当該社会の技術的な進歩段階とむすびついている。社会が技術的に進化すればするほど、色彩語は豊かに、そして多様化するともいうのだ。だが、この最後の指摘は数多くの批判をまねいている(72)。語彙の問題についていえば、普遍的なものはなにもない。一部の言語には色彩語が不在であり、「色」をさす語すらもないのだ。他の言語では、白や黒を知らないか、それらをしめす語を色彩語とみなしていない。一方、語彙の豊富さと技術的な進歩との関連は、なんら立証されていない。たとえばヨーロッパの近代言語が日常的にもちいている色彩語は、赤道以南のアフリカや中央アジア、あるいはオセアニアの少数の話者が使っている土着語よりはるかに数少ないのだ。

とはいえ、ほとんどの古代言語（および数多くの近代言語の古層）においては、赤・白・黒が緑・黄ないし青よりも頻繁に言及されている。前三者はまたより豊富な語彙をもっていた。たとえば古典ラテン語がそうである。その日常語では、白と黒はそれぞれふたつの語であらわされる。前者はアルブス（くすんだ白、生彩のない白）とカンディドゥス（輝く白、純白）、後者はアテール（通常の黒、不安にさせる黒）とニゲール（輝く黒、ためになる黒）である。これに対し、緑にはただひとつの語（ウィリディス）、黄色には輪郭が不明確ないくつかの語（クロケウス、フラウス、ガルビヌス）、そして青には意味論的に不確かな語（カエルレウス、カエシウス、リウィドゥス）がもちいられる。したがって、ラテン語で青というのは、決してやさしいことではない。

反対に、赤は二重語（ルベウス）をともなう堅固な基本語（ルベール）のおかげで──この2語は豊かで多様な用語法によって完全なものとなっている──、きわめて広範な領域をしめしている。良質な著作者たちはそれをもちい、他の語のための形容辞をつけたりはしなかった。たとえば顔について、彼らは美しい女性の鮮紅色（ロセウス）(73)の頬と船乗りの赤銅色（コロラトゥス）の肌、農民の赤らんだ（ルビドゥス）顔色、ゲルマン人の恐ろしい真っ赤な（ルビコンドゥス）顔を区別するのに適した語を選ぶことを知っていた(74)。ローマの歴史家や詩人、演説家たちはこうした赤のすべての色相に注意を払った。ただ、黄色に対してはさほどではなく、緑はほとんど、青はまったく気にかけなかった。

彼らはまた語の歴史についても注意を怠りなく、形容詞のルベル（赤い）と実詞ロブル（樹木の王であるコナラと同時に、連帯や厳格さ、力を意味する）とのあいだの語源論的つながりを知っていた。赤は力やエネルギー、

アントニウス・ピウス【ローマ皇帝138-161】の肖像入り凹彫宝石

すべての古代ローマ人からもっとも敬われていた皇帝の肖像が、13世紀初頭に銀の母型に入れられたこの碧玉製の凹彫宝石は、おそらくイングランド人の男爵ロバート・フィッツウォルター【1235没。第1次バロン戦争（1215-17年）で、マグナ・カルタの反故を狙った欠地王ジョンに造反した諸侯の指導者】が封印のためにもちいたもの。

2世紀（メダイユ）・13世紀、ロンドン大英帝国博物館

ルビコン川を渡るカエサル

アドリア海に注ぐ小川ルビコンは、その名を川水の赤さに負っている。それは地理的にアルプス以南のガリアの地とイタリアのあいだの境界としてあっただけでなく、将軍が元老院の許可なしに軍隊を渡らせてはならない象徴的な境界でもあった。しかし、ポンペイウスを追撃したカエサルはそのことを一顧だにせず、決然として「赤い線」を渡った。画家ジャン・フーケ【1415頃-78/81】の作になるこの有名な細密画は、前面でその様子を強調している。

『ローマ人たちの出来事』（1475年頃）の分解・紛失された装飾写本の1葉。パリ、ルーヴル美術館グラフィック・アート部門

勝利、権力の色であり、象徴的な次元では、この色は黄色――ローマ人がギリシアを想い起こす色――とはしばしば、まれには緑や黒と対をなしたが、蛮族の色である青とは決してむすびつくことがなかった。だが、ローマでは赤ともっとも頻繁にむすびついたのが白である。と同時に、両者は競合・対立関係にあり、それは以後も長いあいだ続くことになる。西洋では、古代ローマから紀元千年をすぎるまで、白の真の対立色は黒ではなく赤だった。

赤＝白＝黒の三幅対の優越は日常語の形容辞にのみかぎられていたわけではない。それはまた固有名詞にもみられた。個人の本名の代わりに、異名がもちいられていたのだ。ルフス（赤ないし赤褐色）やニゲル（黒）のように、である。地名の場合は、合成語や派生的な表現がもちいられた。たとえば「ルフス（Rufus）」という異名は、その人物の赤褐色の体毛ないし赤ら顔に由来するが、ときには怒りっぽく、冷酷ないし残酷な性格ゆえにこうよばれた。地名もまた同様で、赤を想起させるそれは、水や土地ないし山の自然の色を反映しているが、当該地域の脅威的で危険もしくは立ち入りが禁じられていた特性を強調することもあった。

たとえば前49年、政敵ポンペイウス【前106頃-前48。古代ローマの政治家・将軍】を追撃していたユリウス・カエサルは、ルビコン川を渡った。北イタリア沿岸部を流れるこの小川のラテン語呼称であるルビコ（Rubico）は、形容詞のルベル（ruber）に由来する固有名詞で、その呼称は土壌の性質によって川水が赤褐色だったことによる。とすれば、ルビコン川を渡ったカエサルは「赤い線」、つまり禁じられた境界を越えたことになるのだ。実際、ルビコン川はいわゆるイタリアとアルプス以南のガリアを分ける境界だった。したがって、いかなる将軍も元老院の許可なしにその軍隊を渡河させることは禁じられていた。それはありうべからざる行為とみなされてもいた。だが、カエサルは委細構わずイタリアに入り、以後5年に及ぶ内戦を誘発し、その帰趨はローマの将来にきわめて大きな結果をまねくようになった。

地理的というより、むしろ象徴的なこの「赤い線」は、多くの点でローマ帝国の運命を決め、ルビコン川の水の色は政治的な意味を帯びていただけでなく、諺にもなった。すなわち禁忌に背くこと、イチかバチか勝負すること、運命に身をゆだねることを意味する「ルビコン川を渡る」である。有名な諺「アーレア・ヤクタ・エスト（賽は投げられた）」とは、渡河の際にカエサルが言った言葉とされる[75]。

ルビコン川の赤い水にはまた、文脈は異なるが、より古い紅海の海水が反映している。この紅海とは、約束された地へ向かうため、エジプトを脱出したイスラエルの民が渡った象徴的な境界だった[76]。ここでもまた赤はきわめて強力な刻印を残す出来事をしめし、歴史の真の動力を演じた、危険かつ基盤的な色として登場している。

最初の色彩 53

好まれる色

6–14世紀

ギリシア・ローマ人にとって、赤は最高の色であり、代表的な色でもあった。では、赤は好まれた色だったのか。答えはおそらくノンである。この色がたたえられたり、珍重されたりもせず、有名でもなかったというわけではない。ただ、好みの色という観念自体は色の抽象化や概念化を前提とし、古代世界にはそれがほとんどみられなかった。たとえば「わたしは赤が好きで、青は嫌いである」という言い方は、今日、フランス語のみならず、ヨーロッパの他のいかなる言語でもなんら困難さはない。そこでは色彩語がたんに形容辞としてだけでなく、無条件で色のカテゴリーをしめす実詞としてもある。

　しかし、古代世界ではそうではなかった。色はそれ自体が一個のもの、自立的な抽象概念ではなかった。それはつねにある対象、すなわち自然の要素や生き物とむすびつけられて、対象を説明し、形容ないし個別化していた。ローマ人はなんの問題もなく「わたしは赤いトガが好きで、青いのは嫌いである」ということができた。だが、それがなにについてかを明確にしないまま「わたしは赤が好きで、青は嫌いである」ということはむずかしかった。ギリシア人やエジプト人、ユダヤ人の場合は、それがさらにむずかしかった。

　では、この変化、つまり素材としての色から概念としての色への移行はいつ起きたのか。この疑問に答えるのは容易ではない。変化が緩やかであり、関連分野によってその歩みも異なっていたからである。だが、おそらく中世前期はこうした変化、とくに言語や語彙において決定的な役割を演じた。たとえば教父たちにとって、色彩語は形容詞だけでなく名詞でもあった。たしかにそれはすでに古典ラテン語にもみられたが、その出現度合いは数多くなく、色彩固有の意味というより、むしろ比喩的な意味でもちいられていた。ただ、一部の教父はそうではなく、彼らは直接色をさす実詞を使っていた。それはルボル（赤・赤紫）やウィリディタス（緑）のような本来的な普通名詞、あるいはルブルム（赤）、ウィリデ（緑）、ニグルム（黒）などのように、中性名詞ないし実詞として理解された形容詞である。その証拠に、色は物質性を失い、一個の物自体として考えられるようになった[(1)]。

　12世紀に入って、西洋世界全域で典礼用の色彩システムが、ついで最初の大紋章や紋章言語が普及すると、問題はおそらく解決する。以後、色はすべての物質性から解放された抽象的かつ総体的なカテゴリーとみなされるようになり、赤や緑、青、黄色はその媒体や鮮やかさ、色相、顔料などとは別個に、いわば無条件に考えられるようになったからである。こうしてそれ自体が名声を博すようになったこれらの色のうち、とくに好まれたのは赤だった。

54頁

愛と美の花バラ

古代のバラと同様、中世のバラもまたいわゆるバラ色ではなく、とくに人気があった色彩対合をなす赤ないし白色だった。この対合はここでは人々から好まれた季節、すなわち春とむすびつけられている。

1260年頃の暦、パリのノートル＝ダム司教座聖堂西壁バラ窓

57頁

大淫婦バビロン

『ヨハネの黙示録』に登場する大淫婦バビロン【『黙示録』の寓意】は、赤紫と緋色の衣をまとい、地上の王たちは彼女と姦淫の罪を犯した。写本装飾師はここでは彼女に二重の菱形模様で飾られたリス皮の豪華なマントを着せるだけですませている。一方、彼女が乗った獣の脚と7つの頭は明らかに赤い色をしている。この淫婦が「聖なる人々の血とイエスの証人たちの血に酔いしれている」【17.6】からである。

フランス語版『ヨハネの黙示録』（一部、1313年作の複製）、パリ、フランス国立図書館、ms. fr. 13096, fol. 56.

BABILONE DE RE DE HOMI

教父たちの赤4色

前述したように、旧約聖書には色彩語がさほど登場していない。少なくともそれはヘブライ語版聖書や、アレクサンドリアで前270年頃に編纂が開始されたセプトゥアギンタのギリシア語版聖書【70人訳旧約聖書】についていえる。だが、ラテン語訳が編まれるようになると、事情は一変する。最初期の翻訳者たちは、その聖書にそれまでなかった色彩形容詞をかなり導入する傾向をしめした。そして4世紀から5世紀にかけて彼らに続いた聖ヒエロニムス【347頃-419／420。初期キリスト教の4大ラテン教父のひとりで、そのウルガタ訳聖書が標準ラテン語訳聖書となった】は、新約聖書のラテン語テクストを改訂し、旧約聖書を直接ヘブライ語とギリシア語から重訳した際、さらに色彩形容詞をいくつか盛りこんだ。

流動的な聖書のテクストはこうして時代がすぎ、さまざまな翻訳がなされる過程で、しだいに文字通り色づくようになった(1)。そして近代では、土着言語もまたそうした傾向を強めていった。たとえば赤の色相である。ヘブライ語で「豪華な布」という表現は、ラテン語では「パンヌス・ルベウス」（赤い布）と訳され、16世紀のフランス語では「緋色の織物」となる。また、ギリシア語で「王衣」といえば、ラテン語の「ウェスティス・プルプレア」（赤紫の衣）、近代フランス語では「緋色の上衣」と訳される(2)。ただ、こうして訳出されたのは、ひとり赤の色調だけではなかった。ヘブライ語やギリシア語で「純粋な」や「固有の」、「新しい」、「色鮮やかな」などをしめす語は、ラテン語で「カンディドゥス」（白い）と、「暗い」や「不安げな」、「漠然とした」、「薄暗い」、「不快な」、「不吉な」は「アテル」ないし「ニゲル」（黒い）と訳された。

それゆえ5世紀から紀元千年後まで、ラテン語聖書がしだいに色彩語をましていったと注釈した教父やその後継者たちは、今度は自分たちが徐々に色について多弁となった。やがて彼らはこれらの色の周囲に、少しずつ野心的な象徴体系をつくりあげ、以後1000年近く、これが宗教的生活（典礼、着衣）や社会的実践（衣服、紋章、権標・勲章、儀式）、さらに芸術的・文学的創造活動の多くの分野に影響をあたえることになる(3)。

一方、赤についていえば、教父たちから受けついだキリスト教の象徴体系が、4通りの極、すなわちそれぞれが火と血という主たる指示対象をふたつずつもつ極を囲んで組織された。ただ、この象徴体系は肯定的な面と否定的な面を備えたものとみなされた(4)。

まず、否定的な面では、赤い火は地獄の業火と体が火のように赤い黙示録のドラゴン（『ヨハネの黙示録』12. 3-4）とむすびつけられた(5)。ここでの赤は不正かつ欺瞞的で、荒廃と破壊をもたらす赤であり、輝くことなく燃える地獄の業火のように、闇よりも不安を醸し出す光を生む。

この赤は悪魔や悪霊の典型的な色である。ローマ時代の細密画や壁画では、悪霊はしばしば頭部が赤かった。それから少しのちには、それは裏切り者や背信者の色となる。たとえばカインやユダ、偽善的な狐のルナール【12世紀中期

聖霊降臨の主日

聖霊降臨の主日には、使徒たちが聖母の周りに集まり、火の舌の姿をとって天上から降りてくる聖霊の賜物をそれぞれ授かる。それゆえ、聖霊降臨の典礼は殉教者たちの祝日や十字架称賛の祝日【9月14日】同様、赤一色で営まれる。前者の場合、色の指示対象は火、後者は血である。

ハンテリオン詩篇集（1165-70年頃）、グラスゴー大学図書館、Ms. Hunter 229, fol. 12 v°

60頁

ヨブの畜群をつれ去るサタン

図像表現では、サタンはつねに全身が赤く描かれるとはかぎらない。だが、頭部ないし顔はしばしば赤く、地獄の業火とその名において犯された罪を喚起する。

13世紀の残存部分から15世紀に復元されたサント＝シャペルのステンドグラス、パリ、クリュニー中世美術館

61頁

聖キルスの殉教【4世紀初頭】

カタルーニャ地方サン＝キルク＝ドゥーロの隠修修道院にあるこの祭壇前飾りは、2通りの赤をしめしている。殉教する聖人の血の色と、彼を処刑する死刑執行人の着衣の色である。近代まで死刑執行人たちはその職務の象徴として赤い服をまとうか、赤い標章をつけていた。

1140年頃、バルセロナ、国立カタルーニャ美術館

にラテン語で書かれた寓意物語『イセングリムス』を底本として、12世紀後半にフランスで生まれた物語群『狐物語』の主人公】の場合がそうで、これらは火のように危険で燃えるような赤い髪や体毛で描かれた。これについては後述する。

これに対し、肯定的な面としては、同じ赤い火が神の介在の徴とみなされていた。旧約聖書では「燃える柴」のエピソード(『出エジプト

記』3・1-4）や、エジプトを脱出したイスラエルの民が、夜、「火の柱」によって導かれたそれ（『出エジプト』13・21）にみられるように、ヤーヴェがしばしば火を介して顕現している。新約聖書では、神に由来する同じ赤い火が、「クレド」【カトリックで使徒信経、プロテスタントで信仰告白などとよばれる賛歌】の文言にあるように、「命の与え主」である聖霊を象徴している。それは光であると同時に強力で温かい命の息吹でもある。

聖霊降臨の主日【復活祭後の第7日曜日】、それは「炎のような舌」（『使徒言行録』2・1-4）となって使徒たちの上に降りてくる。この赤は輝き、活気をあたえ、蘇らせ、集め、強化し、浄めるものである。それはまた神の愛、すなわち中世ラテン語できわめて強い意味を帯びていたカリタス──イエスが地上にもたらした愛（「わたしは地上に火を投じるために来た。火がすでに燃えていたらと、どれほど思っていることか」[6]）のみならず、すべての善きキリスト教徒が隣人にしめす愛を意味する──の愛の赤でもある。

だが、教父たちの赤はたんに火とむすびつけられていたわけではなかった。それはまた血ともかかわっていたのだ。赤い血は否定的な面として、暴力と不純さに関するすべての言説とむすびつけられていた。これは聖書から受けついだ赤であり、流血をともなう罪と殺人の赤であり、神に対する反抗の赤でもあった。たしかに血は生命の象徴であり、生命は神に帰属する。それゆえ、人間が他人に血を流させることは、神に属するものを傷つけることだった。赦しは可能だが、改悛と服従が必要とされた。預言者イザヤは当時の好戦的で偶像崇拝のエルサレムに向けて、強い口調でこう宣言している。「お前たちの手は血にまみれている。洗って身を清めよ。（…）たとえお前たちの罪が緋のようであっても、雪のように白くなるだろう」（『イザヤ書』1・15-18）。

しかし、この呪わしい赤い血は旧約聖書にみられるだけではない。古代の異教から受けついだそれは、とくに生命をあたえる神秘的な力としてではなく、人間の腐敗のもっとも顕著な象

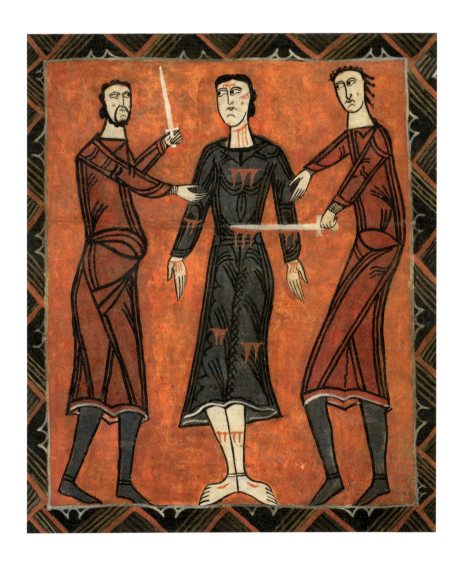

徴とみなされ、数多くの俗信の対象ともなった月経と関係づけられていた。ここでふたたび中世のキリスト教徒著作者たちにもっとも読まれ、コピーされ、引用・注釈された書のひとつである、プリニウスの『博物誌』に目を通しておこう。

> 経血ほど有害なものをみつけるのはむずかしいだろう。生理のある女性が近づくと、どれほど甘美なワインでも酸っぱくなってしまう。彼女が穀類に触れると、実がならなくなり、接ぎ木をすれば失敗する。木にもたれかかって座ると、すべての果実が落ちてしまう。彼女の眼差しは磨かれた鏡を曇らせ、象牙の硬さや輝きすらそこなう。彼女が近づくと、ミツバチたちは巣のなかで死んでしまい、青銅や鉄が錆びつき、むかつくような悪臭が発散する。この不純な血を味わった犬たちは狂犬となり、その毒を移された咬傷は治すことができない。（…）この有毒な経血は30日ごとに女性たちにまいもどり、3か月ごとに激しさをます(7)。

この一文に注釈を施しながら、何人かの神学者は月経を原罪とむすびつけ、そこに神がエバに科した罰の延長をみた。周知のように、悪魔【蛇】にそそのかされた彼女は禁断の果実を食べ、アダムにも食べさせたため、アダムはエデンの園から追放されてしまうが、さらに神は彼女を罰し、その娘たち、つまりすべての女性がこの過ちを記憶するため、毎月赤で穢れるようにしたというのである。別のとくに修道院の著作者たちはそれをさらに一歩進めて、女性の身体がどれほど汚物に満ちているかを強調した。その美しい顔の裏には腐敗物や汚辱物、さらに排泄物しかないと断じてもいる(8)。

このとりわけて不潔だとされた――完全なる幻想による――経血とは真反対に、教父やその追随者たちは祝福と豊かさをもたらす赤い血、神聖さと生命を生む赤があるとしていた。キリストが十字架の上に注いだ血の赤である。12世紀から13世紀にかけて、それは十字軍兵士たちの幟にくわえて、十字架や殉教者に捧げられたミサの典礼布にふたたびみられるようになる。これら殉教者たちの犠牲のおかげで、教会は文字通り色（姿勢）を変える。3世紀のカルタゴ司教だった聖キプリアヌス【258没。ラテン教父のひとりで、ヴァレリアヌス帝の迫害によって殉教した】がすでにこう言明していたからである。「幸いなるかな、われらの教会。われらの兄弟たちの最初期の著作によって、教会は白かった。今日、巡礼者たちの血によって、教会は赤紫の光輝をえているのだ」[(9)]

救い主キリストと自らの信仰のために他界したすべての人々のこの栄光に満ちた赤紫こそが、すぐれてキリスト教的な赤にほかならない。これについてはさらに検討する必要があるだろう。

地獄

地獄は輝くことのない業火が燃える闇の世界である。その色は、ナバラ王国の剛勇王サンチョ7世【在位1194–1234】のためにパンプローナで制作された大きな聖書画にみられるように、赤と黒である。

装飾された通称「パンプローナ聖書」（1197年）、アミアン市立図書館、ms. 108, fol. 254 v°および255

キリストの血

　前述の聖キプリアヌスの言葉は、大規模な迫害を受けていた初期教会時代の現実を反映している。だが、それはまた予言的な価値も帯びていた。時代が進むにつれて、キリスト教が赤と血の宗教になっていったと思えるからである。その主たる要因としては、磔刑のキリスト像がしだいに頻繁に描かれ、受難が称揚されるようになったこと、さらにその結果として聖なる血への信仰が発展していったことがあげられる。

　中世の神学は、イエスの血を他のそれと同一視しなかった。たとえ神の子が人になったとしても、その血は一介の人間のそれとは同じではなかった。人類の罪を贖うために流された贖罪と救いも血だからである。一部の著作家はそれを罪によって必然的に汚された男女のものより清明な赤として描いている。さまざまな造形表現でもまた、画家たちはそうなるように意を尽くし、赤の多様な色相によって救い主や殉教した聖人たちの血と、一般的な人間のそれを区別しようとした。前者には純粋で光輝く赤、後者には濁ってくすんだ赤をもちいてである。それはとくに中世末期のパネル画に数多くみられる。

　12世紀からは、キリストの聖血がとりわけ貴重な聖遺物となり、一部の教会はそれを有することを誇るようになる。北仏ノルマンディのトリニテ・ド・フェカン教会やイングランド東部ノリッチの司教座聖堂、イタリア中北部マントヴァのサン＝タンドレーア聖堂、ベルギー西北部ブルッヘのサン＝サン（聖血）聖堂、さらにスペインやポルトガル、ドイツのいくつかの教会のようにである。時代が進むと、この聖遺物もまた数をましていった。教会のなかには、かなり古くからそれを安置し、その来歴を説明するためにきわめて驚くべき伝承をつくりあげたところもある。これら伝承の大部分が語るところによれば、イエスの血は十字架降下の際にニコデモないしアリマタヤのヨセフ【いずれもイエスの亡骸を埋葬したとされる】によって集められたという。

　だが、別の伝承では、その出来事をより前に置き、なおもイエスが十字架につけられていた際、百人隊長のロンギヌス、海綿を持ったステファトン、あるいはマグダラのマリア（造形表現ではしばしば赤の着衣）自身がその聖血を集めたとしている。やがてガラス瓶ないしアンプラ【体に塗る油を入れたローマ時代の小瓶】、壺、あるいは素朴な鉛箱に入れられたこの血は、数多くの予期せぬ出来事のあと、しかじかの場所にみられる、あるいはしかじかの教会に提供されるようになったとされる[10]。

　12世紀から13世紀にかけて、キリストの血はかなり重要視され、崇敬の対象となって、キリスト教の典礼にかなりの変化を生んでいった。神と一体化するため、それまで通常パンとワインの両形態による聖体拝受にあずかっていた素朴な信徒たちは、パンのみで聖体拝領をおこなうのだった。ミサでのワインは、実体変化【聖体の秘跡において、パンとワインがキリストの肉と血に変わること】の神秘によって、以後司式者と教会の聖職者のみが口にするようになった。これに対し、信徒たちはいくつかの祝祭や特別に厳粛な祭儀をのぞいて、このワインに接することができなくなった。1418年のコンスタンツ公会議で最終的に決定されたこうした制限は、

神秘のワインプレス機

ブドウの房に見立てられた救い主がワインプレス機の圧搾台に置かれ、その贖いの血がブドウ汁のように大桶に集められている。聖血崇拝とむすびつけられたこの図像学的主題は12世紀末に登場し、中世末期には、とくに同宗団の世界で大流行した。これは、ユダヤの民に約束された地を、豊かで食糧をもたらすブドウ園になぞらえた旧約聖書の一文を反映している。

数段階にわけて編まれた『ビブル・モラリゼ』（14–15世紀）【フランス王家のために作られた挿絵付の教化用聖書】、パリ、国立図書館、ms. Fr. 166, fil. 123 v°

教会の幟と武器

中世の神学と図像学は、サタンとその礼賛者たちに勝利した黙示録の白い騎士【「白い馬にまたがっている者」『ヨハネの黙示録』6】に従う軍隊を、悪の力を打ち破る戦う教会【現世の信徒たち】と同一視していた。その幟は白地に赤い十字が織りこめられており、第3回十字軍からその兵士たちが掲げていたのと同じものである。

1310-15年頃にパリで模写・彩色されたフランス語版『ヨハネの黙示録』、ロンドン、イギリス国立図書館、Ms. Royal 19 B. XV, fol. 37.

両形態による聖体拝受の参列者から抵抗や反抗を受けることがなかった。

だが、15世紀初頭のボヘミア地方で起きたフス派——その標章は人目を惹く赤色の巨大な聖杯——の抵抗【民衆も両形態による聖体拝受にあずかることを主張した】は、もっとも有名かつ激しいものだった。より限定的な抵抗はそれ以前からあったが、こうした聖体の奇跡の制限は、いうまでもなくカナでの最後の晩餐時に言明され、3共観福音書によって伝えられたイエスの言葉に明らかに反している。ワインの杯をとったイエスが、感謝の祈りを唱えてからそれを弟子たちに渡してこう言っているからである。「みな、この杯から飲みなさい。これは、罪の赦しのために、多くの人のために流される、わたしの契約の血である」（『マタイによる福音書』26・27-28）。

ここでの血とワインのむすびつきは、後者の色の問題をしめしている。最後の晩餐時にイエスによって捧げられたワインとはいかなるものだったか。この出来事を記念して司祭が変質させるミサのワインの色はどうであるべきなのか。それについての教父たちと典礼学者たちの答えは一致している。赤である。事実、中世文化と同じように、古代社会においても、ワインの原型的な色は赤だった。たとえ中世もかなり後期になるまで、赤ワインより白ワインが多く飲まれていたにしても、そしてキリストの実在を液体化したミサのワインが、聖杯の中で水とまぜあわされて明るい色調を帯び、色を薄められたとしても、である。

物理的に言って、その色は信徒たちには隠され、司式者だけがはっきりとみえる。あらためて指摘するまでもないが、象徴的な見方からすれば、そのワインは赤でなければならない。そうでなければ、いかにして実体変化がなされるのか、いかにしてワインが血へと転位するのか。さらに、中世の造形表現では、その来歴や用途が聖俗いずれであれ、ワインはつねに赤く描かれていた。赤でないワインはワインではなかったのだ。

中世末期や近代初頭に流行した図像学的主題は、ワインとキリストの血とのつながりを強調している。たとえば「神秘のワインプレス機」では、芸術家や挿絵画家たちは赤い液体を描いていた。その原点は、ユダヤの民に約束された地を、豊かで食糧をもたらすブドウ園になぞらえた旧約聖書の一文や、磔刑死したイエスの身体をブドウの房に見立てた聖アウグスティヌス【354-430。ヌミディア（現アルジェリア）出身。マニ教から改宗し、ヒッポレギウス（現アンナバ）の司教として生涯を送った初期キリスト教最大の教父】の説教を反映している。12世紀末には、挿絵画家たちはそれをほぼ忠実になぞって、驚くべき造形を創出する。十字架を背負ったイエスが大きなワインプレス機の圧搾台の上に座るか跪くかし、さながらブドウの実のように粉砕される図である。そこではイエスの脇腹から血が流れ、信徒たち——さらに使徒たち自身——がこの血を飲むか、それで自分の罪を洗い清める。

こうしたとりわけ血なまぐさい造形表現は、しかしただちには成功しなかった。おそらくはそれが瀆聖ぎりぎりのものだったからだろう。しかし、14世紀ともなると、このためらいは消え失せる。各地の「貴い血」同宗団がその幟に、さらにブドウ園主やワイン商たちが礼拝堂に寄進したステンドグラスに、それぞれ聖血を描くようになったからである。一方、画家やガラス職人たちは、贖い主であり守護者でもあっ

たキリストの血をどれほど美しい赤、すなわち強烈で鮮明、光り輝く赤で描くかを競いあった[11]。

　ここでは少し時代をさかのぼり、幟についてみておこう。白地に赤い十字が織りこまれた十字軍兵士たちの幟である。形状と色によってキリストの聖なる血を象徴的にあらわしていたこの幟はまた、聖地解放のためにみずから血を流すことさえいとわない信仰の兵士たちをそこにむすびつけた。第3回十字軍（1189-92年）では、獅子心王リチャード1世【イングランド王在位1189-99】と尊厳王フィリップ2世【フランス王在位1180-1223】の幟がまちがいなく登場しているが、エルサレム奪回に成功した第1回

（1095-99年）と、大失敗に終わった第2回（1147-49年）の十字軍では、それはまだもちいられていなかった。

　幟に紋章があしらわれるようになるのはそれからかなりあとのことである。ただ、資料考証からは、1095年でも、「十字軍への参加」が軍服に縫いこまれた布製の十字で具体化されていた、ということがわかっている。この年、クレルモン教会会議（公会議）で発せられた十字軍派遣のよびかけで、教皇ウルバヌス2世【在位1088-99】は自らそれが実現するよう訴え、その大義をこう唱えた。「まさに主イエス・キリストご自身が今日墓から出られ、あなた方に十字架をしめされる。（…）この十字架を肩ににないなさい。そうすれば、それはあなた方の幟と旒旗手(りゅうきしゅ)の上で輝くでしょう。あなた方にとって、それは勝利の保証となり、殉教の栄誉となるはずです」(12)。

　最初はいささか手探りの状態だったが──どのような形で、大きさや色はどうなのか、縫いつける場所はどこでもよいのか──、やがてこの慣行はしだいに制度化し、教皇の意を体した名説教家クレルヴォーの聖ベルナルドゥス【1090-1153】の慫慂による第2回十字軍の遠征時には、すっかり定着した儀式の対象となった。説教の際に配られた十字は小さく、赤い布を裁断したものだった。それはイエスが十字架をかついだことを追想して、つねに十字軍兵士のチュニックとマントの左肩につけられ、たとえ兵士が主導的にそれを作ったり、取りつけ場所を決めたりした場合でも、胸を飾ることは決してなかった。それが胸につけられたというのは、19世紀のロマン派版画の発想にすぎない(13)。

　13世紀中葉から、十字軍とは異なるキリストの兵士たちもまた赤い色で象徴されるようになる。枢機卿たちである。十字軍兵士たちと同様に、彼らも信仰と教会を守るために（建前として）、命を投げ出すことを厭わなかった。もともとは数少なく、通常ローマ司教区の聖職者たちから選ばれた彼らが真に重要な存在となるのは、11世紀に教皇を選出する権利、もしくは少なくともそれをおこなう上での優先権をえてからだった。それから2世紀後の1245年に開かれたリヨン教会会議において、時の教皇インノケンティウス【在位1243-54】は、他の高位聖職者と区別するため、彼らに特別な象徴物をあたえた。赤い色の枢機卿帽である。これはキリストが流した血を想い起こさせ、枢機卿たちに自らそれにならう覚悟をもつ「信仰の第1の兵士」たることをうながすものだった。

　この色はまた赤紫色のトガが特権と権威の象徴のひとつだった、古代ローマの元老院議員を想い起こさせてもいる。事実、枢機卿団は教皇の周りで一種の元老院を組織した。やがてこの赤い枢機卿帽に、同じ色のローブと頭巾、さらにマントがくわわった。これにより、彼ら枢機卿たちは非凡な人物、全身を赤でかためた重要人物となった。このきわめて目立つコスチュームはしかし普段用ではなく、現在もなお教会のもっとも厳粛な行事および教会会議やコンクラーヴェ（教皇選出選挙）のときにのみもちいられている。司教や大司教が枢機卿に昇進する、つまり「赤紫を着る」ようになった16世紀には、この色彩語はもはや染料だけでなく、古代と同様、地位や権力を象徴する赤い服や織物を意味するまでになる。

権力の赤

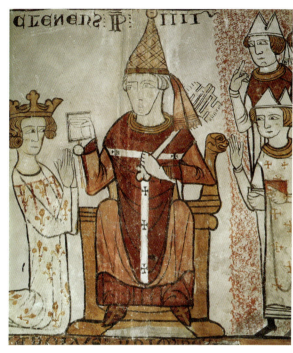

クレメンス4世

南仏カルパントラ近郊ペルヌ゠レ゠フォンテーヌにあるこのフェランドの塔の壁画は、教皇クレメンス4世【在位1265-68】が、聖王ルイ9世の弟シャルル・ダンジュー【のちのシチリア王カルロ1世（在位1226-82）、ナポリ王（在位1282-85）】に、シチリア王国をあたえているさまを描いている【それまで同王国は教皇と対立していたホーエンシュタウフェン朝の支配下にあった】。ここでの教皇は赤服をまとい、一重の教皇冠をかぶっている。一方、すでに王冠を戴いていたシャルルは、カペー家の紋章であるユリの花の散らし模様、すなわちレイブル【本家と分家の紋章を区別するための図形】のケイデンシー・マークが散りばめられた衣を着ている。ただ、教皇の権威の象徴である鍵と任命の勅令につけられた鉛の印璽は、意図的に誇張されている。

1270-75年頃、ペルヌ゠レ゠フォンテーヌ（ヴォークリューズ県）、フェランドの塔4階

教皇もまた、枢機卿と同じように、赤もしくは少なくとも赤と白をまとった人物だった。中世末、ときにはそれ以前から、教皇は荘厳祭式の際には赤いローブと小さな十字があしらわれた白いパリウム（祭服）、さらに状況に応じて帽子（教皇冠をかぶらない場合）やマント（旅先の場合）を身に着け、スリッパを履いた。これらはすべて赤が基本だった。ここでもまた、赤がキリストの血や普遍教会（その最初期の幟は赤地に白い十字が縫いこめられていた）、そして古代の枢機卿の地位を同時に想い起こさせた。だが、時代が進むにつれて、教皇の赤は後退して、白が中心となる。16世紀と17世紀の絵画には、白い長衣と同じ色のパリウムをまとい、三重の金冠【司祭権・司牧権・司教権を象徴する】からなる白い教皇冠かぶった教皇がしばしば描かれている。ただ、マントだけはなおも赤だった。

今日、教皇の着衣から実質的に赤は姿を消している。めったにみられないが、スリッパだけはなおも赤である。なぜか。卑下を考慮してか、それとも枢機卿の華美から逃れようとしてか。政治的・思想的にあまりにも際立った色の拒絶か。あるいは反対に、赤や紫、黒、さらに緑をまとった高位聖職者たちの極彩色の宗教会議に対する教皇の優越性を、白によってはっきりとうちだすためか。これらの疑問に答えるのはむずかしい。教皇それぞれが自分なりの理念や行動様式、感性、個性をもっているからである[14]。

中世にもどろう。カロリング朝時代【751-987年】の文献や造形表現では、歴代国王は象徴的というより、むしろ少なくとも寓意的な次元で、教皇より赤にこだわった。この色によって、彼らは自らがローマの皇帝の真の後継者であり、全身を赤紫でつつんだビザンツ皇帝たちの分身をもって任じた。伝記作者アインハルト【770頃-840。ラテン語による『カール大帝伝』を編んだことで知られる】のおかげで、カール大帝【シャルルマーニュ。西ローマ皇帝在位800-814】のふだんの着衣がどのようなものだったかがわかる。それによれば、チュニックとフランク人風の短いマント、細帯、足から踵までのサンダルで、「いかなるものであれ異国の服装」はしりぞけていたという。

アインハルトはその色については語っていないが、800年のクリスマスにローマで戴冠した際、大帝はチュニックとクラミュス【右肩で留

オットー3世

古代の赤紫を受けついだ皇帝の色である赤は、南西ドイツ、ボーデン湖の小島に創建されたライヒェナウ修道院の修道士リウタールの工房で制作された、この複製福音書の絵の全面にみられる。キリスト像と同じように、マンドルラ（身光）を光背とし、テトラモルフ【4福音書記者の象徴で、西方教会ではマルコ＝獅子、マタイ＝天使、ルカ＝雄牛、ヨハネ＝鷲】に囲まれた玉座に君臨するのは、将来の神聖ローマ皇帝【在位996-1002】で、983年にドイツ王となったオットー3世。ここでは彼が神から祝福と叙任を受けている。

983-990年頃にライヒェナウで模写された『リウタールの福音書』、アーヘン司教座聖堂宝物館

めたマント】、さらに靴というローマ風のいで立ちで、全身赤づくめの教皇レオ3世【在位795-816】の前に現れ、教皇はその彼に青ないし金色の花模様を散りばめた赤いヴェクシルム（旗か幟）を授けたともいう[15]。アインハルトは大帝の没後10年あまりたってから『カール大帝伝』を編んでいる。大帝の生前、彼はアーヘンの宮殿で日々その近くに仕え、信頼を勝ちえていた。とすれば、彼の証言を疑う動機はほとんどないだろう。

カール大帝が戴冠時につけていた赤いクラミュスは、のちには重く大きなマントに変わり、皇帝権力をしめす必然的な象徴となった。大帝の孫である禿頭王カール2世【西ローマ皇帝在位875-877】は、戴冠時に、教皇ヨハネ8世【在位872-882】から、他の権標とともに、このクラミュスを厳かに拝受している。こうした慣行は、カロリング朝を嚆矢として、以後、オットー＝ザクセン朝やザリエル朝、ホーウェンシュタウフェン朝、ハプスブルク朝、ルクセンブルク朝へと受けつがれていく。そして1000年頃、マントは天球儀や剣、杖、聖槍とともに、インシニア・インペリア（皇帝権標）の一部となった。それは神聖ローマ帝国の幟と同じ赤だったが、12世紀からは白十字をあしらうようになった[16]。

だが、ヨーロッパの封建君主のうち、赤で象徴されたのはひとり神聖ローマ皇帝だけではなかった。多くの王がその即位時に同様に赤の衣ないし幟を授かったからである。たとえば、初代シチリア王ルッジェーロ2世【1154没】は、1130年12月にパレルモで即位しているが、おそらく彼のために織られたと思われる半円形の豪華なマントが今も残っている。これは赤い布地に金・銀糸の刺繍が施され、5000個あまりの真珠で飾られたもので、2頭のライオンが背中あわせになった際立った意匠によるみごとな装飾である。1194年、神聖ローマ皇帝ハインリヒ6世【在位1191-97。シチリア王在位1194-97】はこのマントをドイツに持ち帰り、以後、

シチリア王ルッジェーロ2世のマント

中世の伝承によれば、左右に配されたライオンが、ヒトコブラクダを蹂躙しているさまをあらわしたこの儀式用大外衣は、おそらくカール大帝のものだったという。しかし、実際はより新しく、ルッジェーロ2世が1130年に即位してまもない時期に織られたものである。

1133-34年、ウィーン美術史美術館、王宮宝物館

楽園から追放されるアダムとエバ

中世の造形表現では、禁断の果実を食べたアダムとエバを楽園から追放した天使は、しばしば赤い着衣で描かれている。これは正義の色で、他の表現では、裁判官が着る長衣やときに死刑執行人の着衣にもみられる。

ハンス・アッカー【1382-1461】作のステンドグラス、ウルム、ミュンスター【小教区教会。通称ウルム大聖堂】のベッセラー礼拝堂

18世紀末まで、その後継者たちの戴冠式にこれがもちいられた(17)。

一方、イベリア半島やスコットランド、ポーランド、そしてとくにイングランドの歴代王たちもまた、国の歴史のさまざまな局面での即位式には、古代の赤紫を継承した権力と威信の象徴である赤のマントをまとった。ただ、ひとりフランスの王だけは、つねに他の君主と一線を画そうとして、こうしたマントを着ることがなかった。カペー朝の王たちがいかなるいで立ちで聖別され、即位したか、正確なところは不明だが、1179年、父王の生存中に戴冠した尊厳王フィリップ2世【父ルイ7世（在位1137-80）と共同統治王となった】から、1824年にアンシャン・レジームの儀礼に従って豪勢な即位式をおこなったシャルル10世【1830没】まで、このマントはつねに金色のユリの花が散りばめられたアジュールだった。12・13世紀には比較的明るかったこの青色は、時代とともにしだいにくすんだ色となり、ときには赤紫ないし紫がかった色合いを帯びるようになった(18)。

フランスの歴代王たちはこうして皇帝や他の大部分の君主たちとは異なって、赤い大外衣やマントをまとわなかったが、それでも3世紀のあいだ、彼らは赤い標章をもちいていた。オリフラム（幟）である。起源伝承はこれをシャルルマーニュ（カール）大帝の幟に由来するとしているが、『ロランの歌』【大帝の甥ロランをたたえた11世紀の古フランス語武勲詩】によれば、それは「鮮紅色で金のように輝く色」(19)をした幟だという。より控えめなものとしては、パリ北郊サン＝ドニ大修道院が有する、赤一色の布を裁断した素朴な幟がある。修道院は戦うことができなかったが、その幟は「司教代理」、すなわちヴェクサン伯が部隊を動員した際、それを修道院から戦場へもちこんだという。

1077年、国王フィリップ1世【在位1060-1108】がこれを伯爵から受けつぐと、以後、このサン＝ドニ大修道院のオリフラムは、歴代のフランス王が誇らしく戦場にたずさえるようになる。おそらくはじめて実際にそうしたのは、フィリップ1世の子ルイ6世【在位1108-37】である。1124年のことだった。最後はルイ11世【在位1461-83】で、1465年7月、モンレリの戦場【ヴァロワ＝ブルゴーニュ家最後のブルゴーニュ公シャルル（勇胆公）との戦い】だった。封建時代のたんなる単色の幟であるオリフラムは、百年戦争【1337-1453年】のあいだ、風になびく大きな尾がつけられ、しばしば花や円、炎、小十字などの装飾もほどこされていた(20)。

これらすべての布やオブジェ、さらに慣行は、中世の西洋世界において、赤がどれほど権力とむすびつけられていたかを強調している。君主の権力や封建領主ないしその代理人の権力に、である。大諸侯──公爵、伯爵、有力男爵など──が大仰にふるまうためだけでなく、皇帝や国王の代理人たちも同様にふるまうために赤をもちいた。小領主たちもこれにならった。こうして公爵や神聖ローマ帝国の辺境伯たちは、赤が中心の幟や紋章をもった。反対に、同じ神聖ローマ帝国内で、中世末には、これら口うるさい高位者たちは、徒労には終わったが、一般人に赤い服の着用や皇帝および王朝にのみ許される赤い封蝋の使用を禁じようとした。

さらに東ではより驚くべきことがあった。ポーランドの大領主たちが、その封臣や農民たちに赤い色をした賦課租を求めたのである。赤く染色された布地や彩色されたコップ、コチニールの「顆粒」【エンジムシ】、赤い果実や漿果、赤毛の牛、さらに「鶏冠が火のように赤く輝く

肥った雄鶏」などである⁽²¹⁾。こうして中世では、いかなるものであれ、赤を見せびらかしたり、受けとったり、規制ないし禁じるのは、その権力をしめすことにほかならなかった。

　赤はまた第三者の代わりに権力を行使することをしめす色でもあった。たとえば裁判官は実際の法廷でも細密画の短縮法的な表現でも、彼らに委任された権力やその職務の色である赤い法服をつねにまとっていた。彼らは王や諸侯、あるいは町や国家の代理として法を宣し、裁きをおこなっていたのである。より一般的にいえば、神の裁きであれ、人間のそれであれ、赤は正義を象徴する色だった[22]。神に服従せず、禁断の果実を食べたアダムとエバを楽園から追放した天使は、造形表現では赤く描かれている。つまり、正義の天使なのである。より世俗的ではあるが、死刑執行人たちもまた、その任務を象徴する赤い頭巾ないし衣（一部）を身につけていた。

　権力の赤、過ちの赤、罰の赤、そしてそれによって流れることになる血の赤。近代以前までかなり強烈だったこの色の象徴性については、本書後段でふたたび検討したい。

最初期の紋章色

　教皇や皇帝、国家、司法の色である赤はまた、まちがいなく貴族の色でもあった。大小の貴族はこの色を好み、赤いものならなんでも集めた。布、服、装身具、宝石、貴石、花、装飾、エンブレムなどである。封建時代、この嗜好がおそらくもっとも顕著にみられたのが大紋章だった。それにかんしては統計をとることができる[23]。12世紀中葉から14世紀初頭までの西欧世界では、さまざまに彩色された大紋章がおよそ7000例知られている[24]。これらはほとんどが貴族の紋章で、全体の60パーセント以上（！）を赤がしめている。やがてこの割合は徐々に減っていき、1400年頃には40パーセント、1600年頃には35パーセント、そして18世紀後葉には30パーセントたらずとなる[25]。

　これら西欧の大紋章はたしかに時代とともに数をまし（16世紀から18世紀にかけてその数は2000万以上！）、あらゆる社会階層にもちいられるまでになった。アイデンティティをしめす徴――苗字のように世襲された――や所有印、あるいは装飾要素としての大紋章は、数多くのオブジェや図像、芸術作品、さらに動産や不動産にも残されている。

　最初期となる12-13世紀の大紋章は、ふたつの要素からなっていた。意匠と色がそれで、これらは大紋章が戦場や馬上槍試合で生まれたことから、通常盾の形をしているエスカッシャンを構成している。その意匠は動植物やオブジェ、さらに数多くの幾何学図形など、じつに多種多様である。反対に色は種類が限定されており、フランス語の紋章用語には以下のような特定の名詞がいくつかあるにすぎない。アルジャン（白）、オール（黄）、グル（赤、鮮紅色）、アジュール（青）、サブル（黒）、シノプル（緑）である[26]。これらの6色は絶対的かつ概念的なもので、ほぼ非物質的なものでもある。その色相は考慮されていない。

　たとえば、イングランドの歴代王が獅子心王リチャード1世の時代以来、その大紋章――グルの地に金冠をかぶった3頭のライオンが、左向きで上下に配されている――にもちいてきた赤は、明るいものでもくすんだもの、さらにその中間色のいずれでもよく、オレンジ色ないし紫色を引き寄せてもいた。それはなんらの重要性も意味もなかった。そこで重要なのは赤という概念であり、盾面が具体的にどのように彩色されたかではなかった。研究という面で、それは中世が残した他のいかなる彩色資料よりはるかに大きな恩恵をもたらしてくれる。こうした彩色紋章を前にして、歴史家たちは時代の作用（顔料の化学的発展や色相の変容など）を考慮しなくてもよく、時代や地域に応じてこれらの6色がどのようにもちいられたかをしめすさまざまな統計を相手に、ひたすら研究できるからである。

　14世紀中葉まで、貴族階層のなかではグルが抜きんでてもちいられた色であり、それは赤いものすべてに対する封建貴族の特徴的な嗜好を強調している。フランス王の場合も同様で、西欧の君主ではただひとり[27]、盾面がアジュールの大紋章をもちいこそすれ、赤が明らかに青を凌駕していた。おそらくこの赤がやがて幾通りかの伝承の起源となる。アンシャン・レジームや19世紀にしかじかの一族がグルを紋章

紋章における赤の遍在性

フランス語の紋章用語で赤を意味する名詞グルは、中世の大紋章で支配的な色でだった。1435年に北仏リールで複製・彩色されたヨーロッパの紋章集にあるこの1葉には、25の大紋章のうち、この色が見られないのは1例しかない。頻度順にいえば、赤の次には白、さらに黄色、青、黒と続く。ここには緑色がないが、これはめったにみられない。

1435年頃にリールで複製・彩色された『金羊毛とヨーロッパの紋章集』。パリ、アルスナル図書館、ms. 4790, fol. 80 v°（イングランドとネーデルランドの大紋章）

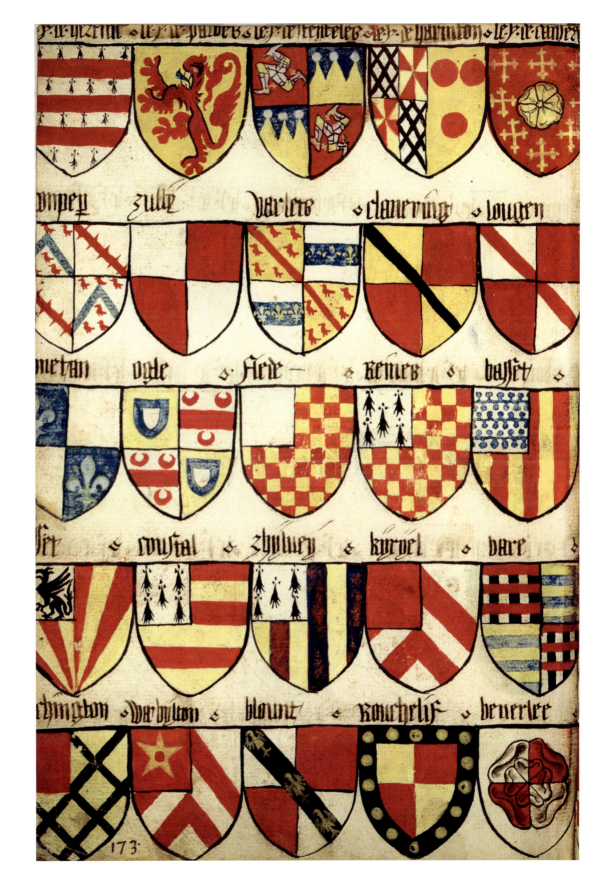

チューリヒ紋章集

中世紋章集の傑作であるこの細長い（横4メートル、縦13センチメートル）羊皮紙の巻物には、450もの大紋章が描かれている。ここでは赤が支配的で、盾面の3分の2をしめている。上段の左端にみられる紋章は当然のことながら赤の図像をあしらっている。オール色の地にグル色のフタコブラクダである。ただし、これらはプレスター・ジョン【司祭ヨハネ。12世紀中頃から15世紀末にかけて西ヨーロッパに広がった伝説で、東洋に繁栄をきわめたキリスト教王国があり、ジョンとその子孫たちが治めているとされた】の想像上の紋章である。

『チューリヒ紋章集』（1335–40年頃）、チューリヒ、スイス国立博物館、AG 2760.

に使っていたのは、十字軍にくわわり、キリストのために英雄的にその血を流して戦死した祖先のひとりを忍ぶためだとする伝承である。十字軍は大紋章の出現とその構図にはまったくかかわっていないが、近年まで自称紋章学者や一般大衆はそれについて埒もない話を数多くしてきた。

埒もない話はほかにもある。紋章の用語で、12世紀から赤色をさしていたフランス語のグル（gueules）の語源を説明する文献学者たちの説である。たしかに彼らの大部分は、これを動物の「口」（gueule）ないし「咽喉」（gorge）と単純に関連づけることを否定しているが、その語源をガリア語やペルシア語、アラブ語、あるいはフランク語に求めるべきかどうかでは、意見が対立している。しかし、さしたる根拠もなしになにかを語ることは、あまりにもあやうい議論である[28]。ラテン語に語源を求めるのは、多少突飛さが和らぐものの、今のところもっとも賢明と思われるのは、グルという語が語源不明であり、それだけにそこから引き出す詩的かつ夢想的な力が大きくなっていると認識することである。同様のことは、語源の曖昧さがより希薄な他の色彩語についてもいえる[29]。これらはいずれも強い用語で、その意味論的な重要性が彩色と象徴体系をきわだたせている。

中世の人々から好まれた文学上の英雄は数多くいるが、そのうちのひとり、たとえばペルス

ヴァル（パーシヴァル）の大紋章をみてみようか。この英雄は1180-85年頃にクレティアン・ド・トロワの騎士道物語『ペルスヴァルまたは聖杯の物語』に初出し、やがて聖杯探求の3人の成功者のひとりとなる。これにより、彼はランスロやガウェイン、トリスタンなどと同等の円卓の主たる騎士に迎えられる。13世紀の文学や14世紀の細密画は、単一色といういささか風変わりな大紋章を彼に帰している。これらの大紋章は盾面全体が赤なのである。ペルスヴァルのエスカッション（盾）が「赤一色」であるというなら、たしかにその描写は正しい。だが、詩的にみれば貧弱である。

これに対し、アーサー王伝説群のなかでしばしば登場する不可思議な「鮮紅色の騎士たち」【フィリップ・ヴァルテールによれば、この騎士たちは幽霊の一団を率いる「荒猟師」の化身で、原型は「エルカン」だという（『アーサー王神話大事典』、渡邉浩司・裕美子訳、原書房、2018年）。地獄の軍団エルカン——コンメディア・デラルテのトリックスター役であるアルレッキーノやハーレクインの原型でもある——については蔵持著『シャリヴァリ』（同文館、1991年）を参照されたい】のように、ペルスヴァルが「鮮紅色のエスカッション」をもっていたとするなら、夢幻的かつ隠喩的な地平はより広がるだろう。さらに、ペルスヴァルの大紋章を紋章用語で「無地のグル」と記せば、彼のエスカッションと人格は一

層象徴的な力をます。こうした神秘的な紋章の来歴譚や他に類例のない大紋章によって、ペルスヴァルは、すべての徳性をそなえ、非凡な宿命が約束された高貴な生まれの若者として現れている[30]。

　この赤の威光は14-15世紀のさまざまな紋章論で強調されている。これらの論考は紋章そのものの分野だけでなく、より広い分野における色の象徴性や位階について饒舌に語り、まさにそれこそが、中世末期の色彩コード、とくに着衣慣行におけるコードの基盤をなしていた価値体系を明確にしてくれる、きわめて実りの多い源泉となっているのだ。その著者たちによれば、グルはあらゆる色のなかで首位に置かれている。それが貴さや美しさ、勇気の徴だったからである。たとえば1430年代、ノルマンディのある紋章官はこう書き記している。

　第1の色は紋章の世界でグルとよばれている鮮紅色である。それはもっとも輝き、もっとも美しい火と較べられる。鉱物にたとえるなら、とくに豊かで貴重なルビーである。それゆえ、貴族や権勢領主、あるいは戦いの勇者以外にこの色をもちいてはならない。きわめて高貴な出の人が鮮紅色を身につけ、それを堂々としめしながら戦場で勇猛果敢にふるまうなら、この色はあらゆる美徳の徴となる[31]。

　それから半世紀後、匿名だが、おそらくリールないしブリュッセル出身の人物が、名声を馳せることを約束された書、すなわち『色の紋章研究』を編んでいる。そしてその第2部で、彼は先人たちの言説にくわえて、着衣の象徴性をこう明示している。

　アリストテレスは言っている。赤は白と黒のあいだに位置し、両者から等距離にある。だが、われわれの考えでは、この色は黒より白と調和する。白が火と同様の強い輝きを発つからである。（…）さまざまな徳性のなかで、赤は高貴な誕生や名誉、勇気、寛大さ、大胆さを意味する。それはまた主イエス・キリストの追憶として、正義と慈悲の色でもある。人間の気質では多血質、人生では働きざ

かり、惑星なら火星、黄道十二宮なら獅子座（…）に対応する。さらにこの赤は他の色とむすびついて、それらを気高いものにする。衣服にもちいられれば、着衣者に大きな勇気をあたえる。緑と組みあわされれば、赤は美しく、若さと生きる喜びを意味する。青と一緒になれば、知恵と忠誠をあらわす。ただ、黄色とともにもちいられれば、吝嗇ないし貪欲さをしめす。黒とともにもちいるのも好ましくないが、灰色と一緒になれば、大いなる希望の徴となる。さらに白がくわわれば、これら2色はきわめて美しい色となり、もっとも崇高な美徳の徴となる(32)。

『色の紋章研究』は大部分が手書きおよび印刷されて保存されているが、これは有名な紋章官ジャン・クルトワ【1436没】、通称「シチリアの紋章官」の著とされ、かなりの成功をおさめた紋章手引書に続くものである。1495年にパリで印刷されたこの書は、1501年に新版が出され、1614年までに6版を数えている。その間、同書はさまざまな言語に翻訳ないし翻案された（最初はイタリア語、ついでドイツ語、オランダ語、カスティーリャ語）(33)。そして、それはさまざまな分野、とくに文学や芸術に大きな影響をあたえた。たとえばフランソワ・ラブレー【1494頃-1553. フランス・ルネサンスを代表するユマニストで、ノストラダムスと同時期にモンペリエ大学医学部に学んでいる】は、その著『ガルガンチュア物語』で『色の紋章研究』について4度言及し、16世紀のヴェネツィア派画家数人もまた、その作品に登場させた人物に着せる服の色を、この書から一部借りていた(34)。

さらに時代が進み、ときには中世をすぎても、赤はなお西洋の貴族たちが好む色だった。この色に美しさと愛をみいだしていた貴婦人だけでなく、男たちもまた勇気と力と栄光を同時に象徴するとして赤を好んだ。多くの分野ですぐれて女性的な色とされていた赤は、しかし男性的な色でもあり、戦争や馬上槍試合、さらに狩りの場にももちこまれた。これら3通りの場では、みられ、識別され、恐れられ、称賛されなければならなかったからである。それには赤い服をまとうことが最上だった。事実、長いあいだ、この色──すでにローマ人のなかではそれは戦神マルスの色だった──は、遠くからでも見分けがつくようにかなり多くの兵士が軍服にもちいたが、ときには1914年秋のフランス兵の悲惨な「赤ズボン」のように、あまりにも目立ちすぎておびただしい犠牲者を出すこともあった【160頁参照】

とはいえ、勇敢かつ制御しがたいこうした男性的な赤が、その歴史のなかでもっとも長い期間とまではいえないまでも、すくなくとももっとも顕著にみられたのは、おそらく狩りの場だった。中世のみならず、さらに近代の初頭においても、王侯貴族や大領主たちは狩りをしなければならなかった。しない者は、その地位に値しないとみなされたからである。こうして彼らは配下の狩猟係同様、毎日のように赤い服をまとった。そうすることで、猟犬が追い出し、追立てる鹿毛色の獣（鹿、ダマジカ、ノロ）や赤毛の獣（狐、若いイノシシ）、あるいは黒毛の獣（熊、老いた離れ熊）と闘い、仕とめる準備がととのったのである。猟犬をもちいてのこの狩りは華々しく賑やかであると同時に、激しく残忍かつ血なまぐさいものだった。

聖杯の騎士ガラハッド

ランスロット卿の息子ガラハッドは、円卓の騎士のなかでもっとも高徳だった。ボールスやペルスヴァルとともに聖杯探求を最後までなしとげたが、父親はアーサー王妃グィネヴィアとの不倫によって恩寵をこばまれていた。完璧なキリスト教徒の騎士だったガラハッドは、そのエスカッションにキリスト教会と十字軍の紋章、すなわちアルジャン地にグルの十字という紋章をあしらっていた。

散文体のアーサー物語。1380-85年頃パヴィーアないしミラノで複写・彩色された「ランスロットと聖杯探求」、パリ、フランス国立図書館、ms. Fr. 344, fol. 25 v°

愛、栄光、美

狩猟係についてはそのまま狩りを続けさせ、以下では貴婦人たちに目を向けよう。前述したように、中世の赤の特性は男性的かつ女性的であり、力強いと同時に優しさに満ちたものだった。美しい女性たちはみなこの色と親密な関係をもっていた。身体や着衣、装身具、あるいはその激情にかんして、である。赤が愛と輝きと美しさの色だったからだ。

12世紀から13世紀にかけての騎士道物語は、封建領主制における女性の美しさがいかなるものであったかを教えてくれる。当時のいわゆる美人とは輝くような顔色をして、顔は卵型、髪はブロンドで目は青く、眉は褐色で繊細かつ弓型をしており、乳房は高いが小さくてしまりがあり、ウェストは細く、腰は狭く、小柄というのが相場だった。理想的な身体は、アーサー物語群に数多く記されているように「処女」(年頃の娘)のそれである[35]。たしかにこれは紋切り型だが——ただし、中世末期には変わった——、多少とも現実と符合していた。宮廷文学は封建社会の反映であると同時にモデルでもあり、そのテクストが作品のなかで語られる社会をけっして直截的に「写しとる」ものではない、ということを忘れないかぎり、この文学は価値体系や感性様式を研究する歴史家にとって第1級の史料となる。

とりわけ顔は詩人や小説家たちの注意をひいた。彼らは目の色、つまり青をたしかに強調しているが、それがいかなる青なのか、アジュール、ペール、ヴァイレ、藍、ソランド[36]のいずれの色相であるかを明確にしなければならなかった。さらに顔色の輝きや肌の白さと口唇ないし頬の赤の対比も強調している。必要とあれば、この赤はさまざまな紅白粉によって強められたが、周知のように、上流社会の貴婦人たちは、聖職者やモラリストたちからくりかえし非難されたにもかかわらず、この美顔料を頻繁にもちいたものだった。教会にしてみれば、紅白粉での化粧は欺瞞かつ罪であり、創造主が望んだ自然の状態に対する侵害でもあった。ヘマタイトの粉で作った頬紅だけがしばしば許されたが、それはこの美顔料が「慎みの徴」だからだった。

一方、口紅は唾棄すべきもので、女性を魔女か娼婦に変えるとされた。しかし、その製法は残されている。蜂蝋ないし鷺鳥の脂をベースとして、ケルメスないしアカネで色をつけ、蜂蜜やバラ、マンネンロウあるいはリンゴで香を出すのである。口唇に鮮紅色を塗るというのは当時の流行で、それは鉛白の薄い層でアクセント

宮廷色の赤と緑

マロワの森に逃げこんだトリスタンとイゾルデがチェスに興じている。この場面は13–14世紀のゲルマン風「愛の小箱」にしばしばあらわされている。

14世紀中葉、ケルン工芸博物館

マグダラのマリア

中世末期から近代初頭にかけての造形表現では、マグダラのマリアはしばしば赤いローブないしマントをまとっている。この色はかつて娼婦だった彼女の境遇と同時に、キリストへの愛を強調している。

リッポおよびフェデリコ・メンミ作「マグダラのマリア」（シエナ、1325年頃）、アヴィニョン、プティ・パレ美術館

をつけた顎の白さと対照をなした。これに対し、帝政末期のローマの女性たちが乱用していた黒みを帯びたあるいは紫がかった赤は、卑俗との誹りを免れなかった。美しくあるためには、貴婦人たちは髪をブロンド、眉を褐色にした。瞼や睫毛にほとんど注意を向けなかったとしても、首筋やこめかみ、とくに眉間は慎重に脱毛した。この両目のあいだは額をより美しくみせるために滑らかで広くなければならなかった。一般的にいって、こうした気配りは動物性の象徴である毛や、王女を農婦に変えるような赤らんだ肌に対してなされた[37]。

女性たちの化粧のなかで、とくに重視されたのが輝き、つまり顔色や目、口唇のそれだった。小さくて肉付きのよい口や鮮紅色の顔色が流行していた当時、口唇はしばしば宝石になぞらえられた。大きな口はなにほどか動物的ないし不道徳的なもの、薄い口唇は病気ないし狡猾さの徴とみなされていた。口が丸く、ふっくらして輝いていればいるほど魅惑的で、とくに好まれていたルビーと較べられた。それゆえ、ふつうより小さな口には、エスカルボシュ（アルマンディン・ガーネット）という美称があたえられた。一部の詩人は好んで「ボシュ」（boche「口」）と「エスカルボシュ」（escarboche）の韻を踏んだりもした。このエスカルボシュという語がとくに光り輝くルビーを意味すると説く者もいた。

さらに、とりわけ高徳な騎士の紋章のエスカッション中央部ないし兜の上に、アルマンディン・ガーネットを置く者もいた。燃える炭のように輝く——そこからラテン語でカルブンクルス（亜炭）とよばれる——この赤い石は、騎士を闇の中に案内して悪の力から守り、彼がいわば無敵であることを請け負うとされた。動物譚が教えてくれるところによれば、恐ろしい生き物たち、とりわけドラゴンは、頭の中、額の真後ろに同様の石をもっていたという。これを倒してこの石を手に入れる。それはまさに大いに報われる偉業だった。

アルマンディン・ガーネットと同様の赤い光を発する神秘的なオブジェといえば、聖杯である。ペルスヴァルと同じように、それは1180年代に編まれたクレティアン・ド・トロワの未完の作品『ペルスヴァルまたは聖杯の物語』に初出し、やがて中世の枠を超えて、例外的な文学的経歴をたどることになった。ただ、この聖杯がいかなるものだったかを明確にするのは、容易な作業ではない。クレティアン後の2ないし3世代にかぎっていえば、著作者たち——および、彼らの著作に注釈をおこなった碩学たち——は、聖杯が大きな皿なのか杯なのか、それとも聖体用の容器ないし鍋、豊饒の角、さらには貴石（ドイツの詩人ヴォルフラム・フォン・エッシェンバッハ【1160/80頃-1220以降】の説[38]）なのかで、意見が分かれている。

ごく一般的には、それはアリマタヤのヨセフが礫刑のイエス・キリストから流れた血を集めた容器だという。この容器は金と銀からできており、ルビーを主とする石で飾られていたともいう。だからこそそれは赤や白、金色といった比類のない光を放っていた。こうして聖杯は受難の輝かしい聖遺物であり、同時に恵みのホスチア（聖体）が入った聖なる器、そして典礼具かつ呪的な護符ともなった。この聖杯に近づき、目のあたりにすることができたのは選ばれた探求者、すなわちガラハッド、ボールス、ペルスヴァルの3人だけだった。それは恩寵であり、アーサー王妃グィネヴィアとの不倫ゆえに信用を失ったランスロットのように、罪のなかで生

聖杯

多少とも神秘的なオブジェである聖杯は、クレティアン・ド・トロワの作品『ペルスヴァルまたは聖杯の物語』（1180-85年頃）に初出する。彼の後継者たちはこの聖杯を最後の晩餐でもちいられた壺、もしくはキリストの十字架降架時に、アリマタヤのヨセフがその血を集めた容器としている。聖杯がしばしば赤色の壺ないし杯であらわされているゆえんである。

1270年頃に北フランスで複写・彩色されたマネシエの『聖杯物語第3続編』、パリ、フランス国立図書館、ms.fr. 12576, fol. 261.

きる騎士には授けられない紛れもない至福の幻視でもあった。12世紀から13世紀にかけては、「世界最高の騎士」になれても、聖杯に近づくことができなかったとされた[39]。

美しさと輝きの色である赤はまた、とくに神秘的なものであれ肉体的なものであれ、愛の色でもあった。さまざまな文章や図像では、この色が人間に対するキリストの愛（カリタス）と同様、夫婦を優しくむすびつける愛情（ディレクティオ）や恋人同士の肉体関係（ルクスリア）、さらに極端なまでの淫蕩（フォルニカティオ）とも関連づけられている。ことほどさように、中世の赤はきわめて広範な象徴性を帯びており、あらゆる種類の愛をあらわしていたのである。

すでに指摘しておいたように、神の愛と慈悲はキリストの血の称揚に寄与している（十字軍の幟、枢機卿のかぶり物、聖血崇拝など）。それとは対照的に、赤はまた過不足なく淫欲【キリスト教の７つの大罪のひとつ】、とくに売春の色でもあった。たしかに娼館はまだ赤い角灯をそなえていなかったが――そうなるのは19世紀――、中世末期には、市条例によって、貞潔な女性たちと区別するため、娼婦たちは目立つ色の着衣（ローブ、頭巾、飾り紐など）を義務づけられた。通常それは赤いペチコートで、ときには黄色（ドイツ西部ラインラント地方）や黒（北イタリア）の場合もあった[40]。赤と売春とのこうしたむすびつきは、聖書に起源がある。『ヨハネの黙示録』第17章に、天使（み使い）が聖ヨハネに「大淫婦」【バビロンの寓意】に対する裁きをしめしている箇所がそれである。彼女は「紫と赤の衣を着て」水の上に座り、鏡（淫欲のイメージ）【新共同訳では「自分のみだらなおこないの汚れで満ちた金の杯」】を手にして

いた。さらに、彼女は7つの頭と10本の角をもつ「赤い獣」にまたがっていたとある[41]。

中世の版画絵師たちは好んでこのヨハネの幻視を描き、「大淫婦」に赤い衣をまとわせた。同様に、彼らはまた聖なる女性で、復活したキリストが最初にその前に現れたマグダラのマリアにもたしかに赤い衣を着せている。それは赤い長髪に紅白粉で化粧した高級娼婦のいで立ちだった。

淫蕩の様を描いたり示唆したりはしないまでも、13-14世紀の細密画は若いふたりの男女を結ぶ愛を強調するため、しばしば赤を選んでいる。たとえばそれは、有名な『マネッセ写本(コデックス)』（チューリヒ、1300-10頃[42]）【ドイツの代表的な宮廷詩人たちの詩歌ないし恋愛歌曲を収載した彩飾写本で、注文主はチューリヒのマネッセ家】の大型の挿画数葉に描かれているような、みごとな赤い花を咲かせるバラの木の下での軽い愛の語らいの場面、あるいはまた、アーサー王物語群の彩飾写本にいくつかの事例がみられる、赤ないし赤と緑（若さを象徴する色）の服を着た恋人同士の接吻の情景のように、である。さらには、目撃者がいたりいなかったりだが、赤いベッドでの紛れもない性行為でも、赤によって愛が強くうちだされている。

一般的にいって、赤いローブは決して中間的なものではない。それは相手を魅惑する、あるいは心の高まりをしめす顕著な着衣なのである。馬上槍試合で貴婦人がローブの袖を自分に忠誠を誓った騎士にあたえたり、試合後の勝利者にそれを約束したりするとき、その袖はつねに赤いものだった。こうして騎士はこの袖を槍の柄にむすびつけ、もしくは首に巻き付けて試合に臨んだ。そして、めでたく勝利したのち、彼女はそれを誇らしげに風になびかせた。実際、こ

愛の赤い袖

貴婦人が自分に忠誠を誓ってくれた騎士に袖をあたえるというのは、ロマン派的な作り話などではなく、たしかに中世の小説にはっきりと認められる。それは愛の色である赤い袖で、馬上槍試合を観戦する貴婦人がまとう高価なローブも赤である。騎士はこの袖を槍先につけるか、この図にみられるように、首に巻いて試合に臨んだ。

デア・デュルナー（シュワーベン地方出身の騎士・詩人）。『マネッセ写本』（チューリヒないしコンスタンツ、1300-10年頃）、ハイデルベルク大学図書館、Cod. Pal. Germ. 848, fol. 397 v°.

の袖はとるに足らない衣服の一部などではなかった。それは獲得したもしくはこれからそうする勝利の徴だったのだ。その袖をあたえる際、貴婦人はさらに多くの物を差し出した。スポーツの分野では、今も次のような表現が残っている。「袖を勝ちとり、そして美女も」[43]。

中世末期から近世初頭にかけて、赤い果実、とくにサクランボもまたおそらく愛を象徴する特性をそなえていた。内気な者にとって、サクランボを差し出すことは言葉を介さずに自分の愛を伝える手段だった。この果実は若さと春を象徴し、「サクランボの時期」とは愛の季節でもあった。一方、秋の果物であるリンゴは必ずしも赤くはないが、それが男性から差し出される場合は、しばしば同様の役割をになった。反対に、女性からの場合は、エバが禁断の果実をアダムに手渡した譬にならって、毒入りの贈り物を意味した。

これに対し、つねに紫色で赤くはないイチジクは、強い性的な含意を帯び、直截的に女性の性器を喚起した。同様に、梨はいかなる色であれ、おそらく男性の性器を意味した。言語表現や用語法には、19世紀中葉まで、それにかんするさまざまな証言があった。たとえば男性が露出狂なら、「彼の梨をみせる」（顔のことではない）といった慣用句である[44]。

しかし、中世の赤は肉体的なものとのつながりがさほどみられず、夫婦間の優しさや忠節の色である青と同様、より繊細でロマンティックな——あえて封建時代の形容詞をもちいれば——愛の形態をあらわしていた。事例はまれだが、この色は白とむすびつけられることもあった。ふたたびクレティアン・ド・トロワの『ペルスヴァルまたは聖杯の物語』をみてみれば、すべての中世文学うちでもっとも有名な文章のひとつに、そのみごとな事例がある。悲しみと孤独のうちにあったペルスヴァルは、ある日、雪の積もった平原を横切り、鷹に頸を傷つけられたガチョウが地面に流した3滴の血について、あれこれ考えをめぐらす。白い雪の上についたこの血の赤さから、彼は冒険の旅に出るために置き去りにした、愛するブランシュフルール【字義は「白い花」】の朱色の頬をもつ爽やかな顔を思い浮かべる。この想い出のため、彼は同行者が癒すことのできない深いメランコリー状態に陥るのだった[45]。

ここでは赤と白がむすびつけられている。中世人の感受性にとって、異なる色の組み合わせは、つねにより深い意味を帯びたコントラストをつくりあげるものだった。

赤対青

作業中の染色工

アカネやブラジルスオウニキ【パウ・ブラジル】、リトマスゴケ、ケルメスなどをもちいて赤く染めあげるには、桶の水を沸騰させ、媒染剤を大量にもちいなければならなかった。

バルテレミ・ラングレ【1202以前-1272。フランシスコ会士・大学人・音楽理論家】およびジャン・コルブション【生没年不詳。神学者・シャルル5世の聴罪司祭】『事物の特性の書』【初版1247年、マグデブルク】。1482年にブルッヘで編まれた彩飾写本、ロンドン、大英図書館、Ms. Royal 15 E, fol. 269.

何世紀、いや何千年にもわたって他のいかなる色よりも好まれ、たたえられ、祝われた、つまり栄光を享受していた赤だったが、12世紀中には突然その前に想定外の競合相手が立ち現れる。青である。かつてローマ人からは蛮族の色だとして嫌われていたこの青は、中世初期には目立たないままだった。たしかにそれはとくに布地のあちこちにみることができたが、社会的ないし芸術的な次元においても、宗教的ないし象徴的な次元においても、青は重要な色ではなかった。

だが、やがて事情が一変する。12世紀中葉から13世紀前葉にかけて、青は質量ともに著しい昇進を遂げる。最初は芸術や図像において、のちには衣服や宮廷生活の場において流行色となったのである。こうしてこの色は琺瑯びきやステンドグラスを覆うようになり、彩飾写本にも侵入して、フランス国王やアーサー王の大紋章の盾面にももちいられるようになる。ラテン語の語彙ではそうした変化がとくに顕著にみられる。古典ラテン語は青を明示するためにかなりの困難を味わった。そのため、昇進途上にあったこの色をしめすのに、ラテン語起源ではない2語が我が物顔にまかり通っていた。一方はゲルマン語から派生した「ブラウ（青）」(blau)、もう一方はアラブ語起源の「ラーズルド（空色）」(lāzurd) である。だが、やがて社会生活や芸術および宗教の分野で青は徐々に重視されて赤と競合し、もっとも美しい色とみなされるまでになる。

歴史家にとっての問題は、このような変化が顔料や色材の技術的な進歩によるのか、思想的な成熟によるのかどうかを知ることである。たとえばヨーロッパの染色家ないし染色工たちは、赤の場合は、あらゆる色調をきわめてみごとに出すことができていたにもかかわらず、何世紀ものあいだ、青の美しい色調、すなわち布の繊維に深く浸透する純粋な青や濃いあるいは輝くような青を作り出すことができなかった。だが、2ないし3世代をかけて、彼らはついにそれを可能にする。こうした成熟の原点ないし要因をどこに求めるべきなのか。顔料や色材の化学の発達、あるいは青色の新しい象徴的・社会的な地位についてはどうか。青の昇進がいったいどこから始まったのか。

仔細にみれば、おそらく技術的・思想的な問題は化学的・経済的な成熟に先行していた。西洋の造形表現において、青の衣をまとった最初の人物である聖母の事例は、その重要な証拠となる。11世紀まで、聖母マリアの着衣は特定の色とは無縁だったが、ほとんどの場合、それは暗い色、つまり黒、褐色、紫、青もしくは濃い緑だった。そこでの青の中心的な主題は、悲しみと服喪だった。つまり、十字架の上で絶命した我が子を悼む聖母が表現されていたのである[46]。

だが、紀元千年をすぎると、この配色の数が減り、青だけが服喪を象徴する役割を帯びる色となった。色調も明るくなり、より魅力的にもなった。くすんで暗い色から、より純粋で輝きをまし、彩度も高くなった。それはまさにステンドグラス職人たちがパリ北郊のサン=ドニ大聖堂【1144年献堂】のステンドグラスに、コバルト色の地の上に有名な青をのせた時期だった。

新しい教会堂を飾るこのステンドグラスのため、シュジェ【1081頃-1151。サン=ドニ大修道院長】はかなりの費用を払ったというが、それから数年後には、同様のステンドグラスがシャルトルの司教座聖堂を飾ることになる(47)。一方、細密画の世界でも、写本彩飾家たちが空を一貫して青で描きはじめた。それまではついぞなかったことだった。

造形表現で青の衣を着せられた聖母は、天空の女王としてこの色の昇進に寄与した。やがて歴代の王たちもこれを真似るようになる。その嚆矢となったのはフランス国王で——尊厳王フィリップ2世はおずおずと、聖王ルイ9世は治世末期（1254-70年）に——、さらに西欧キリスト教世界の他の国王たちがそれに続いた。そして、フランスやイングランド、イベリア半島の大領主や裕福な貴族たちも徐々にみならうようになる。ただ、ドイツとイタリアだけは、こうした新しい流行にしばらくのあいだ抗った。

筆者は12世紀から13世紀にかけての「青の革命」を長いあいだ研究して、その成果を別に発表しておいた。それゆえ、ここでこの問題をながながと論じることはしないが(48)、染色業がこの嗜好と需要の成熟によってどれほど変化したかについては指摘しておかなければならない。羅紗業がさかんだった大都市では、こうした新たな流行によって2通りの職業結社が頭角を現すようになった。黄色も染めていた赤の染色業者と黒および緑も染めていた青の業者である。彼らは互いにライバルとなったが、同様に、アカネとケルメスを扱う裕福な商人たちも、多くの土地に生え、その葉が青の色材となるタイセイの商人たちの蓄財を不安視した。タイセイの栽培は一部の地方（北仏ピカルディ、テューリンゲン、のちには南仏ラングドック）で本格的な産業となった(49)。

地元に伝わる伝承によれば、ピカルディの商人たちは1220年に始まったアミアン司教座聖堂の再建工事に全面的な資金援助をおこなったという。おそらくいささか誇張がすぎるだろうが、この話はしかし青の取引と生産のまわりで、やがて富がつくられていったということをしめしている。

赤と青のこうした新しい経済戦争をとくに如実に物語る資料がある。アカネ商人たちとフランスからやってきたステンドグラスの親方職人ふたりが、1256年にストラスブールで結んだ契約書である。司教座大聖堂の礼拝堂を飾る大ステンドグラスの主題として、商人たちは修道士テオフィルの道徳的な話——ある修道士が悪魔に魂を売り、聖母に買いもどされた——を注文し、画面上に悪魔を青で描き、この色の信頼失墜を狙った。だが、計画は完全に失敗した。親方職人たちはたしかに指示に従ったものの、それはアカネの取引をふたたび軌道に乗せるまでにはいかず、アルザス地方にまで及んでいた青の新しい流行をさまたげることもできなかったからである。

同じ頃、より東のテューリンゲン地方では、タイセイ栽培が全盛期を迎えており、青の顔料に対する染色家たちの需要もうなぎのぼりだった。タイセイ商人たちは富み、アカネ商人たちの収益はいたるところで下降線をたどった。そこで後者は青の評判をおとして、なんとか新しい流行に歯止めをかけようとした。こうして1265年、彼らはエアフルト【テューリンゲン地方の中心都市】にある自分たちの礼拝堂用に、キリストを誘惑する悪魔の大壁画を注文する。その注文に従って、悪魔は青く描かれた(50)。この壁画はルター時代まで残っていたが、おそ

仕立て職人の工房

15世紀のドイツでは、赤い服がなおも貴族層やエリート層からもっとも好まれていた。だが、イタリアやフランス、さらにブルゴーニュ地方では、青と黒の服がそれと競合するようになった。

『健康全書』（Tacuinum sanitatis）【ネストリウス派医師のイブン・ブトラーン（1001頃-66）が編んだ養生訓『健康表』（Taqwim al sihha）のラテン語訳】のライン地方の彩飾写本、1445-50年頃。パリ、フランス国立図書館、ms. Latin 9333, fol. 104.

らくそれは新しい色を阻害するより、むしろ反対の効果をもたらしたと思われる。以後、青い悪魔は赤い悪魔や黒ないし緑の悪魔ほどおそろしいものではなくなったからである。

フィレンツェ貴婦人の衣装

　13世紀をつうじて王侯貴族の着衣に青が普及していったにもかかわらず、フランスでもイングランドあるいはその他の国でも、美しい赤い布への嗜好は消えることがなかった。むしろこの2色の競合が、需要と生産を刺激した。たとえばドイツや北イタリアでは、赤への嗜好が貴族やエリート層のあいだで近代初頭まで存続した。

　繊維の分野では、美しい赤は花や貴石、あるいは顔の場合のように「鮮紅色」ではなく、「緋色」とされた。この色はアカネではなく、高価な色材、すなわち古代の染色を考察した際に言及しておいたケルメスからえられた。このかなり値を張る顔料は昆虫【カーミンカイガラムシ】から抽出したものだったが、中世の多くの染色家やその大部分の顧客たちはそれを知らず、植物由来のものだと考えていた[51]。「種子」（grana, granum）という通称は、色材のもととなるこの昆虫が、穀物の種子に似ていることに由来する。

　フランス語で「緋色」をさすエカルラト（écarlate）という語の語源については諸説ある。これはスペインのアラブ人を仲介として西欧語に招来されたペルシア語saquirlāt【アラブ語saqirlāt】に由来するとすべきなのか。あるいはより単純にラテン語のsigillātus（封印）【正確には「印章模様の」。原語はsigillum「小像、印」の訳語で、やがてそれがsagilatus、さらにscarlatusと変形し、その生産と染色が当局の封印押捺によって統制・保証される豪華な毛織物を意味するようになったのだろうか。こうした疑問に決着をつけることは、アラブ語【ないしペルシア語】がラテン語の焼き直しであると思えるだけにむずかしい。たしかなのは、エカルラトの原型が色のなにかを問わず、きわめて美しい羊毛で織りあげられ、数回剪毛された高価な毛織物を意味していたということである[52]。

　これらの貴重な毛織物はほとんどが赤く染色されており、そのため、13世紀には「緋色」と「赤」が最初はフランス語、ついで他の言語（スペイン語・ポルトガル語：escalate、イタリア語：scarlatto、ドイツ語scharlach）において類義となった。やがて「エカルラト」は色の形容詞ともなり、もっとも美しく、もっとも高価な赤い織物、つまり純粋で鮮明かつ輝きを帯び、しっかりして彩度を高めた織物を修飾するまでになる。中世ではケルメスだけからそれをえることができた。アカネやリトマスゴケもたしかに有効で求められた色材だったが、ケルメスの域にはいたらなかった[53]。

　イタリアのもっとも恵まれた階層における赤嗜好の存続を検討するため、あらゆる種類の染料がもちいられていた一大羅紗都市であるフィレンツェをみてみよう。この都市の染色業は色や繊維、染色ごとに細かく専門化されていた。大量に媒染していた赤の染色職人たちは、青や黒で染色するライセンスをもっていなかった。彼らは通常アカネかケルメスのいずれを扱うかに応じて、異なる工房で作業した。ただ、絹を染色する職人たちは独自の工房をもっていた。この職業は細分化されており、厳格に統制されてもいたが、それでもなお、とくにアルノー川

**赤い衣をまとった若く
エレガントな女性たち**

14世紀のイタリアでは、青が、ついで黒が新しく流行したにもかかわらず、美しいローブはなおも赤だった。若い妻たちにとって、それはエレガンスの色であり、愛と美の色でもあった。彼女たちは娯楽や祭りの場に赤い服をまとい、しばしば夫もまた同じ色を身につけた。

『健康全書』のミラノ版彩飾写本、1390-1400年頃、パリ、フランス国立図書館、新収蔵ラテン語写本1673、fol. 22 v°.

ティツィアーノの赤

ラファエロ同様、ティツィアーノ【1490頃-1576】もまた偉大な赤の画家だった。彼は花や石のあらゆる色調を真似ながら、紫がかった深紅からもっとも淡い鮮紅色までのきわめて微妙な赤の色相を活用する術を心得ていた。近代初頭には、染色や絵画の分野では、ローマやフィレンツェ、ミラノよりも、ヴェネツィアがなおもヨーロッパにおける赤の首都だった。

ティツィアーノ作「新生児の奇跡」(1511年、一部)。パドヴァ、スクオーラ・デル・サント、フレスコ画「パドヴァの聖アントニウスの生涯」

の水の利用を巡る不正や紛争を防ぐことはできなかった。もし赤の染色職人たちが最初にこの川水を使えば、それは汚れて赤みを帯び、青の職人たちの強い怒りを買った。逆の場合も同様である。そこで市当局は川水を利用できるカレンダーと時間表を作成なければならなかった。他の職業結社(縮充・皮なめし・洗濯・漁業各組合)もまた川水を必要としており、それが清潔であることを望んでいた。だが、そうなるのはまれだった。

では、当時のフィレンツェやトスカーナ地方でもっとも好まれていた色はなんだったか。むろん赤と青だが、少なくとも女性たちに人気があったのは赤だった。幸いなことに、フィレンツェの貴婦人たちの衣装を正確に「描写した」例外的な史料が残されている。同市の人口10万の4分の3を歯牙にかけた黒死病が猖獗をきわめる直前の1343年から45年にかけての史料である。1966年のアルノ川の氾濫によって損傷した文書の写本で、題名は『プラマティカ・デル・ヴェスティーレ』(54)。これはフィレンツェの女性たち、とくに貴族やエリート、さらに富裕市民層に属する貴婦人たちの衣装戸棚の全体的な目録で、数人の公証人が新しい奢侈取締り令を執行し、課税をするために作成している(55)。事実、市当局は贅沢品(衣服、布地、宝石、食器、動産品など)に対する出費を抑えようとしていた。これらの投資が非生産的だとみなしていたからである。

この奢侈取締り令はまた下品ないしエキセントリックとされた新しい衣服(雑色で襟ぐりの大きな、そしてなによりも体に密着して、そのラインが浮き上がるようなローブ)の流行とも闘おうとした。さらに社会階層や社会的出自の境界を維持しようともした。つまり、各人が自分の居場所にとどまり、その身分や地位、財産、名声に応じて着衣すべきだというのである。こうした取締り令は例によって道徳的・反動的なものであり、差別的・女性蔑視的、さらに反青少年的なものでもあった(56)。

1343年の秋から45年の春にかけて、フィレンツェの上流社会に属する女性たちは、地区の公証人に身のまわり品の値段や名称を申告しけければならなかった。公証人はこれらさまざまな品々を数えて名を明示し、記述した。その際、彼はそれぞれの衣服を、頼りない不規則なラテン語で、だが最大限正確に記そうとしたものだった。たとえば材質(ウール、絹、サマイト【37頁参照】、ビロード、木綿)や形状、裁断、サイズ、色、飾り、裏地、付属品などである。今日、これらの情報は各種の帳面に転記され、1冊にまとめられている。肝心の記録自体は文字が粗雑であり、かなり省略もされていて、判読がむずかしいが、目録は全体で3257件。そこにはローブとマントが6874点、頭部用の装身具が276点、大量のアクセサリーなどの記載があり、これらはすべて2420人の女性が所有するもので、ひとりの女性が数度登場してもいる。こうした記録は衣服史や社会史にとってだけでなく、語彙や記述の歴史にとってもすべての点で貴重な史料だといえる。とすれば、その全体を紙媒体に煩を厭わずまとめてくれたイタリアの古文書館に謝意を表すべきだろう。

700頁近くもあるこの出版物は、色に関心をいだくわれわれにとってありがたいものである。これらの色は多岐にわたるが、ここでもまた赤が支配的で、ときには単独で、ときには2色(ハーフカラー、格子縞などあらゆる種類の縞模様)や黄色、あるいは緑やときに白、さらにまれではあるが青や黒とむすびついている。当時、

ミラノで始まっていた黒の大流行は、14世紀末までフィレンツェに及んでいなかった。ラテン語と現地語、方言や技術用語、凝った定型語や新語が入りまじった多様な用語法を駆使して、公証人たちは赤の多様な色相を正確に表現することにつとめていた。明るいないし暗い赤、色あせたないし輝くような赤、単一ないし雑多な赤、別の色をまぜた赤、灰色がかった赤、彩度の高い赤、バラ色やオレンジ色、紫色、赤褐色、淡黄褐色、褐色に近い赤といったようにである。

　フィレンツェの染色職人たちはおそらくこうした多様な赤をすべてつくることができ、顧客に対して、他のいかなる色よりも豊富な色見本を提示することができた。青や黄色もまた豊富だったが、多様というにはほど遠かった。とすれば、以下のように考えても問題はないだろう。すなわち、黒死病の前夜、フィレンツェの美しい貴婦人たちは赤を、赤のすべてを好んでいた、と。

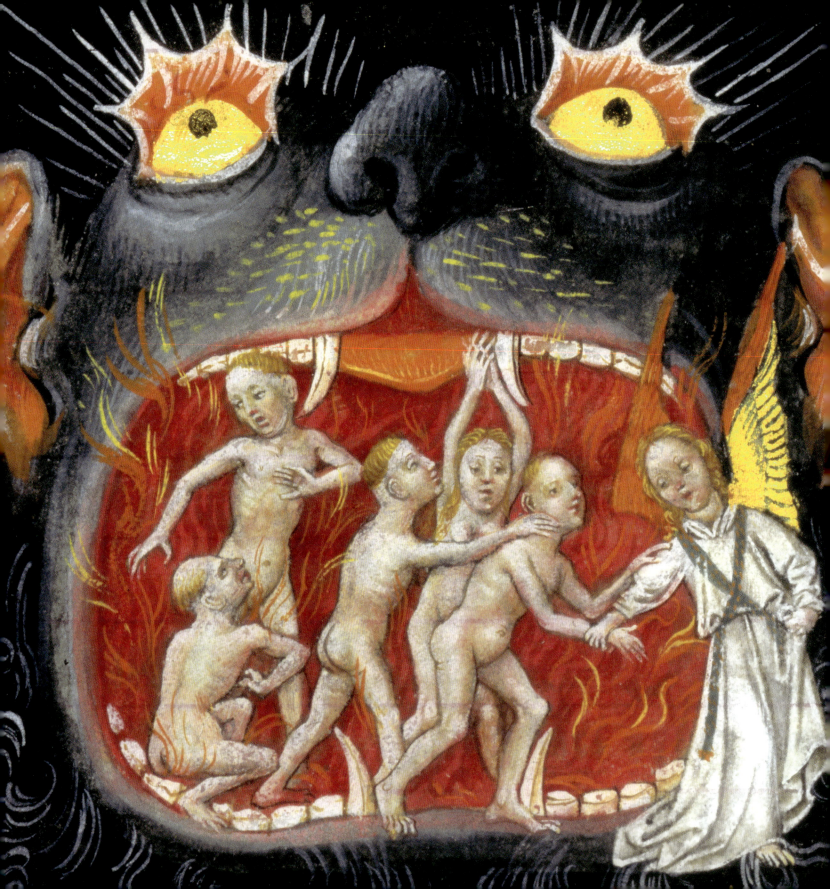

異議を申し立てられた色

14–17 世紀

中世末、赤は激動の時代に突入する。第1の色、「色の代表」としてのその地位に異議が申し立てられるようになり、以後、そうした傾向は時代をおってますます顕著になっていく。数多くの分野で、やがてたたえられ、ときには赤よりも好まれるようになる青と競合しなければならなくなっただけでなく、宮廷でとりわけ流行した黒の台頭にも直面せざるをえなくなった。事実、後者は以後何十年にもわたって着衣の豪奢さや典雅さを具現し、赤はこの役割から後退した。たとえケルメス、のちにコチニール【羊毛の緋染め用】で染色された布地が、なおも威信をたもっていたとしても、である。

　流行はもはや封建時代のような純粋で輝き、彩度も高い赤よりも、より濃い（深紅）もしくは赤の周辺の色相（バラ色、紫）に移っていた。反対に、黄色ないし褐色に近い一部の色相は疎まれ、地獄の業火や原罪を想い起こさせるようなものすべて、傲慢さや虚言、奢侈などに代表される一連の悪徳すべてとむすびつけられた。とくに赤褐色の場合がそれで、そこには1色のなかに呪わしい赤と呪わしい黄色、さらに1500年代のさまざまなテクストに「あらゆる色のうちでもっとも醜い」[1]と記されている一種の黄褐色までふくまれていた。

　しかしながら、赤にとって主たる危険となったのは、こうした競合や嗜好ないし感性の変化ではなかった。その危険は、奢侈禁止令や宗教改革によって広められた新しい道徳もしくは倫理にあった。そこでは赤はあまりにも人目をひきすぎ、あまりにも高価で下品であり、不道徳かつ堕落した色とみなされたのである。こうして16世紀末には、赤は物質文化や日常生活のさまざまな分野で後退するようになる。公衆道徳の面でいえば、カトリックの反革命勢力はプロテスタントの価値観を一部とり入れる傾向があり、よきキリスト教徒にとって、赤はもはや名誉とは無縁の色であり、教皇もまたより頻繁に白い着衣をするようになった。

　それから少し遅れて、科学の世界でも赤の衰退がみられるようになる。たとえば1666年、アイザック・ニュートン【1642-1727】がスペクトル、つまり今日でもなお色の物理学と化学が根拠としている新しい分類を発見した際、赤は古代や中世において享受していたような色彩序列の中心の地位から転落し、その末端に位置づけられるようになったのである。こうして赤は色の女王としての栄光とはほど遠い位置に置かれて、おそらく象徴的な力の一部——すべてではない——を失った。

94頁

地獄の入口から救い出される義人たちの魂

赤と黒が支配的な地獄の真っただ中では、業火と火の池がたえず燃えさかっている（『ヨハネの黙示録』20）。だが、この火は光を発せず、屍体を焼きつくしたりもしない。塩漬けのように、それは死者たちを闇に中にとどめ、それゆえ彼らの苦しみは永遠に終わることがない。

『カトリーヌ・ド・クレーヴの時祷書』（ユトレヒト、1440年頃）。ニューヨーク、モルガン図書館・博物館、M. 945, fol. 107.

火事

火事をより写実的に描こうとする場合、火の色は多様化し、赤にオレンジ色や黄色、白、ときには青や黒といった色もくわわる。

ヒエロニムス・ボス派『騎士トンダルの幻想』（1520-25年頃）、マドリード、ラサロ・ガルディアーノ美術館

地獄の業火に焼かれて

　キリスト教において悪い方に解釈された場合の赤は、ほとんどが血の罪や地獄の業火とむすびつけられている。教父たちはそれについて数多くの注釈をおこない、彼らに続く神学者たちもまたこの赤を悪徳と関連づけた。13世紀に7つの大罪という考えが最終的に確立すると、赤はそのうちの4大罪とあらためてむすびつけられるようになる[2]。高慢（スペルビア）、憤怒（イラ）、色欲（ルクスリア）、そしてときに貪食（グラ）に、である。悪徳の色はこうして赤がかなり支配的だった。貪欲（アヴァルティア）とねたみ（インヴィディア）だけがその帝国から逃れ、前者は緑、後者は黄色であらわされた。残る怠惰の場合、著作者たちはそれに特定の色をあたえなかったが、彼らの一部は心の怠惰（アケディア）を大罪とみなし、さらに他の著作者たちはこれに身体的な怠惰（ピグリティア）をくわえていた。それゆえ、この大罪に対する色は一定しておらず、ときには赤、ときには黄色、よりまれではあるが、ときには青もこれにあてられた。芸術や文学の創作に無視できない影響を及ぼしたこうした学問的な対応関係[3]以外でも、赤はより一般的に暴力や放蕩、背信、犯罪などを想い起こさせるすべてのものと関連づけられていた。

　罪人たちは死後地獄に向かうが、そこは地球の中心にある激しい恐怖の場所だった。紀元千年後にしだいに数をまし、最後の審判という主題を広範に普及させた造形表現によれば、地獄は全体的に赤と黒の世界でもあった。そこでの黒は永遠に支配的な闇の色で、赤は地獄の空間の中心をしめている「業火と火の池」（『ヨハネの黙示録』20）を想い起させる。この業火はたえず燃えさかっているが、光は発しない。それは劫罰に処せられた死者たちの体を焼きつくしたりせず、むしろその苦しみが永遠に続くよう、煙であぶりながらたもつのである。ローマ時代、版画絵師たちによって2通りの罰がとくに強調されていた。そこでは吝嗇家が財布によって吊り下げられ、それが解かれることはなかった。

　一方、姦通をはたらいた女性たちは蛇やカエルによって乳房や性器がむさぼり食われた。さらに、あらゆる罪が描かれ、その責め苦も多様化していった。細密画では、しばしば地獄が多色で登場していたものの、赤と黒が中心的な色だった[4]。この2色は劫罰を受けた者たちを拷問し、煮えたぎった鍋に彼らを突き落とす悪魔たち、さらに悪霊自身の体にもみられる。後者は通常黒で描かれていたが、ときには体が黒で、頭だけが赤く表現された。あるいは頭が緑の場合もあったが、それはかなり後代になってからである。著作者たちが一様に考えていたように、悪霊の目は小さく、燃えさかる炭のように赤く、髪は地獄の鍋の業火のように逆立っていた。つまり、悪霊は赤と不可欠な関係をたもっていたのである[5]。

　中世文化にとって、赤と黒のむすびつきはきわめてネガティヴなものだった。だからこそこのむすびつきは、魔王の体や地獄を描いた一種の深淵、旧約聖書の『ヨブ記』（41.11）に登場する幻獣レビヤタンの巨大な口を思わせる深淵

にもふたたびみられるようになる。そこで中世人の目はみるに堪えられないような色彩結合、すなわち赤と黒をむすびつけることを避けた。たとえば衣服の場合、15世紀まではこのむすびつきはまれだった。それはみにくく、凶兆とみなされ⁽⁶⁾、大紋章では禁じられた。

　紋章学では紋章用の6色を2グループに分けている。白・黄色のグループと赤・青・緑・黒のグループである。大紋章が登場した時期、つまり12世紀中葉から存在する厳格かつ強制力をもつ規則では、同じグループに属する2色を併用ないし重ねてもちいることが禁じられている。この規則はおそらく識別の問題に起因する。紋章が戦場や馬上槍試合の場で生まれ、本来は遠くからでもそうと識別できることを目的としていたからである。のちには、その用途のいかんを問わず、違反事例は1パーセントを超えることがなかった⁽⁷⁾。黒の上ないしそのかたわらに赤を置くことは禁じられており、本格的な大紋章ではこうした事例は皆無に近い。文学のとくにネガティヴな登場人物（不実な騎士、残虐で流血好きな領主、異端的な高位聖職者など）だけが、赤と黒2色を重ねた大紋章をもちいているにすぎない。こうした2色のむすびつきが彼らの邪悪な本質を強調しているからである。

　ただ、赤と黒を併用することをもっとも顕著に、そしてもっとも早くからこばんでいたのは、まちがいなくチェスだった。このゲームが6世紀頃にインド北部で生まれた当初【原型は古代インドの2人制ないし4人制の盤上遊戯「チャトランガ」（字義はサンスクリット語で「4要素」、

地獄の業火

中世の信仰では、地獄で待ち受ける責め苦は地上で犯した罪と符合していた。この図では、おそらくよこしまな金持ちが炎に巻かれながら財布の紐で首をしめられている。

通称『ユリウス2世の時祷書』（部分、15世紀末）。シャンティイ、コンデ美術館、ms. 78. 130.

チェスの勝負

長いあいだ、西洋のチェスは白と赤の陣営で争われていた。だが、中世末期には赤はしだいに黒にとってかわられるようになった。図のカッソーネの上蓋に描かれた場面は移行期のもので、チェス盤の升目はなおも白と赤だが、黒い駒がすでに登場している。カッソーネとは婚礼用の長持で、新婚カップルの部屋を飾るためのものだった。花婿は絵師に装飾させたのちにこれを花嫁に贈り、その婚資の一部を仕舞わせるようにした。

リベラーレ・ダ・ヴェローナ【1445頃-1526頃。ヴェローナ出身の画家】による装飾カッソーネ（1470-75年頃）。ニューヨーク、メトロポリタン美術館

すなわち象・馬・戦車・歩兵）とされる】は、赤と黒の陣営を競わせるものだった。それから2世紀後、アラブ＝ムスリム文化がこれを導入した際、これら2色は維持されたまま、地中海全域に普及していった。この文化にとって、赤と黒をチェス盤上で対決させることは理にかなっており、一貫性があったからだ。

だが、紀元千年直前にチェスがヨーロッパに招来されると、それを西洋化しなければならなかった。そこでは駒の性格や動きだけでなく、両陣営の色もまた再考された。赤対黒という図式が、キリスト教的・封建的な感性にとってはなんら対立する組みあわせではなかった。つまり、これらの2色は互いになんの関係ももたず、対立してもいないからだった。にもかかわらず、ゲームの場だけとはいえ、それらをむすびつけるのは、なにほどか悪魔の所業にも似て、不快なこととされた。こうして11世紀には黒を白に変え、チェス盤の上で、物質的な次元でも象徴的な次元でもより対極的とみなされていた赤と白の両陣営を戦わせるようになった。この状態は、チェスが白と黒の対決へと徐々に向かうようになる15世紀まで続いた(8)。

罪を罰するないし贖う役目をになった赤は、たんに地獄の業火にのみあらわれたわけではなかった。それはまた司法の儀礼にも登場した。前章において、すでに中世の造形表現にくりかえし登場する裁判官の法服やかぶり物、あるいは「高尚な仕事」をになった死刑執行人の手袋の赤についてふれておいたが、これらの事例は中世に広くみられたきわめて現実的な着衣慣行と符合していた。

実際、近代では、罪人やガレー船漕役囚、徒刑囚、さらに19世紀中葉までは流刑囚もまた赤い服とかぶり物を身につけなければならなかった。彼らを責め苦の場に運ぶ、そして象徴的に赤く塗られた馬車や放下車と同様に、である。彼らはいずれの国でも数多く、とくに1793年から94年にかけての恐怖政治時期のフランスではそうだった。この赤は過ちの色であると同時に罰の色でもあった。それはまた家畜に対するのと同様、罪人たちに対してもなされた焼き鏝による烙印にもみられた。彼らは死刑こそまぬがれたものの、この烙印の痕を体につけたまま生きなければならなかった。あるいはより単純に裁判記録にその名が「赤字」で書きこまれ、それが容疑者の、そして罪人の目安となった。ヨーロッパ中部ではこうした事例が17世紀から頻出した。

火をもちいて血を流させる制裁と赤とをむすびつけるこれらすべての慣行は、はるか昔からあった。事例はすでに聖書に登場しているが、その延長形態はごく最近までみられる。たしかに現代のそれは以前ほど過激でもなく、流血をともなうことも少なくなっているが、赤を制裁の色とすることに変わりはない。たとえば児童の試験は赤インクで訂正され、禁止や処罰の告示は赤字で貼りだされている。さらに、ひとたび「レッド・リスト」【「絶滅危機生物種」のリストも意味する】に名前が載ると、小切手を切ったり銀行カードを使ったり、市民としての義務を果たしたり、あるいはそのための行動をしたりすることが禁じられている(9)。

異議を申し立てられた色

赤毛の男ユダ

アベルを殺害するカイン

歴史上最初の殺人者とされるカインは、しばしば背信者や背教者、罪人を象徴する属性としての赤褐色の髪（赤毛）で描かれている。

『パーク・アベイ聖書』（一部、ルーヴァン、1147–48年）、ロンドン大英図書館、Ms. Add. 14788, fol. 6 v°.

　もう少し中世にとどまって、話を赤から赤褐色へと移そう。今日ではさしずめ濃いオレンジ色となるのだろうが、この色は12世紀からかなり評判を落として、最終的に単独で数多くの悪徳の化身となった。さまざまな文献や造形表現では、ある人物が不名誉な赤褐色の化身として登場している。ユダその人である。

　新約聖書の正典であれ外典であれ、そこにはこの不実な使徒の身体的な側面が語られていない。初期キリスト教美術や中世初期の美術におけるユダの表現もまたしかりで、そこにはいかなる特徴も属性も描かれていない。しかし、最後の晩餐の造形表現では、その場所や身長ないし所作を多少とも差異化して、ユダを他の使徒たちと区別するような配慮がなされている。ただ、ユダの赤褐色の髪【以下、「赤毛」と訳す】や鬚がまず細密画に、ついで他の表現媒体に登場し、徐々に普及していったのは、紀元千年以降のことである。ライン地方やムーズ地方で生まれたこの造形様式は、しだいにキリスト教ヨーロッパの大部分に広まり、最終的には中世末期や近代初頭に、ユダの特徴がもっともくりかえし描かれるようになった[10]。

　これらの特徴や属性は数が多かった。短躯で動物的ないし痙攣しているような顔、黒っぽい肌、鉤鼻、鈍重そうな口、黒い口唇（裏切りの接吻をしたため）、頭光【聖人の象徴】の欠如ないし暗い頭光、黄色の衣、不規則ないし陰険な所作、盗まれた魚あるいはデナリウス銀貨30枚【イエスを密告した報酬】が入った財布を持つ左手、さらにその口に入る悪魔やカエル、そしてのちに傍らに配される犬などである。イエスと同様、ユダの姿もまた特定できなくはない。それぞれに世紀ごとに一連の属性が用意され、芸術家はその中から自分の造形的関心や芸術的野心、あるいは象徴的意図ともっとも合致したものを自由に選んで描いた[11]。しかし、13世紀中葉からはひとつの属性だけはつねに描かれた。赤褐色の毛衣である。

　とはいえ、この毛衣はユダにかぎったものではなかった。中世末期の絵画では、かなりの数にのぼる不実な者や謀反人もまた、同様に赤褐色で描かれたからである。たとえば弟のアベルを殺害したカインである。類型的な象徴体系では旧約聖書と新約聖書が並行してとらえられ、このエピソードはユダの裏切りを予示しているとする[12]【新約聖書の出来事がすでに旧約聖書に

裏切りの接吻

中世の図像はしばしばユダにそのよこしまな本性の徴である赤褐色の毛衣をあたえている。この裏切りの接吻図では、不実な使徒とその犠牲者が一種の色彩的な操作によってむすびつけられ、逮捕されたイエスもまたユダと同じ色の髪と鬚を帯びている。

『マリ夫人の図像書』（エノー、1285-90年頃）、パリ、フランス国立図書館、新収蔵写本、16251, fol. 33 v°.

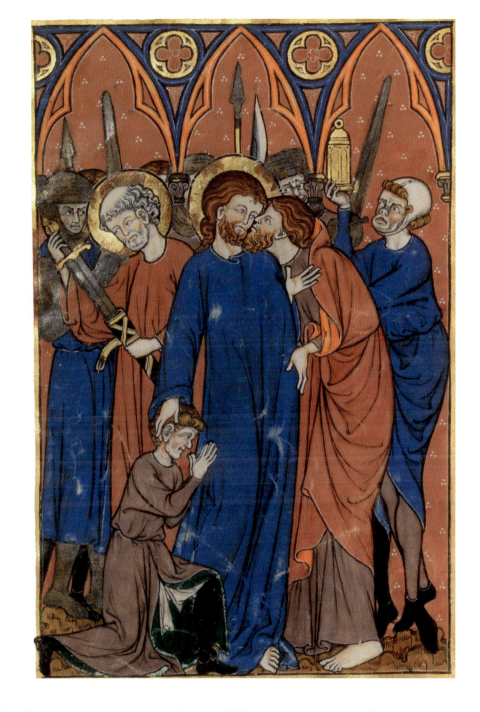

みられるとする説を神学用語で「タイポロジー（予型論・類型論）」とよぶ。あるいはまた、『ロランの歌』に登場する裏切り者ガヌロンの場合も同様で、彼は復讐心と嫉妬心から、義理の息子であるロランを死地に送っている[13]。さらに円卓の騎士の物語群では、アーサー王の不義の息子【異父姉妹モルガーヌとの子。アーサーの甥とする伝承群もある。サバト（魔女集会）が開かれる「赤褐色の月」に生まれたという】とされる裏切り者のモルドレッドが父に背き、アーサー

狐の術策

体毛が赤褐色の狐は、術策と狡猾さを最大限具現する動物である。この図では死んだふりをして小鳥たちが近寄るのを待ち、やすやすとそのうちの1羽を捕らえてむさぼっている。

『ラテン動物譚』（1240年頃）。オックスフォード、ボードレイアン図書館、Ms. Bodley 764, fol. 26.

王の世界全体を瓦解へと導く。同様に、反抗する息子や偽誓の兄弟、簒奪者のオジ、不義を働いた妻、さらに不誠実ないし犯罪的な行為に耽った者たちすべてもまた、すべて赤褐色で描かれた[14]。

このリストには、いずれも作者不明の物語に登場する文学上の英雄としての動物もくわわる。狡猾で反抗的、そして喧嘩好きな狐のルナールと、あらゆる悪徳の化身である馬の王フォーヴェルである[15]【ルナールについては、檜枝陽一郎『狐の叙事詩』、言叢社、2012年参照。フーヴェル（Fauvel）は、フランス語の「へつらい（Flatterie）」、「貪欲（Avarice）」、「客嗇（Vilénie）」、「虚飾（Vanité）」、「妬み（Envie）」、「怯懦（Lâcheté）」の頭文字を順にむすびつけた呼称】。この動物主人公は、それぞれ偽善と不実な行為の象徴である赤褐色の体毛をしていたことになっている。

たしかに、今日まで残る13、14、15世紀の無数の図形表現に描かれたこれらの人物や主人公は、むろんすべてが赤褐色を帯びていたわけではない。だが、赤褐色であるということは彼らのもっとも顕著な図像学的特徴のひとつであり、この色の毛衣は徐々にではあるがときに他のカテゴリー、すなわち社会から排除された人々にまで広まっていった。異端者やユダヤ人、ムスリム、賤民・流民、物乞い、浮浪者、貧民、さらにあらゆる種類の落後者たちに、である。そこでは図像における赤褐色が、13世紀から西欧の一部の都市や地方でこれらの社会的カテゴリーに属する人々が実際にまとわなければならなかった、赤ないし黄色、さらに赤と黄色の象徴的な着衣慣行とむすびつけられた[16]。それは排除ないし不名誉の最初の徴として現れたのである。

こうした赤褐色のネガティヴな特徴は、しかし中世が生み出したものではなかった。ヨーロッパのキリスト教社会にとって、それは聖書とギリシア＝ローマ人、そしてゲルマン人からのいわば3重の遺産だった。前述したように、聖書におけるカインやユダは赤褐色で描かれておらず、他の登場人物もまたそうであったとしても、多少の例外を除けば、ネガティヴな人物はすべからく赤褐色だった。たとえばヤコブの双子の兄であるエサウは、旧約聖書では「先に出てきた子は赤くて、全身が毛皮の衣のようであった」（『創世記』25・25）と記されている。粗野で直情径行型の彼は、レンズマメの煮物のために長子権を弟に譲ってしまう。後悔先に立たずで、彼はそれによって父親イサクの祝福を受けられず、約束された地を去らなければならなかった[17]。さらにイスラエルの初代王となったサウルは、その治世にダビデに異常なまでの

嫉妬心をいだき、それがもとで正気を失い、ついにペリシテ人との戦いで自害してしまう（『サムエル記上』31・4-5）[18]。

一方、イエスの裁判時にエルサレムのサンヘドリン（最高法院）を指揮していた大祭司のカイアファ【カヤパとも】は、『ヨハネの黙示録』に登場するサタンの被造物たちと同様に、赤褐色で描かれている[19]。唯一の例外はダビデで、『サムエル記』にはこう書かれている。「彼は血色がよく、目は美しく、姿も立派であった」（16. 12）[20]。これはいわば価値序列からの逸脱例だが、こうしたことは象徴体系全体にしばしばみられる。この体系が効果的に機能するには「弁」、つまり例外が不可欠となる。まさにダビデはその例外だった。

ギリシア＝ローマの伝統では、赤毛はまたネガティヴに解釈されていた。たとえばギリシア神話では、巨大な怪物で、神々、とくにゼウスの敵である大地母神ガイアとタルタロスの息子とされるティフォンの頭髪が赤褐色だとしている。前1世紀のギリシア人歴史家であるシチリアのディオドルスは、かつて赤毛の者たちがティフォンの怒りを鎮めるために生贄にされていたと記している。おそらくこの伝承はファラオ時代のエジプトから伝わったもので、しばしば悪の原理とみなされるセト神がやはり赤毛をしており、プルタルコス【50頃-125頃。古代ローマ帝政期のギリシア系歴史家で、主著は『対比列伝』】の言葉を借りれば、同じ色の髪毛をした若者たちが生贄としてささげられていたという[21]。

ローマでは祭儀での流血がさほどみられなかったが、それでもやはり赤褐色はネガティヴな色とされていた。前述したように、ルフスという人物の異名は、嘲笑に彩られた異名と同時に、古代ローマでもっとも流行っていた悪口のひとつでもあった。この悪口は中世を通じて、とくに修道院に残っていた。そこでは修道士同士がごくふつうにルフスないしスブルフス（subrufus）【字義は「赤みを帯びた」】とよびあっていた[22]。

一方、ローマの演劇で仮面とともに登場する赤毛は、醜い男や道化を意味していた。赤褐色であるということは下劣あるいは愚かな人間の代名詞だったからである。それはたとえば、1世紀に詩人マルティアリス【40頃-104頃。スペ

偉大なのけ者――リスと豚

赤褐色の毛並みをしたおとなしいリスは中世の動物譚ではかなりひどい扱いを受けている。怠惰、淫奔、吝嗇の代名詞だったこの小動物はまた、自分が隠したハシバミの実をみつけ出せないほど愚かだともされていた。これに対し、汚れて色があいまいな毛並みの豚には、ほとんどの悪徳がかぶせられていた。

左上：バルテレミ・ラングレ＆ジャン・コルブション作『事物の特性の書』（一部、14世紀末）。ランス市立図書館、ms. 993, fol. 254 v°.

右下：『ラテン動物譚』（1235-40年頃）。ロンドン、大英図書館、Ms. Harley 4751, fol. 20.

赤毛の魔女

中世末から近代初頭にかけて、魔女は緑の歯をもち、赤毛であるとされていた。彼女たちは人々（ないし男たち）に呪いをかけて魅惑し、サバト（魔女集会）に導こうとしてあらゆる種類の媚薬をつくったという。中世におけるこうした愛の媚薬の処方は、毒薬と同様に、つねに２通りの草がもちいられた。カノコソウとオトギリソウである。

「愛の媚薬」（作者不明、ライン川低地地方、1470–80年頃）。ライプツィヒ造形美術館

イン出身の風刺詩人】が編んだ『エピグラム集』にある次の風刺詩からも読みとれる。

　オー、ゾイロス【前４世紀のギリシアの文法家】よ、赤毛にもかかわらず、君の顔は暗い。両足は短く、目やにも出ている。それでも君はあらゆる人々に好意をいだけるようになるのか？ いかにして？ まさにそれは本物の偉業だ（…）。

　わたしは芝居の仮面。ゲルマン人のあるバタウィ族を演じる。わたしの陶工と絵師は頭を円く、顔を鈍重に、目は明るすぎ、そして髪は赤褐色に作った。こうした造作で、わたしは大人たちの笑いを誘い、子供たちをこわがらせるのだ[23]。

　古代と中世の容貌の特徴——大部分がアリストテレスに帰せられる前４世紀の文献資料を受けついだもの——は、いずれも似通っているが、ときにはさらに進んで身体的な不名誉や滑稽な容貌を帯びるまでになっている。それらは赤褐色の人物を偽善的かつ残虐な存在として表現し、この伝統は近代の西洋世界にまで及んでいる。動物との比較がさらに進むと、やはりすべての動物のなかでもっとも狡猾な狐が、赤褐色の人間とくらべられるようになる。

　ブロンド髪の人間はライオンを思わせるがゆえに誇り高く寛大である。褐色髪の人間は熊を思わせるがゆえに強く孤独である。赤毛の人間は狐を思わせるがゆえに狡猾でよこしまである[24]。

　ゲルマン＝スカンディナヴィア世界は、アプリオリに赤毛の人々が他のどこよりも多く、それゆえ彼らはより肯定的にみなされていたと思われがちだが、実態は他とまったく同じだった。もっとも激しく恐ろしい神であるトールは赤毛、火の神で破壊と悪事の精霊、そしてもっとも嫌悪すべき怪物たちの父でもあったロキもまた同じだった。ゲルマ人やその隣人だったケルト人の想像力もまた、ユダヤ人やギリシア人、ローマ人たちのそれとなんら変わるところがなかった。つまり、赤褐色の存在は悪徳と残虐性に満ちていると思われていたのだ[25]。

　こうした伝統を遺産として受けつぎながら、中世キリスト教世界はひたすらそれを自分なりにつくりかえ、さらに強化していった。とはいえ、その独創性はなによりも赤褐色を偽りと裏切りにむすびつけるというところにあった。古代同様、たしかに赤毛であるということは、なおも残酷さや不品行ないし愚かさの謂いだった。だが、中世も時代がたつと、それはとくに不実さや悪賢さ、虚言、詐術、裏切り、変質などを意味するようになる。それを反映した俚諺も生まれた。赤毛の男女を危ぶむもので、たとえば「彼らのなかにフィアンス（コンフィアンス）はない」（彼らを信頼することはできない）といったものである[26]。まもなくそれに伴って俗信も生まれ、中世末には道で赤毛の男に出会うと、呪わしい前兆とみなされ、同じ色の髪をした女性たちは魔女か娼婦とされた[27]。

　長いあいだ、歴史家や社会学者、人類学者たちはこの赤褐色のネガティヴな特性を西洋の伝統のなかで説明しようとしてきた。そのため、彼らはきわめて疑わしいものをふくむ仮説をあれこれ唱えた。生物学に訴えた仮説にくわえて、体毛や皮膚の赤褐色を「民族的な変性」にかかわる色素形成の結果とする仮説などである。だ

が、はたして民族的変性とはなにか。科学的に誤っているこうした説明を前にして、歴史家たちはなおも困惑しているが[28]、彼らは赤褐色の不評が社会の姿勢とかかわっているとする。すべての社会——ケルト人やスカンディナヴィア人の社会[29]をふくむ——では、赤毛は他のブロンドや褐色の髪とは異なって少数派に属し、混乱や不安、スキャンダルなどを引き起こした。少数派であるとういことは、つねに除外の危険を伴った。

典型的な赤毛の人物であるユダは、赤と黄色の2色が帯びているネガティヴな面をあわせもっていた[30]。それは彼が裏切ったイエス・キリストの血の赤であり、そのことは中世末のドイツで人口に膾炙した次の語源的な駄洒落がしめしている。すなわち、ユダの異名である「イスカリオテ」——ヘブライ語で「カリオテ【ユダヤ地方の村名】の人」の意——は、「全身が赤い（者）イスト・ガル・ロト」とも考えられる。だが、彼は裏切りによって偽りと不実の一般的な属性である黄色も帯びるようになった。それゆえ彼は、すべての裏切り者と同様に、絵画では黄色のローブないし着衣の一部を身につけて描かれている。事実、時代を追うごとに、黄色はたえず卑下（ひげ）され続けた。たしかにこの色は古代ローマの宗教儀礼で重要な役割を演じ、男女を問わず、その着衣に求められてもいたが、中世にはしだいにうとまれ、評判をおとして、ついには断罪されるまでになった。たとえば火刑では、キリスト教からイスラームへの改宗者や背教者、異端者、さらにあらゆる種類の偽造者たちが、儀礼的に黄色の衣を着せられた。彼らの家もまた象徴的に黄色が塗られた。

今日でもなお黄色はあまり愛されておらず、

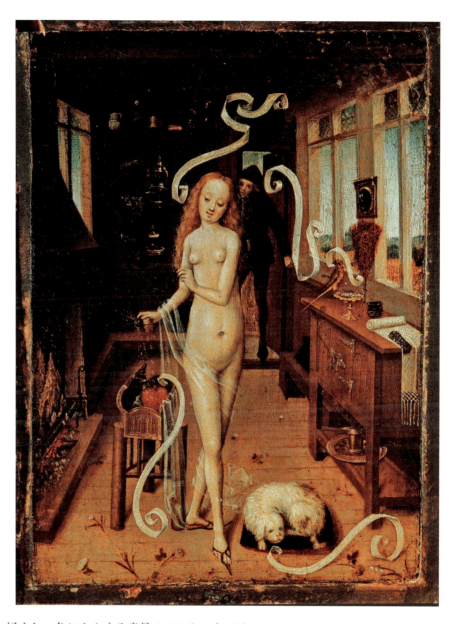

好ましい色にかんする意見のアンケートでは、6原色（青、緑、赤、白、黒、黄色）[31]のうちで最下位となっている。こうした拒絶反応は中世までさかのぼるが、不実な使徒のユダはその最大の要因であり、最初の犠牲者でもあった。

赤の嫌悪

イングランド国教徒の家族

ルター派やカルヴァン派と同様に、厳格なイングランド国教徒たちは鮮やかであまりにも人目をひきすぎる色を拒んだ。それゆえ彼らの着衣はつねに黒や灰色、白、褐色がもちいられた。

イングランド派「アリス・バーナムとその息子マーティンとスティーヴン」（1557年）。デンヴァー美術館、バーガー・コレクション。

近代の黎明期には、町当局による奢侈取締令や着衣条例が、とくにドイツやイタリアで数多く出された。フィレンツェの貴婦人たちの衣装リストをみた際に言及しておいた、1343年の『プラマティカ・デル・ヴェスティーレ』[32]のように、これらの取締令や条例は三重の役割、すなわち経済的・倫理的・社会的な役割を帯びていた。まず、贅沢のための出費と非生産的な投資に対する闘いである。つぎに軽薄で下品かつスキャンダラスなものとみなされた新しい着衣流行との闘い、そしてとくに社会階層間の垣根を強化し、各人にその外観や生活様式を堅持させるという役割だった。

こうした着衣慣行でもっとも重要視されたのが、色だった。これらの色は一部がしかじかの社会的な階層やカテゴリーに禁じられ、一部が義務づけられたが、いずれの場合でも、その色のリストの最初にくるのは赤だった。それはしばしばなんらかの職業や活動をする人々に使用を強制し、彼らないし彼女たちを社会秩序の周縁に位置づけた。たとえば14世紀から17世紀にかけて、西洋の数多くの都市にいた娼婦たちは、貞潔な女性たちと見分けがつくように、着衣（ローブ、かぶり物、スカーフ、飾り紐など）の一部にけばけばしい色をもちいることが義務づけられていた。その色が通常は赤だった。その最古の事例は1323年のミラノでみられた[33]。だが、他の職業や社会的カテゴリーでも、時代や都市によってこうした措置がとられ、赤色の標章で人目をひかなければならなかった。精肉商や死刑執行人、賤民・流民、ハンセン病者、知的障害者、酒乱、罪人、さらに、前述したようなユダヤ人やムスリムなどの社会的異分子などである[34]。

赤が強制とは反対に禁じられる場合は、派手ないし下品な色合いではなく、むしろその色材が理由だった。もっとも高価なケルメスで染色された布地や衣服は、前述したように大貴族や上層のエリート層にのみ許されていたからである。他の社会階層はより安価な染料で満足しなければならなかった。アカネやブラジルスオウノキ、リトマスゴケをはじめとする地衣類、あるいは「廉価な種子」（一般的な品質のケルメス）などである。ただ、特別かつ特権的な赤は、旧石器時代から現代までの長い歴史をもっている。

16世紀の宗教改革期、プロテスタントたちもまた色との、少なくとも彼らがあまりにも派手で人目をひくと判断した色との闘いを宣言する。こうして彼らは中世末の奢侈取締令や宗教的倫理を受けついだのである。そして、徐々にではあるが、あらゆる分野で黒＝灰色＝白の3色軸が優先されようになる。それは「教皇的な極彩色」よりも品格があり、当時最盛期にあった印刷本の文化ともより合致していた。筆者はこれまで長いあいだ、偉大な宗教改革家たちの「嫌色」について研究し、その成果の一部をとくに拙著『黒――色の歴史』[35]に発表しておいた。それについての詳細は同書に譲るとして、ここではこの新しい色彩戦争の主たる犠牲になった赤の宿命の概略をまとめるだけでよしとしたい。

ルター派であれカルヴァン派であれ、プロテスタントのクロモクラスム（色彩破壊運動）はまず聖堂と祭儀を問題視した。偉大な宗教改革

家たちにとって、そこでは色が過度にもちいられていると思えたのだ。したがって、これらの色を減らすか、徹底的にとり除かなければならない。彼らはそう考えた。その説教で、彼らは、ユダの王シャルム（エホヤキム）による公然たる奢侈や、「恵みの業を行わず自分の宮殿を、正義を行わずに高殿を建て」、「窓を大きく開け、レバノン杉で覆い、朱色に塗り上げる」（『エレミヤ書』22・13-14）王侯たちに対して勝利した、預言者エレミヤの言葉をとりあげた[36]。そこでは聖書にもっとも数多く登場し、16世紀にはローマ・カトリック教会の奢侈を最大限象徴していた赤色が最初の標的となった。だが、黄色や緑もまた同様だった。これらの色を聖堂から一掃しなければならない。

こうして激しい破壊——とくにステンドグラス——がおこなわれ、壁画や彫像の脱色が戦略

ふたりの嫌色宗教改革家——ルターとメランヒトン

「人間に孔雀のような服を着せる」派手な色の敵である16世紀の偉大な宗教改革家は、つねに黒衣をまとって肖像画におさまっている。

ルーカス・クラナッハ（父）【1472-1553】作「マルティン・ルターとフィリップ・メランヒトン」（1543年）、フィレンツェ、ウフィツィ美術館

的になされた。素材がむき出しにされ、石灰で塗りなおされた。壁画もまた黒ないし灰色1色が塗られ、隠された。ここではクロモクラスムがイコノクラスム（偶像破壊運動）と一対となって実施されたのだ[37]【その一環として、教会堂外壁の性的な造形（「姦淫の禁」の表現）も多くが破壊された。詳細は蔵持著『異貌の中世』（弘文堂、1986年）参照】

一方、典礼の色に対する改革派の姿勢も仮借（かしゃく）ないものだった。これに対し、カトリックのミサでは色が根本的な役割を演じていた。そこでは祭具や祭服の色が暦日によって定められているだけでなく、灯明や極彩色の構築物および彫像、聖典内の彩色図、さらにすべての貴重な装飾とむすびつけられ、色の本格的な劇的効果を生み出していた。とくに赤は聖霊の祝日（聖霊降臨祭は大規模な赤の祝祭だった）や十字架称賛の祝日【9月14日】、殉教者の祝日などで強調された。

宗教改革の指導者たちにとって、こうしたことはすべて消滅すべきものだった。彼らは言っている。「聖堂は劇場ではない」（ルター【1483-1546】）、「司牧者は道化役者ではない」（メランヒトン【1497-1560】）、「あまりにも豊かで、あまりにもけばけばしい配色の儀礼は、祭儀の真摯さを誤らせる」（ツヴィングリ【1484-1531】）、「聖堂のもっとも美しい飾りは神の言葉である」（カルヴァン【1509-64】）。その結果、典礼における色の多様さや伝統的な約束事は廃止され、白や黒、灰色にとってかわられた[38]。

だが、こうして聖堂が徐々に簡素化され、シナゴーグ（ユダヤ会堂）のようになっても、プロテスタントの嫌色家たちがもっともきびしい、そしてもっとも長期にわたってその影響力を及ぼしたのは、おそらく着衣慣行に対してだった。

ルター派の反教皇版画

ルター派のプロパガンダは教皇とローマ教会を嘲笑するため、図像を大々的に活用した。この版画では、いずれも動物の頭をした4人の神学者、すなわちトーマス・ムルナー【1475-1537】（猫）、ヒエロニムス・エムザー【1477-1527】（牡羊）、ヨハン・エック【1486-1543】（豚）、ヤコブ・レンプ【1460/70-1532】（犬）に囲まれた教皇レオ10世【在位1513-21】（ライオン）があらわされている。色の加筆はおそらくローマ教会のスキャンダラスな豪奢さを強調するためだったろう。

制作者不明の版画（1521年）

宗教改革者にとって、衣服は人間の堕落を想い起こさせる罪と恥の徴にほかならなかった。アダムとエバは地上の楽園で裸で生活していたが、神にそむいてそこから追放された。裸体を隠すための衣が、彼らにあたえられたからである。この衣はふたりの過ちの象徴であり、そうした衣の最初の役割は人間に堕落を想起させることにあったというのである。それゆえ衣服はすべて暗く素朴で目立たず、気候や活動に適したものでなければならないとした。衣服で人目をひくのは重罪ともされた。

こうしたプロテスタントの倫理観は衣装の豪華さや美顔術、装身具、仮装、さらに風変わりないしエキセントリックなモードにきわめて強い反感を向けた。着衣や外見に対する極端なまでの厳格さや無用な装身具および加工物の排除は、この倫理観に由来する。偉大な宗教改革家たちは自らの私生活のみならず、彼らが遺した絵画や彫刻でも範をしめした。そのすべての肖像画で、彼らは黒ないし暗い、もしくは地味で単色の服をまとったのである。

派手な色は下品とみなされたため、プロテスタントの衣装リストにはみられなかった。その典型は赤と黄色だが、バラ色やオレンジ色、緑、さらに紫ですらそうだった。反対に、くすんだ色調、とくに黒や灰色、褐色はこのまれた。子供や女性たちの服には無垢の白が勧められ、青は色あせて目立たないかぎり認められた。雑色の服、すなわち「人間が孔雀のようにさまざまな色の服を着ること」――メランヒトンが1527年の説教でもちいた表現[39]――は、きびしく断罪された。そこではとくに赤が攻撃対象となった。それがローマ教皇の色であり、『ヨハネの黙示録』に登場する大淫婦バビロンの色でもあったからである。

ロバないし豚、ときにドラゴンにまたがり、娼婦のような衣をまとった教皇を描いた各種の版画も巷間出回った。グワッシュないし水彩によるこれらの版画では、教皇の衣装はしばしばあらゆる悪の色である赤で際立たされ、はっきりそうとわかるようにかぶらされたその三重の教皇冠も、ときに赤で彩色されていた。

こうした色彩戦争では、一部の都市が他の都市以上に過激だった。たとえばカルヴァン支配下のジュネーヴや、それより数十年前のサヴォナローラ【1452-98。メディチ家の専横と腐敗を指弾して火刑に処された説教師・宗教改革者】のフィレンツェでは、軽薄さや快楽、見栄にかかわるものすべてが告発・訴追された。そこでは習俗や私生活が監視され、祭儀への頻繁な参加が強制された。逆に、芝居や娯楽場への出入りは禁じられた。ダンスや賭け事、化粧、仮装、さらにあまりにも目立つ色も禁止された。

カルヴァンはジュネーヴを新しいエルサレムに、つまり新しい信仰と生活様式をもつ規範的な都市にしようとした。あらゆる倫理的・道徳的な違反は神に対する攻撃であるだけでなく、本格的な社会的犯罪とされた。とくにその対象となったのが、外見と着衣だった。豊かさの外面的な徴、すなわち宝石やベルト、不必要な装身具、胸元を広く開けたローブ・デコルテ、裏地などをみせるための切込みのある袖、さらにみだらさや淫蕩をかきたてるようなものすべてが追放された。説教では預言者エゼキエルの言葉がしばしば引用された。「（海の支配者たちは）礼服をとり去り、美しく織った衣服を脱ぐ」（『エゼキエル書』26・16）などである。

1555-56年からは、あまりにも豊かないし目立つ色、とくに牧師たちが嫌っていた赤への迫害が本格化する。そして1558年、男女を問わ

ずその使用を禁じる法令が出される。だが、条令や規則があいつで出されるようになったのは、1564年にカルヴァンが他界したのち、そして衣服の赤に対する憎悪がおそらく頂点に達したと思われる16世紀末だった[40]。

　赤や原色に対する同様の拒否反応は、ジュネーヴだけでなく、宗教改革派が力をもっていたヨーロッパ各地の芸術的な創造、とくに絵画においてもみられた。こうしてプロテスタントの色へのこだわりはカトリックのそれと一線を画すようになる。このこだわりは宗教改革指導者たちの説教——ときにためらいがちな——や牧師たちのさまざまな指示にも適合した。たとえばカルヴァンの説教では、芸術や色にかんする最初期の考察や勧告がみられた。それは19世紀まで、プロテスタントの多くの画家に影響を及ぼすようになった。彼は造形術自体を非難したりはしなかったが、この造形術はあくまでも世俗のものであり、教化と神を賛美するものでなければならないとした。描くべきは（呪わしい）創造主ではなく、創造そのものだった。

　それゆえ画家は、さしたる動機もなく、わざとらしい、そして情事ないし淫乱さを喚起するような主題をさけるべきとされた。その結果、画家は節度をもって制作し、形態と色調の調和を求め、創造物から着想をえて、自分がみたものを表現しなければならなくなる。あらゆる色のなかでもっとも美しいのは自然の色であり、

異議を申し立てられた色　115

「夜警」

レンブラントがアムステルダムにある火縄銃手組合の市民自警団から注文を受けて制作したこの油彩画は、19世紀になって現在の題名がつけられた【本来の題名は『フランス・バニング・コック隊長とウィレム・ファン・ライテンブルフ副隊長の市民隊』】。ビチュームの透明絵の具が変色して黒ずんだため、夜の情景を描いたと信じられていたが、本当はそうではなく、じつは昼間の情景だった。レンブラントにしては珍しい強烈な赤をもちいての綬によって、自警団のコック隊長が画面中央で目立っている。

レンブラント作「夜警」（1642年）、アムステルダム国立美術館

空のライト・ブルーや植物の緑とされた。創造主の作品である「これらの色調は恩寵以上のものを帯びている」(41)というのである。そして、聖堂から追放され、衣服や日常生活で禁じられた赤は、憎むべき色であり、否定されなければならなかった。

　一般的にカルヴァン派の画家たちは雑色や極彩色を避け、暗い色調や明暗効果、さらに単彩の振動効果を狙った。17世紀ではレンブラント【1606-69】の油彩画がそのもっとも完璧な作例で、彼の絵画に派手な色による筆遣いはまれだった。赤がみられる場合でも、ある人物をとくに目立たせるため着衣の細部を差異化し、強調するためだった。たとえば有名な「夜警」（1642年）では、画面中央の1本の赤い綬が、アムステルダム市長で火縄銃手組合長でもあったフランス・バニング・コックを目立たせている。奔放な色づかいを敵視していたカルヴァン派の画家レンブラントは、彼より1世代前にアントウェルペン（アントワープ）で活躍していたもうひとりの天才的画家、すなわちルーベンス【1577-1640】と完全に対照をなしていた。熱心なカトリックだった後者は偉大な彩色画家で、赤のあらゆる色相の熱烈な支持者だったからである。

画家たちの赤

　ルーベンスの事例はけっして特殊ではない。それどころか、旧石器時代から現代絵画にいたるまで、ほとんどの画家が赤を愛してきたのだ。ただ、彼はかなり早くから赤のさまざまな色相にこだわり、他のいかなる色よりも多様で繊細な色彩効果を促した。こうして画家たちは赤のうちに絵画的な空間を生み出し、場と面を分け、強弱をつけてリズムと動きを演出し、しかじかの形状を強調する方法をみいだした。壁面やキャンバス、木板ないし羊皮紙の上で、赤のムジカ（音楽）が他の色以上につねに深みを帯び、より律動的で、より響きわたるのだ。絵画にかんするさまざまな論考や概論書はこのことをきちんと弁えている。それらは赤についてもっとも雄弁であり、その（顔料の）処方にもっとも数多く触れてもきた。

　絵画に有用な顔料にかんする考察もまた、長いあいだ赤の章から始まっていた。そうしたことはすでにプリニウスの『博物誌』においてもみられる。そこでは他のいかなる色よりも赤に多くの頁が割かれているのである(42)。それはまた中世の彩飾写本師に供された処方集成や、16世紀から17世紀にかけてヴェネツィアで印刷された一連の絵画論にもあてはまる。事実、一部の著作——画家自身ではなく、通常は芸術理論家たちによる——において、青の章が赤に捧げられたそれに先行し、より多くの助言がなされるようになるのは、啓蒙時代に入ってからのことだった。

　以下では、識者たちが処方集と命名した中世末の論集を開いてみよう。ただ、これらは年代の特定や分析がむずかしい資料である。すべてが幾度も書き直されており、新しい版ごとに処方が追加ないし削除され、さらには他の処方を修正し、あるいは同一の顔料の呼称を変えたり、異なる顔料に同じ呼称をつけたりしているからである(43)。それだけではない。実践的かつ操作上の進言が、寓意的ないし象徴的な考察とたえずとなりあってもいる。同一の文章内に色の象徴性にかんするばくぜんとした注解や、すり鉢を満たしたり、容器をきれいにしたりする方法についての適切な助言が混在しているのだ。さらに、品質や配合にかんする言及はしばしば不正確であり、成分の焼成・煎出・抽出時間の指示はほとんどない。

　その処方の内容はときに驚くべきもので、たとえば1400年代にロンバルディア地方で編まれたある処方書は、次のような一文から始まっている。「汝がもし多少とも良質な赤絵の具をつくろうとするなら、雄牛1頭を屠って…」(44)。あきらかに著者はここで喜々として大柄な動物を1頭召喚し、その数滴の血を赤い顔料に変えて、おそらく細密画の画面を描くのにもちいるよう進言しているのである。

　一般的にいって、すべての処方集は画家や彩飾写本師、染色職人たちだけでなく、医師や調剤師、料理人、さらには錬金術師にも向けられていた。それらは思弁的なテクストであると同時に実践的なものでもあった。そこには構造的な文章にくわえて、共通用語集、とくに動詞のそれが盛りこまれていた。取る、選ぶ、集める、すりつぶす、押しつぶす、粉にする、煮る、溶かす、かきまぜる、くわえる、濾過する、温浸抽出するといった動詞である。これらはすべて

ジャヴァンニ・アルノルフィーニ

イタリア・トスカーナ地方のルッカに生まれ、フランドル地方のブルッヘに住んでいた裕福な商人ジョヴァンニ・アルノルフィーニは、自分の店で売っていた緋色の布のかぶり物と豪華な毛皮をまとっている。ヤン・ファン・エイク【1395頃–1441。代表作に『ヘントの祭壇画』（1432年）などがある】の才能によって描き出されたその特異な顔によって、この肖像画はフランドル絵画のなかでもっとも奇妙な作例とされる。

ヤン・ファン・エイク作「ジョヴァンニ・アルノルフィーニの肖像」（1440年頃）。ベルリン絵画館

118–119頁

夜の狩猟

赤は早くから狩猟者の色となり、その伝統は現代の少なくとも馬に乗り、猟犬を使っての狩りにまでみられる。この狩りは獲物を捕まえるというよりは、むしろ少人数が森のなかで大声で騒ぎたてることを目的とする貴族的な儀式だった。

パオロ・ウッチェロ【1397–1475】作「夜の狩猟」（1465–70年）。オックスフォード、アシュモリアン美術館

異議を申し立てられた色

り、その容器の選択と利用法には格段の注意が必要だった。画家たちに向けられた処方集のすべては、混合の問題と素材の選択に気をつけていた。いうまでもなく鉱物は植物ではなく、植物は動物でない。それゆえ、なんでもかんでもまぜあわせるわけにはいかなかった。植物は純粋だが、動物はそうではなかったからである。鉱物は死んでおり、植物と動物は生き物だったからでもある。ある顔料をつくるうえでの基本的な操作は、しばしば生きているとされる素材を死んでいるとされる素材とまぜあわせることだった。火と鉛、アカネないしケルメスとアルミナ、酢ないし尿と銅のように、である[(45)]。

これら手書きの処方集や印刷された最初期の手引書、さらに実験室でなされたさまざまな分析のおかげで、今日では中世末期から近代初頭にかけての彩飾写本師や画家たちがもちいた顔料の組成に、どのような素材が使われていたかがわかるようになっている。赤の場合、その素材は多岐にわたったが、それは古代ローマでもちいられたものとほとんど変わっていない。辰砂（天然の赤色硫化水銀で、量が少なく、高価だった）、鶏冠石（ヒ素の硫化鉱物。安定性に欠けていたが、やはり貴重品）、鉛丹（鉛白を高温で熱して人工的につくったもので、広くもちいられていた）、さらにとくに壁画用の酸化鉄分を多くふくんだ土、天然の赤いヘマタイトや、加熱して黄色オーカーを赤色オーカーに変質させる酸化鉄などである。

この鉱物性顔料のリストには、植物や動物に由来する顔料もくわわる。たとえば、サンダラック（アジア産ヤシの赤い樹脂）やトウ[(46)]、さらに土と同様、耐光性に富んでいるため、画家たちが高く評価していた染色用の有機顔料（アカネ、ケルメス、ブラジルスオウニキ）な

時間をとるゆっくりとした作業──操作を急ごうとするのは効果が出ず、不誠実なことだった──のみならず、容器の慎重な選択の重要性をも強調するものだった。材質は土と鉄ないし錫がよいのか、口は開いているのがよいのか閉じているのがよいのか、広いのがよいのか狭いのがよいのか、大きさや形状はどれがよいのかといった選択で、そのそれぞれに特定の語がもちいられた。

こうした容器の中で起きていることは変容の手順に従っていたが、危険で神秘的な操作であ

120頁

貴族の色──深紅

ラファエロ【1483-1520】に注文されたこの肖像画は、大部分が弟子のジュリオ・ロマーノ【1460/70-1532】によって描かれたものである。だが、衣服の豪華な赤は、この色の巨匠でもあった師の配色法に忠実に従っている。

ラファエロ&ジュリオ・ロマーノ作「ナポリ総督の妻イザベル・デ・レケセンスの肖像」(通称『ジャンヌ・ダラゴンの肖像』)(1518年)。ランス、ルーヴル＝ランス美術館

流行の色──紫がかった赤

ラファエロ同様、ルーベンスもまた赤を駆使した巨匠だった。彼は17世紀初頭にかなり流行していた、この色が醸し出す暗い基調色の演出に卓越していた。

ピーテル・パウル・ルーベンス作「麦わら帽子」(義姉シュザンヌ・フールマンの肖像、1625年頃)。ロンドン、ナショナル・ギャラリー

化粧する貴婦人

17世紀の医師たちは水を信用せず、身体を洗う際にそれを多用しないよう勧めた。それゆえ、化粧の際は水ではなく、基本的に粉白粉や紅白粉をもちいた。通常、化粧は内密ないし私的なものではなかった。化粧の様子と背景──家具の豊かさと「近代性」や豪華な赤い布──を描いたこの絵が強調しているように、それは衛生上の気遣い以上に、社会的な営みであった。

アブラハム・ボス【1602/04-76】作版画『視覚』（1635-37年）【連作『五感』のうち】にもとづく原作者不明の油彩画。トゥール市立美術館

どである。そして最終的に、中世はこのリストにもうひとつだけ赤い顔料をくわえた。朱砂、すなわち硫黄と水銀から人工的につくられた化合物としての硫化水銀である。中国で考案されたこれは、天然の辰砂と同じようにかなり毒性が強いが、アラブの錬金術師たちに知られており、8世紀から11世紀にかけて西洋に招来された。これは派手で彩度の高い黄色がかった美しい赤を提供したが、ただ、日光にあたると黒ずむという欠点があった。

中世末期と近代は多様な赤を駆使した偉大な画家のきわめて顕著な作品を数多く遺している。たとえばヤン・ファン・エイク【1395頃-1441】やパオロ・ウッチェロ【1397-1475】、ヴィットーレ・カルパッチョ【1465頃-1525】、ラファエロ、さらに少し遅れてのルーベンスやジョルジュ・ド・ラ・トゥール【1593-1652】などである。これらの画家たちはみなおそらく赤を好み、そこからさまざまな基調色を引き出そうとした。そして、彼らはその物理・化学的特性のみならず、伸びや不透明化する力、耐光度、他の顔料との相性やむすびつき、価格や入手の可能性、さらに──いささか面妖な話だが──呼称などを勘案して、しかじかの顔料を選んだ。

事実、実験室で観察してみると、中世末期の絵画にもちいられた絵の具には、象徴的に「ネガティヴ」とされた赤、すなわち地獄の業火や悪魔の顔、地獄の生き物たちの毛並みや羽、さらにあらゆる不純な血を描くための赤が、同種の顔料、すなわち一般に「インド辰砂」や「ドラゴンの血」ともよばれる樹脂由来のサンダラックとととも塗られていることがわかる[47]。遠隔地から輸入されたこの顔料については、当時、さまざまな伝承が工房に流布していた。じつはそれは樹脂ではなく、敵対した象によって

腹を切り裂かれたドラゴンの血に由来するというのである。プリニウスをはじめとする古代の著作家たちにもとづく中世の動物譚では、ドラゴンの体内は血と火で満ちており、激しい闘いのあと、象がその牙でドラゴンの腹部を突き破り、そこから赤く粘りのある、そして悪臭を放つ液体が奔出した。この液体をもちいて、悪い方に解釈された赤のすべての色調を出すための顔料がつくられたというのである[48]。ここでは伝承が科学に勝利しており、画家たちの選択は顔料の化学的特性より呼称の象徴性を優先させていたことになる。

　染色職人とは反対に、近代の画家たちは新世界の発見やアメリカ大陸へのヨーロッパ人の定住からほとんど利をえなかった。アメリカ大陸は真に新しい顔料ないし染料をもたらさなかったからである。ただひとつメキシコ産のコチニールだけがレーキ【深紅色の有機顔料】に変えられ、霊妙で繊細な赤の顔料とすることができた。これは地の朱砂の色調を和らげる透明絵の具として、かつてのブラジルスオウニキやケルメスのレーキよりも優れていた。16世紀以降、朱砂はたえることなく流行の一途をたどり、最初はヨーロッパにおける顔料の首都とでもいうべきヴェネツィアで、ついでオランダやドイツで工業生産化されるようになった。それは調剤店や薬種問屋、顔料商人の店で売られ、より高価でありながら安定性には欠けていたものの、徐々に鉛丹を衰退させていった。

光に照らし出された赤

ジョルジュ・ド・ラ・トゥールの色遣いは限定的で均質的なものだった。白、褐色、そして赤が主だったが、彼はこれらの色をしばしば夜景効果を生み出すキアロスクーロ（明暗効果）をもちいてみごとに駆使した。図の傑作がいつ制作されたかは諸説あるが、幾何学的構図や間隔がせまいフレームからして、おそらくは彼の成熟期の作品のものと思われる。

ジョルジュ・ド・ラ・トゥール作「妻に嘲笑されるヨブ」（1650年頃）、エピナル、ヴォージュ県立古代・現代美術館

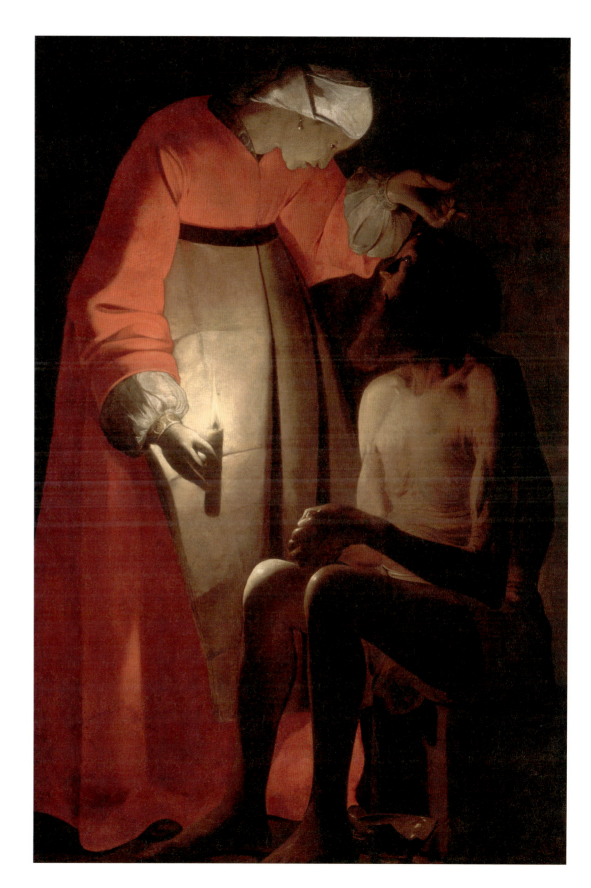

3 原色

科学が色を支配するとき

ニュートンによるスペクトルの発見は、色にかんする光学や物理学および化学の数多くの考察に門戸を開き、それが1720年頃のヤーコブ・クリストフェル（クリストフ）・ル・ボン【1667-1741。フランクフルト出身の画家・彫刻家】による多色版画印刷の考案と、それから数年後のジャック・ファビアン・ゴーティエ・ダゴティ【1716-85。マルセイユ出身の人体画家、版画家】によるその完成へとつながった。

ジャック・ゴーティエ・ダゴティ作「自然史・物理学・絵画の諸観察」、第1巻、パリ、1752年（図版2）

科学的な面でいえば、17世紀は色にとって重要な成熟の時代だった。関心が高まり、試行錯誤がふえ、新しい理論もあいついで生まれたからである。1666年にニュートンがスペクトルを発見する以前から、学者や実践家たちは色の新しい分類をおこない、より鮮明なものからより暗いものへと向かうアリストテレス流の古い色の秩序を見直した。この秩序はあらゆる分野でおよそ2000年にもわたって、色を白、黄、赤、緑、青そして黒に分類するための標準的かつ規範的なものとなっていた。

こうした色彩軸に対する最初期の再検討は物理学、とくに13世紀以降ほとんど発達することのなかった光学によってなされた。そして1600年代から光にかんする、したがって色やその性格、起源、位階、認識などにかんする考察が数多くみられるようになった。しかし、当時はまだスペクトルが発見されていなかった。そのため、白と黒はまったく対等の色として残り、赤は色彩軸の中心に位置し、なおも、そしてつねに緑ととなりあっていた、それでも一部の理論家はこの直線軸を円に、別の理論家たちはときに予期せぬほど複雑な樹形図に変えるよう提唱した。

そのなかでもっとも大胆なダイヤグラム（図表）は、色をふくむ万物に関心をいだいていたドイツ・イエズス会の碩学アタナシウス・キルヒャー（1601-80）が、1646年にローマで上梓した偉大な光学研究書『光と影の大いなる術』にのせたものである。はたして彼がその著者かどうかは必ずしもたしかではないが、連結させたいくつもの円弧からなるこのきわめて独創的なダイヤグラムは、色が互いにむすびつく関係全体を図示しようとしたものである[49]。そこでは赤が中心にあり、円弧と分枝の分岐点に君臨している。

他の科学者たちはより実践的ないしより具体的に観察をおこない、芸術家や職人たちのノウハウを理論化した。たとえば染色職人やガラス親方職人たちにたずねて、彼らの経験的な作業から色彩分類法を唱えた[50]パリの内科医ルイ・サヴォ【1570-1640】や、フランドルの博物学者で、神聖ローマ帝国皇帝ルドルフ2世【在位1576-1612】の宮廷に伺候し、その骨董陳列室に詳しかったアンセルム・ド・ボート【1550頃-1626】などである。後者は研究の中心に「コロール・コロルム（諸色のなかの色）」である赤だけでなく、黒と白およびすべての色をまぜてできる灰色を置いた[51]。

だが、1613年にもっとも明確な理論を打ち立てたのは、ルーベンスのアトリエ──ここは色の諸問題を研究する本格的な実験室だった──に出入りしていたイエズス会士のフランソワ・ダギヨン【1567-1617。数学者・物理学者で、光学にも精通していた】だった。この理論は続く2世代に大きな影響を及ぼすことになるが、ダギヨンは「極端色」（白と黒）と「中間色」（赤、青、黄色）「混合色」（緑、紫、オレンジ）を区別した。音楽の旋律を思わせるような優美なダイヤグラムのなかで、彼は極端色の介在なしにいかにして中間色がむすびついて他の色を生み出すかをしめした。そして、ここでもまた赤（ルベウス）が色の生成過程の中心にあった[52]。

同じ頃、高名と無名を問わず、多くの画家た

ちが実験的に色彩群を使っていた。先人たちと同様の顔料に頼りながら、彼らは数少ない基本色だけをもちいて最大限の色調と色相をえようとした。これらの顔料を支持体に置く前にまぜあわせたり、重ねたり、あるいは彩色メディウムを援用したりして、である。たしかにそれは新しい手法ではなかったが、17世紀前葉では、画家も職人もこうした追究と試行錯誤に熱中した。ヨーロッパ全体でも、画家と染色職人たちは、科学者と同様の問題を自分に課していた。色をいかにして分類し、むすびつけ、混合すればよいかという問題である。他のすべての色を生み出すには、どれだけの「基本」色が必要か。他の混合ではつくれず、それ自体が母体となるような色にどのような名をつけるべきか。

この呼称についてはさまざまな形容辞が提唱された。「原初的な」、「最初の」、「主要な」、「素朴な」、「基本的な」、「自然な」、「純粋な」、「重要な」などである。ラテン語では「コロレス・シンプリケス（単純色）」と「コロレス・プリンキパレス（主要色）」という表現がもっとも一般的だった。フランス語はさほど漠然として

いるわけではないが、より不確実である(53)。最終的に基本色をしめす「プリメール」という形容辞がもちいられるようになったのは、19世紀になってからだった。

では、基本色とは何色か。3色か、5色か、あるいはそれ以上か。ここでもまた意見は分かれた。一部の著作家はかなり時代をさかのぼって古代の伝統、とくにプリニウスの『博物誌』に従って4色だとする。それによれば白、赤、黒、そしてときに黄色、ときに青と同一視される謎めいた色シル（シラケウス）だという(54)。だが、なぜそうなるのか、いささか説明に躊躇を覚えるが、他のより数多くの著作家たちは古代のテクストに拘泥せず、現代の画家たちの経験から、基本色として白、黒、赤、黄色、青の5色をあげている。

ニュートンが科学的に色の秩序から黒と白を除外すると、大部分の学者たちは3色だけを認めるようになる。赤と青と黄色である。だが、それはまだ3原色や補色の理論化ではなかった。それが定式化されるようになるには、より後代の化学者や物理学者を待たなければならなかった。ただ、すでにしてこれは、版画家のル・ブロン【1667-1741】が1720-40年代に多色版画印刷を発明することを可能にした、近代の3原色減色といえる(55)。

今しばらく17世紀にとどまろう。3原色であろうと5原色であろうと、赤と青、そして黄色はつねにそこにふくまれていた。では、緑はどうだったか。多くの画家や染色職人が青と黄色をまぜて得ていたそれは、紫やオレンジ色と同格の「混合色」（「補色」という考えが登場したのは19世紀）に格下げされた。これは旧来のすべての分類や赤、青、黄色、緑を同列に置いていた色の社会的慣行と明らかに一線を画するものだった。1664年に発表された実践的かつ理論的な書『色にかんする実験と考察』において、自然哲学や物理学、はては神学にいたるまで多岐にわたる分野に関心をいだいていたアイルランドの化学者ロバート・ボイル（1626-91）【ロンドン王立協会フェローで、ボイルの法則で知られ、近代化学の祖とされる】は、この新しい分類の位階をきわめて明確に指摘している。

その多様なむすびつきが他のすべての色を生み出すような素朴ないし「原初的な」色はごくわずかしかない。自然世界にみられる無数の色の濃淡をまねようとする画家が、この異常なまでの多様性を強調するには、白、黒、赤、青、黄色以外の色が必要だとは思わない。これら5色をさまざまに組みあわせ、あるいは切り離せば——こういってよければ——、かなりの数の色を生み出すことができる。その数は画家のパレットには馴染みがなく、想像さえできないほどである(56)。

首位の色と次位の色とのこうした新しい区分けにおいて、赤が首席の地位をたもっているとしても、ボイルの書の2年後、つまり1666年にニュートンによって発見され、今日まで色の秩序化のなおも基本的な科学的分類となっているスペクトルでは事情が異なる。ニュートンにとって色は「客観的」な現象であり、それゆえあまりにも目とむすびついた視覚の問題と、さまざまな文化的背景にあまりにも影響される知覚にかんする問題は無視しなければならなかった。必要なのは物理的問題にのみ目を向けなければならないというのである。こうして彼は光がガラスのプリズムをどのように通過するかという、かつての経験を再考する。実際、このイングラ

ンドの若い研究者は、色が【多種類の微粒子からできている】光以外のなにものでもなく、その光を観察して明確にし、分析・測定しなければならないとしたのだ。

　そして多くの実験を積み重ねて、彼は太陽の白い光がガラスのプリズムを通る際、弱まったり黒ずんだりせず、プリズムから出るときは、長くなった色斑を描き、その内部で長さの異なる何本かの色のついた光線に分かれるということを発見した。これらの光線はつねに同じ色彩要素、すなわち紫、青、緑、黄色、オレンジ色、赤を帯びていた。こうしてニュートンはまず6色の光線を識別し、さらにこれにもう1色【藍色】をくわえて7色とした。それ以後、光を構成する色は同定が再現・制御が可能で、測定すらできるようになった[57]。

　このニュートンの発見は色彩史だけでなく、科学史においても決定的な画期となった。だが、それが実際に認められるようになるには、多少の時間が必要だった。彼がそれを数年間秘密にしていたからである。1672年からは段階を追って少しずつ公表するようになったが、彼の光と色にかんする理論が最終的に学者のあいだで知られるようになるには、1704年に英語で上梓され、のちにラテン語訳された『光学』【堀伸夫訳、槇書店、1980年ほか】まで待たなければならなかった[58]。

　ただ、彼の発見は容易に受け入れられず、何十年ものあいだ誤解もされた。その原因となったのが、ニュートン独自の用語法だった。物理学者としての推論を、画家の用語をもちいて述べたからである。たとえば、彼にとって「原初的」な色はとくに独特な意味を帯びており、画家の場合ように赤や青ないし黄色にかぎらなかった。そこから混乱と無理解が生じた。それは18世紀まで続き、1世紀以上あとに上梓されたゲーテ【1749-1832】の『色彩論』【1810年。木村直司訳、ちくま学芸文庫、2001年】にまで影響を及ぼした。そこでは赤はもはや色彩軸やダイヤグラムの中心にはなく、さまざまな光線が織りなす似通った連続体の端に位置するようになり、多くの芸術家やゲーテから軽視されるようになった。

　では、かつて「主要」ないし「原初的」と称された赤は、なぜ周縁的な色となってしまったのか。いかにして物理学は色の秩序をここまで再編し、諸色の女王を周縁に追いやってしまったのか。ゲーテはこう看破している。「まちがいなく、ニュートンは誤った」

布と衣服

エンジムシの採取

イスパニア人による征服のあと、メキシコではウチワサボテンの栽培とそれを餌とするエンジムシの飼育が産業化された。大西洋を横断するにもかかわらず、メキシコにおけるエンジムシの生産は、採取が奴隷によってなされたため、ヨーロッパのそれより安価になった。

ホセ・アントニオ・デ・アルサテ・イ・ラミレス【1737-99。ヌエバ・エスパーニャの聖職者・科学者・歴史家】『自然、栽培および穀物の利益にかんする論考』、彩飾写本、1777年。シカゴ、ニューベリー図書館エア・コレクション、Ms. 1031.

赤をときに主要な色とし、ときに周縁の色とした17世紀の化学と物理学の新しい分類は、日常生活で起きたできごとを反映していた。物質的な面では、赤はいたるところで後退していたが、象徴的な面ではなおも最初の位置と重要な力をたもっていた。

赤の後退がもっともはっきりとみられたのは、おそらく衣服と住居の場合である。メランヒトンが指摘しているように、赤はプロテスタントの宗教改革によってあまりにも派手で贅沢、そしてあまりにも「破廉恥」な色とされた。それゆえ善きキリスト者はこの色を遠ざけなければならなかった。きわめて意外なことに、反宗教改革のカトリックもまた、一部でプロテスタントの倫理観をとりいれた。教会堂の装飾や祭儀・祭式、祝祭、芸術的な創造の場では、赤は偉大な宗教改革家たちのクロモクラスム（色彩破壊運動）と対極に位置し、バロック時代にもっとも顕著となった華美な色の乱用に身をゆだねた。だが、通常の着衣や日常生活の枠内では、赤はおそらくプロテスタントの強要に服した。色調は暗く、全体的な調和はより控えめなものとなった。それはあまりにも目立つ色や極彩色、さらに金色や黄金色に対する闘いであり、黒と灰色と褐色がその勝利者だった。

たしかにここではふつうの人間ともっとも恵まれた階層の人間を区別しなければならない。一方は精彩のない色の側、他方は派手な色の側である。ただ、裕福なブルジョワジーや貴族であっても、日々の生活と祝祭的・儀礼的な場では大きく異なる。彼らが派手で高価な衣装に身をつつむのは、後者の場合だけである。ヴェルサイユや宮廷の祝宴は、ルイ14世時代の色鮮やかなイメージをあたえるが、ありていにいえば、当時は色彩的にも、経済的・社会的にもきわめて暗い時代だった。ヨーロッパのさまざまな汚染が当時ほど悲惨な状態だったことは、おそらくかつてなかった。相次ぐ戦争や飢饉、疫病、異常気象などが17世紀をつうじて起こり、平均余命を著しく低下させていたのだ。

こうした背景において、赤はもはや流行色ではなかった。それがもちいられる場合は、黒ずんでいた。そして最終的に鮮やかな赤はオレンジ色を帯びるようになり、流行は多少とも褐色ないし紫がかった洋紅色や赤紫、エンジ色へと移っていた。だが、新世界から持ちこまれた新しい色材が、染色職人たちに多様な赤を提供するようになる。それまでの伝統的なアカネやケルメスにくわえて、アジア産の蘇芳よりも安定していて濃密な、アメリカ産のブラジルスオウニキがくわわるようになったのである【後出】。

ほかには果実が染色に向いた種子を宿している熱帯アメリカの灌木であるアナットー【ベニノキの種皮から採れる色材】や、とくに数種のウチワサボテンに寄生し、地中海沿岸の同類であるケルメスのように、派手で高彩度の色合いが古代紫を想い起こさせる染料をもたらしてくれる、メキシコのエンジムシも招来された。この虫は雌だけ、卵を宿したときに採取された。採取後、これを殺して乾かし、洋紅色の酸を帯びた汁を抽出した。これが高彩度の明るい赤の色材となった。だが、ケルメスの場合と同様、少量の顔料をえるにも、大量のエンジムシが必要で、1キログラム分の染料を手に入れるには、

じつに15万匹が不可欠だった。それゆえ、エンジムシ由来の染料をもちいた布地はきわめて高価なものとなった。

それでも1525-30年からは、アステカ人がすでに乾燥エンジムシの交易を始めており、それがヨーロッパに大量に輸出されるようになった。当時のヨーロッパ人はこの虫がもたらしてくれる染料の美しさと安定性、さらに濃度を称えてやまなかった。これを知ったヌエバ・エスパーニャ【スペイン帝国の副王領】の行政政府はそこから利益を引き出せるということを速やかに悟り、メキシコにエンジムシを産業的に飼育するウチワサボテンの栽培場を創設する。そこではウチワサボテンの葉肉を餌とするエンジムシを産卵直前に採取し、殺してから乾燥機にかけた。野生のエンジムシと較べて、飼育されたそれは2倍大きく、生産量もより安定して多かった[59]。18世紀も半ばになると、ヨーロッパへの輸出高は年間350トンにも達し、鉱物資源とほぼ同等の収益をもたらした。だが、大西洋の横断航海は危険を伴い、貴重な積み荷を運ぶスペイン船への攻撃もまれではなかった。とりわけそれはイングランドやオランダの船による攻撃で、くわえて海賊船もまたスペイン船の積み荷を奪い、それを戦利品として売り飛ばした[60]。

スペイン人は長いあいだウチワサボテンの栽培とエンジムシの飼育の方法を秘密にしていた。それゆえ、この秘密は人々の大いなる欲望と不正をかきたてた。だが、1780年代まではその秘密を解明することができなかったため、ヨーロッパ各国はメキシコ産エンジムシになんとか対抗しようとして、多少とも競合力のある赤の染料を生産するようになる。たとえばオランダ連合州では、良質のアカネをつくり出す研究がなされ、やがてそれはフランスやドイツに輸出

Fig. 1. Indio que recoge la Cochinilla con una colita de Venado, *Fig. 2.* dicha. *Fig. 3.* Xicalpestle en que aparan la Cochinilla.

された。

イングランドとイタリアはとくに木綿に適した顔料をトルコから大量に輸入した。これが「トルコ・レッド」、のちに「アンドリアノープル・レッド」とよばれるようになったものである。呼称は現在のトルコとギリシアの国境地帯

異議を申し立てられた色

アントワヌ・デュ【1662-1727】作「ブルゴーニュ公ルイ・ド・フランスとマリ＝アデライード・ド・サヴォワの結婚、1697年12月7日」（1698年）、ヴェルサイユ宮、トリアノン・コレクション

イアサント・リゴー【1659-1743】作「王の正装をした63歳のルイ14世」（部分）、ヴェルサイユ宮、トリアノン・コレクション

貴族の赤いヒール

1670-80年代にヴェルサイユに登場した「赤ヒールの短靴」の流行は、伝承によればルイ14世の弟であるオルレアン公フィリップ1世を嚆矢とする。このタロン・ルージュという表現は、19世紀には貴族やアンシャン・レジームの貴族風を気どった成金たちをさす語として一般化した。

にあった生産地の中心都市名（現エディルネ）に由来する。ただ、ここでもまた製法の秘密——媒染のため、アカネに獣脂や植物油、さらに糞をくわえた——が厳守されたが、18世紀末からはドイツ（テューリンゲン）、ついでフランス（アルザス、ノルマンディ）でも「アンドリアノープル様式」の赤が生産され、調度品のための布にもちいられた。その流行は長く続き、たとえばマルセル・プルーストが1920年に著した『ゲルマントのほう』のなかにもそれが反響している。そこで彼はなにほどか色あせた居間の様子をこう書いているのだ。

> タピスリーはといえば、ブーシェの作で、ゲルマント家の一員の美術愛好家が十九世紀に買い求め、みずから描いた凡庸な数点の狩猟図とならべて、トルコ赤綿布やプラッシュ【毛足の長いビロード状のパイルの織物】で覆われた怖しく俗悪なサロンに掛けてあったという(61)（吉川一義訳、岩波文庫）。

これらの染料はすべて高価だった。それゆえ衣服の赤はなおも貴族の色としてあった。有名な「赤ヒールの短靴」(タロン・ルージュ)は、いわばその象徴だっ

た。1670年代にヴェルサイユで興った流行で、それは徐々にヨーロッパ各国の宮廷に広まった。伝承によれば、この流行の偶然のきっかけとなったのは、ルイ14世の弟【オルレアン公フィリップ1世（1640-1701）】だったという。ある日、彼が雄牛の血のなかを歩いて短靴が汚れてしまったというのだ。それは宮廷神話とむすびついた伝承にすぎないが、フランス語の「タロン・ルージュ」という表現は20世紀初頭まで、貴族やアンシャン・レジームの貴族風を夢みる新富裕層を意味していた[62]。

中流階級では赤はよりまれで、より安価な染料から得ていた。農民階層もまた同様で、男性用の赤いパンタロンないしヴェストは、安定した赤の色材となる地元産のアカネで染色されていたが、その色はくすんでかなり精彩のないものだった。それでもこれらの服は一般に特別な場合、祭りや儀式の際にのみ着られた。挙式の日では、若妻は自分の一番美しいローブを身につけた。それはしばしば村の染色職人にとってきわめて実入りがよい赤いローブだった。農村部で花嫁が白いドレスを着るようになったのは、19世紀末のことである。

16世紀から18世紀にかけて、赤は日常生活の大舞台で目にする機会が徐々に減っていった。だが、それは日常性からの乖離やアクセントないし徴候をしめすようになり、それだけに目立つようにもなった。華々しさや愛、栄光、美しさといった考えのみならず、花やたんなる果実ともつねにむすびつけられた。たとえばトマトの場合がそうである。南米のアンデス沿岸部を原産地とするトマトは、16世紀初頭にスペイン人によってヨーロッパにもちこまれたが、それが食べられると判断されるようになったのはかなりあとのことである。それまでの2世紀間、実が緑から黄色に、さらに黄色から赤に変色するトマトは装飾用植物とされていた。その肉欲的・官能的な赤を染色職人たちは真似ようとした。そんなトマトの柔らかさと甘美さを誉めたたえた著作者たちは、それを素晴らしいものとして「金のリンゴ」あるいは「愛のリンゴ」と名づけた。たとえば1600年、オリヴィエ・ド・セール【1539頃-1619。「近代フランス農学の父」とされる農学者】は『農の劇場と野原の経営』で、次のように述べている。

愛と驚異と黄金のリンゴは通常の耕作適地と手入れを必要とする。それは（蔓が）元気に壁を這い上がって小室や園亭を覆い、支柱でしっかり留められる。葉は多様で、人がきわめて楽しく採取する場を演出している。ありがたいことにこの植物が生む愛らしい果実は、支柱間に垂れ下がる。（…）ただ、その果実は食べるには向いていない。しかし、医薬にもちいたり、愛玩したり匂いをかいだりするにはいい[63]。

赤頭巾ちゃん

　日常生活での衰退にもかかわらず、赤は近代でもその魅力をたもっていた。物質文化のなかではまれになったが、象徴的には力をまし、色の世界では独自の地位を手に入れた。文学や言語表現にはそれについてさまざまな証言がある。たとえば16世紀から17世紀にかけてのフランス語には、「赤い」という形容詞が「非常に」と副詞的にもちいられた。「この男はルージュ（非常に）大きい」、「このローブはルージュ（非常に）美しい」といったように、である。これにもっとも近い近代語としては、形容詞でありながら副詞としてももちいられるフォール（fort）がある。「この男はフォール（非常に）大きい」。ルージュとフォールはときに同義語と考えられ、赤という色の意味論的な強度を雄弁に物語っている。

　たしかに、こうした用語法は頻繁にみられたわけではない。だが、同じ時代、ドイツ語もまた形容詞の「赤い」（ロートrot）を副詞の「非常に」（ゼアsehr）のようにもちいていた。〈Dieser Mann ist rot dick〉（この男は非常に肥っている）[64]。反対に、英語やイタリア語、さらにスペイン語では、赤という語を同様に形容詞の意味を強めたり誇張的な表現を生み出すためにもちいたりはしなかった。

　赤の象徴的な力はとくに口承文芸や説話・伝承、寓話、俚諺にみられる。たとえば、おとぎ話には色彩語がさほど頻出していないが、この分野ではこれらの色彩語がつねに重要な描写とかかわっている。統計的かつ象徴的にいえば、そこでは白、赤、黒の3色が他の色を凌駕している。これは古代からの遺産とでもいうべきもので、聖書と同様、他の色は登場こそすれ、その役まわりは控えめである。中世には青が色彩群の中核をしめ、緑が豊かで両義的な象徴性を帯び、時代とともに黄色が驚くほど評価を下げたなかにあって、近代のおとぎ話や寓話では、すべてが白−赤−黒の三幅対を中心に構成されている。

　ここではおそらくヨーロッパのすべての童話のなかでもっとも有名と思われる『赤頭巾ちゃん』を例にとってみていこう。これにはシャルル・ペロー【1628-1703】の版（1697年）とグリム兄弟【ヤーコブ1785-1803、ヴィルヘルム1786-1859】の版（1812年）が知られているが、伝承自体ははるか昔からあった。最初期のものは1000年頃に文字化されており、リエージュの司教座聖堂付属学校長をつとめていた、エグベール・ド・リエージュ【972頃-？】がまとめた寓話形式の短詩で残っている【聖職者養成用のラテン語教科書『満載の船』がもとで、『赤頭巾ちゃん』の元となったのは後半部の「狼から逃れた少女」】。幾通りかの口頭伝承にもとづきながら、彼はその若い学生たちのために、赤い服を着た少女が森を横切ろうとした際、飢えた狼たちから奇蹟的に逃れるという教訓的な話を韻文で書いたのである。少女の命を救ったもの、それは彼女の勇気であると同時に、知恵であり、父親からあたえられた赤いウールのローブだったというのである[65]。

　やがてこの話は改作され、中世には『小さな赤いローブ』という題名で、さまざまなエピソードが盛りこまれ、数多くの版が生まれていった。ペローが17世紀末に典拠とした版は、当

赤頭巾ちゃん

なぜ赤なのか？ 専門家たちはそれぞれ独自の答えを提出している。子供たちに赤を着せることは昔からの長い習わしだったとする説（歴史）、物語が聖霊降臨祭の日だったとする説（典礼）、少女は乙女であり、狼と同衾したがっていたとする説（精神分析）、さらに、色の二幅対が隠れており、頭巾の赤と狼の黒、さらにバターの入った小さな壺の白とむすびつけなければならないとする説（記号論）などである。

ウォルター・クレイン作【1845-1915】「赤頭巾」（1875年）、木版画集

時もっとも広まっていたが、まだ内容がかたまってはいなかった。ただ、それはすでに『赤頭巾ちゃん』という題名をつけられており、彼はこれを1697年に編んだふたつの題名からなる童話集、すなわち『昔話ないしコントと教訓集──ガチョウおばさんの話』8話のうちにふくめた。アカデミー・フランセーズ辞典第1輯に序文を寄せ【1694年。ペローは1671年に同会員に選出されている】、いわゆる新旧論争【ギリシア・ローマ人と啓蒙時代の西欧人のいずれが優れているかをめぐる論争】において近代人側の指導者でもあったペローが、その活発な文学的・アカデミック活動にもかかわらず、真に名声をえたのはこの薄い童話集だった。たしかに間尺にあわない話だが、これが現実だった。

ペローによる『赤頭巾ちゃん』の話は残酷で、結末も悲惨なものだった。可愛らしく育ちのよい少女が森で狼に遭い、運悪く祖母の家までの道を教えてしまう。狼はこの祖母を食べ、さらに罠を仕掛けて少女までむさぼってしまう。話はこうして狼の勝利によって残酷に終わる。一方、グリム童話集では結末はより幸運だが、より奇異なものといえる。ある猟師が狼を射殺し、その腹から少女と祖母が無傷で出てきたとなっているからだ。

この童話をとり上げた関連書は膨大にある。そこでは唯一「シャプロン」と名づけられた衣類自体が論議の的となっている。17世紀末では、はたしてそれはいかなるものだったのか。たんなるかぶり物だったのか、布地の裾を伸ばした頭巾だったのか、外套のフードだったのか、つば広の婦人帽だったのか。答えはいろいろ可能である。だが、少数ではあるが、なかにはわれわれにとって基本的な疑問に真に関心をいだいている解釈学者もいる。なぜ赤なのか、という疑問である。話のなかにくりかえし登場するこの色は、主人公の子供の異名や、童話の題名ともなっており、そこではもっとも重要な要素であるようにも思われる。だが、なぜ赤なのか。

その答えは幾通りか想定できる。これらの答えは反論したり否定したりするのではなく、むしろ先に進めて補完したり充実させたりすることができるだろう(66)。まず、赤はエンブレム的な機能を帯びており、物語全体を特徴づけ、劇的な結末を告げる。赤が暴力や残酷さ、流される血の色だからである。ただ、これは誤りではないが、いささか短絡的である。より好ましいのは歴史的な説明である。たとえば農村生活においては、子供たちの着衣の一部に赤をふくめるのが習慣となっていた。この昔の慣行は後代にまで受けつがれた。19世紀になっても、フランスやその他の国々では、少女たちはしばしば赤い前かけをしていた。ヴィクトル・ユゴーは高名な詩のなかで楽しげにこう歌っている。「子供たちよ、牛が通るから赤い前かけを隠しなさい」(67)

祭りの日に少女や娘たちに赤いローブを着せるのも、それと同様の慣行だった。すでに指摘しておいたように、村の染色業がもっとも力を発揮したのは、多様な赤での染色だった。農民たちのあいだでは、美しいローブといえば、ほとんどの場合が赤いローブだった。『赤頭巾ちゃん』における少女についても、こうしたことがあてはまるだろう。祖母を訪ねる。それは多少とも晴れやかなときであり、それゆえ彼女はもっとも美しい衣装、つまり赤頭巾をかぶったのだ。

これら諸説のなかでより堅固なのは、ある碩学のもので、そこでは着衣の赤と聖霊降臨祭の赤がむすびつけられている。この童話には古く

異議を申し立てられた色

から2通りの版があるが、その一方では物語が聖霊降臨祭の日に起きており、もう一方では少女が聖霊降臨祭の日に生まれたという(68)。前者では、少女はこの祝日に例によって赤の着衣が義務づけられていたとし、後者では、きわめて例外的な吉兆の日に生まれた少女は、それゆえ宿命的に赤とむすびつけられ、つねに赤色を身につけていた。そう考えれば、別段典礼暦を引きあいに出さなくとも、赤が悪を遠ざける庇護の色であり、呪的な色だと想定できるだろう。着衣の色にかんするヨーロッパの慣行は、古代からかなり最近まで赤にそうした機能があったことを証明している。第2次世界大戦前夜ですら、フランスやドイツ、イタリアの一部の地方では、少年・少女が悪運を払うとされた赤いリボンをつけることがまれではなかった(69)。

このような祓禍的な赤は、神話や中世文学、さらに口頭伝承に数多くみられる呪力を帯びた赤と関連づけられるはずだ。たとえば小人やグノーム【地の精】、エルフ【北欧神話で大気・火・大地の力を象徴する精】、さらに森や地下世界のさまざまな精霊たちがかぶる頭巾の赤である。これは善悪いずれかに作用するが、古いゲルマン神話に登場する有名なタルンカッペ【小人のアルブリヒからジークフリートが手に入れた】は、赤色の外套ないしかぶり物で、それを身につけている者を隠したり不死身にしたりするとされた(70)。少女の赤頭巾もまた一種のタルンカッペといえるが、少なくともペローの童話では、タルンカッペはその効力を失っている。狼が少女をむさぼってしまったからである。

ただ、一連の精神分析にもとづく仮説、とくにブルーノ・ベッテルハイムの『おとぎ話の精神分析』のそれはより疑わしい(71)。彼によれば、頭巾の赤は性的な含意を強く帯びているのではないかという。おそらく少女はもはや幼い子供などではなく、「狼と同衾(どうきん)すること」、つまり「たくましく、彼女と同様に欲望に満ちている」男性とベッドで寝ることを熱望する、年頃ないし青春前期の娘だったというのだ。ベッドでの血をともなう食尽は処女の喪失であり、おそらく少女はその無垢さを失ったが、生命まで失ったわけではないともする。幾度となくくりかえし展開されたこうした説明は、歴史家を悩ませた。それがあまりにも安易に共鳴者をひきつけただけでなく、時代錯誤的な考えだったからでもある。

では、いったい赤はいつ性的欲望の色となったのか。このような疑問はフロイト以前でも意味を帯びていたのか。それについてはどう問うべきか。前述したように、たしかに赤は長きにわたって奢侈(しゃし)や売春の色だった。だが、精神分析にとって、それは物語のなかにはまったくみられない。ここで問題となっているのは愛の、そして肉体的な最初のときめきなのだという。ただ、この物語の最初期の版が登場した中世、さらにペローが独自の版をまとめた17世紀末、少女の心や感性の躍動は赤ではなく、愛の芽生えを象徴する緑色とむすびつけられていた(72)。もし精神分析学の理論がこのことにもとづいていたなら——そうとは思えないが——、赤頭巾ちゃんは緑頭巾ちゃんになっていたはずである。

もうひとつの仮説は、少女が着ていた赤い服を説明するために提唱されている。しかし、それには赤を切り離して単独でみるのではなく、それが属する色の三幅対のなかに位置づけなければならない。そうすることで記号論的な分析が可能となるだろう。他のおとぎ話やいくつかの寓話におけるように、筋書きが3色、つまり赤、白、黒のあいだを循環して構成されている

色見本帳の流行

17世紀末には、最初は思弁的、ついで実践的な色見本帳が著しく流行した。そして18世紀をとおして、その流行はさらに拡大した。図は水彩絵の具で作成された現存するもっとも古いもののひとつで、水彩画のための色合い（明度、濃度、色調）が差異化されている。732頁におよぶこの差異化は、ニュートンによって発見されたばかりで、芸術家たちにはまだ知られていなかったため、スペクトル通りの配列とはなっていない。だが、画家たちによって何世紀にもわたって多少とも改変・補完された、伝統的なアリストテレス流の色の秩序に従っていた。白（バラ色）、黄色（オレンジ色）、赤、緑、青、（灰色）、紫、（褐色）、黒といったように、である。ここでは5000以上の色合いが提示されていた。

A・ブーハート【生没年不詳】作「絵画の明るい鏡」（デルフト、1692年）。エクサン＝プロヴァンス、メジャヌ図書館、ms. 1389.

からである。『赤頭巾ちゃん』の場合、赤を身につけていた主人公の少女は、黒い服をまとっていた祖母に届けるために、白いバターが入った小さな壺を持っていた（ベッドの祖母はやがて狼にとって代わられるが、三幅対に変わりはない）。

一方、『白雪姫』では、雪のように白い少女が、黒い衣を着た邪な王妃から毒入りの赤いリンゴをあたえられている。また、『からすと狐』【イソップ寓話】では、木の上にとまっていた黒い鳥が、【狐から容姿を誉められ、素晴らしい声を聞いてみたいとおだてられて口にくわえていた】白チーズを落とし、たちまち赤毛の獣にそれを奪われてしまう。主人公を替え、色を置き換えれば、こうした事例はほかにも数多く列挙できるが、話の筋書きはつねに色の三幅対を中心に組み立てられている。これらの3色はひとつのシステムをなしており、その語りおよび象徴的効果は、この3色それぞれの意味をばらばらにして単純に加味する以上に大きい(73)。

ここでもまた、さまざまな社会的慣行や造形表現において、赤はひとつないし複数の色と結合ないし対立することではじめて意味をもったのである。

危険な色？

18–21 世紀

宮廷生活の豪奢さゆえに、17世紀は誤ったイメージをもたれるようになっている。ありていにいえば、この世紀は物質的な面でも精神性や感性の面でも暗く不安で、ときに陰気な時代でもあった。少なくともそれはヨーロッパの大多数の人々についていえる。戦争はたえず起きており、食糧不足がいたるところで猛威をふるい、天候はなおも不安定で、平均余命もかなり低下していた。この「偉大な世紀」を色で表象するなら、さしずめそれはヴェルサイユの金色ではなく、悲惨さの黒だろう。

18世紀になると事情は一変し、明るく輝き、明快になる。それはふたたび暗い時代に入る19世紀に先立つ、一種の色鮮やかな幕間でもあった。1720年代から、「光（啓蒙）」は精神面を照らしただけでなく、日常生活の装飾にもみられるようになる。扉や窓が立派になり、照明は改善され、その費用も減少したのである。色に対する関心と理解もより高まった。そして顔料にかんする化学が急速かつ決定的に進歩したおかげで、染色と繊維生産の発展も促された。社会全体、とくに中流階層がその恩恵を受け、貴族たちと同様、派手で鮮やかな色をもちいることができるようになった。くすんで精彩のない色はいたるところで後退した。前世紀の鈍い褐色や黒ずんだ紫、紫がかった深紅色はこうして姿を消した。衣服や家具では明色や快活な彩色、「パステル風」の色調など、すなわちおもに青や黄色、バラ色、灰色系統の色が流行した。

こうした流行は、しかし赤にはほとんど利をもたらさなかった。光（啓蒙）の世紀は青の時代であり、赤の時代ではなかった。さらに、この時代、それまで長きにわたって赤と競合し、しばしば反意的なものとまでみなされてきた青が、おそらくヨーロッパ人お気に入りの色となったのだ。他のいかなる色にもまして、青は今もそうした色としてある。これに対し、赤は各種の世論調査では青のみならず、緑に対しても後塵を拝している[1]。18世紀は、少なくとも近代の西欧社会において、赤の緩やかな、だが回復不能な衰退の出発点となった。

140頁

愛の赤

すべての野獣派同様、キース・ヴァン・ドンゲン【1877-1968。エコール・ド・パリの代表的画家】もまた、赤、とくに女性に赤をもちいた偉大な画家だった。これらの赤はつねに魅惑的で、しばしばエロティック、ときに危険な印象すらあたえた。

キース・ヴァン・ドンゲン作『赤い接吻』（1917年）、個人蔵

ヴォルフガング・アマデウス・モーツァルト

モーツァルト【1756-91】の肖像画は数多く残っているが、本人をみて描いたものはほとんどない。この図も死後に描かれた合成の肖像画である。ここでのモーツァルトは彼が好んでいた赤い服を着ている。

バルバラ・クラフト【1764-1825】作「ヴォルフガング・アマデウス・モーツァルト」（1818年）。ウィーン楽友協会

赤の周縁——ローズ

バラ色の優しさと女性らしさ

多作をもって知られた画家・素描家のフランソワ・ブーシェ【1703-70。生涯に1000点以上の絵画、200点以上の版画、1万点以上の素描画を制作した】は、あらゆるジャンルを手がけた。彼の色遣いはルイ15世の世紀におけるフランス芸術を代表するもので、その色調は明るく透明感があり、パステル風の色合いで、繊細な灰色、つねにかなり淡い青、とくに白やバラ色、鮮紅色を多くもちいた。ブーシェはまた女性の肌をみごとに描きだした偉大な画家でもあった。

フランソワ・ブーシェ作「甘やかされた子供」(1740年頃)。ドイツ、カールスルーエ州立美術館

たえず進歩をとげていった知識と技術は、他の色と同様、赤にも恩恵をもたらした。ニュートン物理学によって測定可能となり、顔料や色材の化学によって随意に生産・再生産され、しだいに正確さをました用語法によって、すべての色合いが明確化されるようになった色は、徐々にその神秘さの一部を失っていった。こうして芸術家や科学者のみならず、哲学者やたんなる職人、さらに一般大衆と色とがたもってきた関係も、しだいに変わっていった。ものの見方も変わり、夢も変わった。色にかんして数世紀まえから議論されてきた問題、たとえば倫理や象徴性、紋章規則などすら目立たなくなった。代わりに、新たな関心や熱狂が舞台の前面をしめた。たとえば色彩計の流行が科学や芸術を侵犯するようになった。さまざまな色が繊細な色見本帳に開陳され、これが作画や染色、装飾、あるいはたんなる夢想にもちいられるようになったのである[2]。

赤はこうした全体的な傾向と無縁ではなく、そのかなり地味な色合いまでもがより人目を引き、新たな地位をえて独自の呼称がつけられ、それがいわば自立するまでになる。ローズ(バラ色)である。ここでは話を過去にさかのぼらせ、この色の出現から、啓蒙時代、とくにポンパドゥール夫人【1721-64。ルイ15世の公妾】の時代に栄耀を享受するまでを少し詳しくみておこう。

古代ローマ時代、赤は数多くの色合いに分類されてもちいられ、人々はそれに名をあたえ、芸術家たちはそれを再生産しようとつとめた。プリニウスの時代、ローマ人たちはすでに赤色玢岩の円柱や赤紫に染められた布に15通りあまりの色合いを区別していたが、彼らが名づけることができたのは緑を帯びた赤で2ないし3通り、青味を帯びた赤では若干それを上回る程度だった[3]。時代が進むにつれて、これら赤の色合いは一部が独立するようになる。まず、前述したように、中世では赤と黄色の呪わしい面を一身に集めていた赤褐色、ついで紫である。後者は長いあいだ青と黒の混合と考えられてきたが、近代の黎明期、ニュートンがスペクトルを発見する直前に青と赤の混合とされた。

紫が今日までとくに2通りの分野でハーフ・ブラックないし「黒もどき」であったのは、かつて青と黒のあいだに位置づけられていたことによる。この分野とは、一方はカトリックの典礼色(紫は待降節や苦行節、黒は死者のためのミサと聖土曜日)、他方は世俗社会における服喪色(黒は大服喪期、紫は半服喪期)として、である。これに対し、ローズは長きにわたって明確な呼称をあたえられず、色彩軸におけるその位置も一定していなかった。

ギリシア語とラテン語にはローズをしめす形容詞がなかった。だが、ギリシア人とローマ人はあらゆる古代オリエント人と同じように、自然のなかにさまざまなバラ色の色調をまちがいなく日常的にみる機会があった。花々や岩、あるいは日の出と日没時の空に、である。それについて書いた詩人たちを信じれば、彼らはその色を評価さえしている。だが、彼らはそれを明確にすることができず、名づけることもできな

かった。はたして古代の表色系（色彩体系）では、ローズはどこに位置づけるべきか。白と黄色のあいだか。白と赤のあいだか。

たしかにラテン語には「バラ」（rosa）からつくられたとされる形容詞ロセウス（roseus）があったが、それは空似言葉で、バラ色ではなく、「鮮紅色」や「きわめて美しい赤」を意味した。この語はしばしば女性用の美顔料や、ケルメス（コックム coccum）で染色された布の形容辞としてもちいられた(4)。同様に、ホメロスはなおも有名な雅語として、夜明けを「バラの指（をした暁の女神エオス）」とよんでいる。それは花やバラ色とは無縁で、より単純に、ときに日の出の太陽が演出する赤みがかったみごとな光明をさす(5)。さらに花についていえば、古代のバラはけっしてバラ色ではなく、ほとんどの場合は赤ないし白、ときには黄色だった(6)。

自然や絵画、染色の分野では、したがって古代のバラは固有の色彩呼称をもっていなかった。おそらくそれをもっともよく修飾する形容詞はパリドゥス（pallidus）【フランス語のパール（pâle「青ざめた、生彩のない」）の語源】だっただろうが、これはあいまいで多義的な語だった(7)。

純粋で鮮やかな色を求めていた中世のキリスト教社会は、しかしなんら新しい色を生み出さず、現代のバラを修飾することがなおもできなかった。植物やとくに織物にはバラ色がみられたが、それはローマ時代ほど魅力的なものではなく、呼称もなかった。中世のラテン世界では、ロセウスとその二重語のロサケウス（rosaceus）はあいかわらず「鮮紅色」を意味し、とりわけ頬や口唇、美顔料を修飾するのにもちいられていた。古フランス語や中代フランス語にはたしかに「バラ色の」の謂いである形容詞のローズ（rose）ないしロゼ（rosé）があったが、それが使われることはまれだった。月の色や皮革ないし布地の明色、さらにはまた動物の毛並みを修飾する際は、ときに好んでもちいられたが、それは真正の「バラ色の」より、「パール」や「ベージュの」、「黄色がかった」を意味した(8)。

こうした状態に最初期の変化が訪れたのは、14世紀から15世紀にかけてだった。ヴェネツィアの商人たちが以前より定期的に、それまで

長いあいだ無視されていた色材をアジアから輸入するようになったのである。蘇芳（ブラシレウム）である。これは半宝石で、インド南部やスマトラ島から数種がもたらされ、その染料に適した特性はよく知られていたが、あまりにももろいと考えられていた。それゆえ大規模な染料工場ではこれをほとんどもちいなかった。だが、1380-1400年頃、新しい媒染剤が使われるようになって、イタリアの職人たちはついにこの染料をより安定性があるものにし、アジア以外ではみたこともないような布地用の染料をつくることに成功する。真にバラ色のローズ（！）である。

この成功はまたたくまに評判をよんだ。王国社会では、数多くの男たちが他国から招来され、繊細かつ神秘的とみなされたこの色を身につけたがった。フランス宮廷の場合は、芸術家たちの庇護者で、今日ならさしずめ「コンテンポラリー・アート」とでもよぶべきものの愛好家でもあったベリー公ジャン1世【1340-1416。美術品の収集家として知られ、ランブール兄弟の『ベリー公のいとも豪華なる時祷書』は彼に捧げられた】が、バラ色を流行させたとされている。イタリアを発祥地とするこの流行は布や衣服のみならず、絵画の制作にも及んだ。実際、画家や彩飾写本家たちはすみやかに染色業をまね、染料をレーキに変え、彼らのパレットにさまざまな色合いの新しいバラ色をとり入れたのである(9)。

しかし、なおも問題がひとつあった。入手が困難だが、やがて西洋世界全体で高い評価を受けることになるこの洗練された新しい色をなんと名づけるか。ラテン語や土着言語はそれについてなにももたらしてはくれなかった。アラブ語もしかり、ペルシア語もおそらく同様だった。最終的に選ばれたのは、ヴェネツィア地方やトスカーナ地方の土着言語にあるインカルナート（incarnato）だったが、それまでこの語は顔の肌色しか意味していなかった。以後、それはバラ色の色調すべてをさすようになり、大部分のヨーロッパ言語に訳された。たとえばフランス語で色彩語としてもちいられるアンカルナ（incarnat「鮮紅色（の）」）は、1400-20年頃に初出している。カスティーリャ語のカルナルド（carnardo）も同時期、英語のcarnationはそれから数十年遅れて登場した。ドイツ語だけはおそらく無縁だった(10)。

こうしてついに新しい色が命名された。では、この色を表色系のどこに位置づけるか。1666年にニュートンがスペクトルを発見するまで、なおも基礎的な色彩分類だったアリストテレスの古い分類は、白から順に黄、赤、緑、青、紫をへて黒にまでいたるものだった。アンカルナはどこに入れるか。今日われわれがしているように、この色を白と赤の混合とみるなら、その場所はすでに決まっている。ただ、白と赤のあいだには黄色がある。それについては画家や染色職人ないし染色家だけでなく、色彩論の著者たちもみな同意していた。たとえば1500年頃、優れた修辞学者で、優雅な詩人でもあったジャン・ロベルテ【1405-92】が、「色の博覧会」と題した4行詩を書いている。

黄色
わたしは赤と白からできている。
わたしの色は不安の色と似ている。
だが、女性にもてるなら不安はない。
愛がわたしを好きなようにさせてくれるからだ(11)。

赤と白のあいだはこうして黄色に占められて

男性的なバラ色

啓蒙時代、子供服のバラ色は少女の独占ではなかった。多くの男児が19世紀末までこの色の服をまとっていた。図は10歳になったのちのルイ16世である。

モーリス・カンタン・ド・ラ・トゥール【1704-88】作パステル画「子供の肖像」（1765年）。パリ、ルーヴル美術館

ポンパドゥール侯爵夫人

この侯爵夫人はバラ色を好み、18世紀中葉のフランス宮廷にそれを流行させた。

フランソワ＝ユベール・ドルエ【1727-75】作「ポンパドゥール侯爵夫人ジャンヌ＝アントワネット・ポワソンの肖像」（1760年頃）。シャンティイ、コンデ美術館

いた。とすれば、新しい色の場所はどこにするか。唯一の解決策は、この新しく美しいアンカルナを黄色の同系色とみなすことだった。事実、それは15世紀から17世紀にかけて、ヨーロッパのほとんどの地でそのような位置づけがなされることになる。色にかんするあらゆる事典や色見本帳、さらにあらゆる技術的・専門的な手引書で、アンカルナ、つまりバラ色は、赤ではなく、薄く繊細な黄色とされたのである[12]。一方、フランス語の形容詞としてのローズ（バラ色の）は、18世紀中葉まで辞書に登場していなかった。ディドロとダランベールのいわゆる『百科全書』【1751-72年】はかなり能弁かつ知的に色について語っている。ローズという語をはじめてもちいたもののひとつだが、アカデミー・フランセーズ辞典には、1835年の第2版までこの語を等閑視していた。その間、ヨーロッパ人は南米で、アジアから輸入していた蘇芳と同種の、だが、染色力においてそれをはるかにしのぐエキゾチックな色材用の樹木を発見した。彼らはその開発を積極的に進め、この樹木にやがて自生地の国名となる名をあたえた。ブラジルスオウニキである。大西洋の長い航海にもかかわらず、この色材の原価は破格ではなかった。南米の森林での開発作業にかりだされた労働力が、奴隷たちによって

まかなわれていたからである。こうしてバラ色は一気に流行し、18世紀中葉に絶頂期を迎える。それは、ヨーロッパのキリスト教社会におけるもっとも恵まれた階層が、パステルトーンやハーフトーン、さらに赤系統のもっとも革新的な色合いとして、彼らを中流階層と区別してくれそうな色を求めていた時期だった。これ以後、かつてはあまりにも高価すぎて手が出なかった、鮮明でまじりけがなく、安定した色を手に入れることができるようになった。

フランスでは、ルイ15世の時代にポンパドゥール夫人がバラ色を装飾や家具にはやらせたとされる。彼女はそれを好んでスカイブルーと組みあわせ、この2通りの色がやがて速やかにヨーロッパ全体で大流行をみるようになった。ただし、衣服の場合は、男女ともバラ色をもちい、それは女性だけにかぎられてはいなかった。もはやバラ色は黄色の同系統色とはみなされず、最終的に赤と白の混合色と考えられるようになる。どこかは不明だが、近代のバラ色はこうして18世紀中葉に生まれた（！）。それは顔の肌色からではなく、花弁の色から借りた新しいフランス語の呼称をあたえられた。バラ（ローズ）【女性名詞】が「バラ色」（ローズ）【男性名詞】を生み出したのだ。それからの数十年間、植物学者や庭園師たちは多様なバラをしだいに数多くつくるのに成功し、古代や中世には知られていなかった本格的なバラ色が普及していった。

しかし、こうした変化はゆっくり、きわめてゆっくりとしたものだった。事実、フランス語の形容詞と実詞のroseが、今日のように色をさすようになったのは、19世紀の言語においてだった。同じことはスペイン語（rosa）やポルトガル語（cor-de-rosa）、ドイツ語（rosa）についてもいえる。一方、英語のpinkは、ブラジルスオウニキからえられた染料をさすまでは、この木からの色材を意味していた(13)【一般にpinkはもともとナデシコの謂だったとされる】

乳幼児にバラ色と青の衣服を着せるという流行は、18世紀にはみられなかった。おそらくそれは19世紀中葉にアングロ＝サクソン世界で誕生したと思われる。この慣行を聖母の庇護とむすびつける指摘がしばしばなされているが、両者はまったく無縁である。それはプロテスタント諸国で生まれたものであり、やがて徐々に

花のバラ色

バラ色はバラの花だけの専売ではない。他の花、たとえばシャクヤクもまたこの色で身を飾っている。

ピエール＝ジョゼフ・ルドゥーテ【1759-1840。植物画を得意としたベルギーの画家で、「バラ図譜」で知られる】作「花瓶」（19世紀初頭）。ルーアン美術館

西洋社会全体に広まっていった。そこには長いあいだ性差はみられず、少年も少女もバラ色の服を身につけていた。第1次世界大戦までの上流社会を描いた絵画や版画を信じるなら、さまざまな作例がしめしているように、男の嬰児も青とバラ色の産着をより頻繁に着せられていたようである[14]。ただ、その流行は宮廷や貴族および富裕者階層にかぎられていた。それ以外の階層では、乳児の着衣はほとんどが白だった。

染料がお湯での洗濯に耐えられるような布地が登場して、バラ色とスカイブルーの利用がまずアメリカ合衆国で、のちにヨーロッパで一般化するのは、1930年代になってからだった。そして、この時期を境にして、かなり強制的な性差が着衣の色にみられるようになる。バラ色は少女、青は少年というように、である。それは、かつて男児用だった戦士や狩猟者の男性的な赤の代用と考えられていたバラ色の終焉だった。こうして以後、バラ色は原則的に女性の色となった――たしかに18世紀でも男性はなおもしばしばバラ色を身につけていたが――。1970年代には、あの有名なバービー人形がこの色を存分に活用し、その領土をしだいに少女たちの遊戯的・夢想的な世界全体へと拡大していった[15]。

兄弟・姉妹

1640年頃には着衣のありようだけ（！）が兄弟と姉妹を外見的に区別していた。そこでのバラ色は全身を覆うだけでなく、長い髪にもつけられた。

ジョーイ・ロムニー【1734-1802。イングランドの肖像画家】のアトリエ作「ウーラストン・ホワイト家の子どもたち」（178年頃）、原画ヴァン・ダイク。ヨークシャー地方オームスビー、オームスビー・ホール

青の少女

1900年頃、少女たちはバラ色の囚人ではけっしてなかった。青は女性的であると同時に男性的な色でもあった。

メアリー・スティーヴンソン・カサット【1844-1926。アメリカ人画家・版画家】作「青い服を着たマルゴ」素描（1890年頃）。シカゴ、サルヴァン・コレクション

美顔料と
社交界の慣例

田舎での雅宴と流行

18世紀半ばには、上流社会が繊細な色合いとパステルカラーを追い求めていた一方で、中流階級は、かつてはエリートのものであった洗練された明るい色彩を手にしていた。とくに女性は、日常的にとはいかないまでも、少なくとも祝祭時には、非常にカラフルなドレスを着用していた。

クリスチャン・ヴィルヘルム・エルンスト・ディートリッヒ【1712-74。ドイツの画家】作「目隠し鬼ごっこ」(1750年)、個人蔵

バラ色のことはその運命にゆだねるにことにして、赤の話にもどることにしよう。啓蒙時代に赤が女性のドレスや男性の礼服と同様に、洗練された服飾の表舞台から退いたことはすでに述べた。とはいっても、赤が完全に姿を消したというわけではない。1780年代には、まずイギリスで、それからフランス、イタリアにおいて、短期間ではあるが人気が復活したからである。一方、農民の着衣慣行では、赤の流行はほとんど衰えることがなかった。18世紀を通じて、ヨーロッパの農村部ではいたるところで祝祭日には頻繁に赤い服が着られた。

宮廷社会においては、赤はとくに顔の化粧にもちいられた。ローマ退廃期のもっとも堕落した時期においてさえ、美顔料や化粧品がこれほど濫用されたことはなかった。口唇と頬骨の部分を目立たせるため、男女ともに辰砂をベースとした赤い顔料と同じくらい危険な塩基性炭酸鉛で顔を白く塗っていた。塩基性炭酸鉛とは白鉛の一種であり、当時その毒性は知られ始めていたが、外見へのこだわりがそれによってこうむるリスクを上回っていた。この美顔料はクリームまたは粉末の形態でもちいられていた。

野外の作業で必然的に顔が赤銅色や赤みを帯びた顔となる農民はもとより、田園住まいの成り上がり貴族にさえまちがえられないように、彼ら宮廷人たちは顔と首——女性の場合はさらに肩や腕、胸——が究極に白いことが重要なのであった。彼らはできるかぎり青白い顔色をしているべきであり、必要とあれば、ヒ素を主成分とした糖衣錠を摂取して、塩基性炭酸鉛を補っていた。少量でも非常に有害であるこの糖衣錠は、肌を青白くする効力があるとされていたからである。

こうして彼らは男女を問わず血管を浮き出させ、人工的に肌の色素を脱失して、その「高貴な血」【字義は「青い血」】が引き立つようにした。必要があれば、わずかに青みを帯びた美顔料で、額とこめかみの皮膚の下にみえるこれらの血管を強調した。17世紀後葉から18世紀前葉にかけて、こうした外見以上に高貴で高い評価をえたものはなかった。それゆえ多くの者が命を賭して危険をおかし、実際、1720年代から60年代にかけて、塩基性炭酸鉛もしくはヒ素の糖衣錠による事故が多数発生した。

この「高貴な血」の探求は、中世末か近世初頭のスペインにおいて生まれたようである。貴族階級にとっては、農民と田舎の小貴族のみならず、往々にしてイベリア人と子孫をなしたムーア人と自分たちを区別することが重要であった。肌の青白さは、人種の純血と貴族としての歴史の長さを証明するものだった。のちにこうした「高貴な血」の流行は、スペインからフランスとイギリスに、次いでドイツと北ヨーロッパ全体に移っていった。流行がピークに達したのはおそらく1750年頃だろう[16]。当時、貴族階級の顔は青白く、額とこめかみに血管が浮き出て、厚い白鉛の層であらゆる肌の欠陥と老化の痕跡が覆い隠されたものでなければならなかった。そのため、ときには男性も女性も古代の大理石像のようにみえることがあった。ただし、それは顔の部分に赤い色がくわえられた石像で

ある。上流社会の生活では、口唇と頬につねに「赤い色」を帯びていなければならなかったからである。

　これらの赤い美顔料もまた一般には蜜蝋や羊脂、あるいは植物性油脂に溶かしこまれた、鉛の酸化物（酸化鉛）ないし水銀の硫化物（赤色硫化水銀）を主成分とする危険なものだった。しかし、その使用は、上流社会ではかなり普及しており、ついには「赤」と「美顔料」が同義語となるほどだった。この同義性は、今日においても完全に失われたわけではない。女性が「赤（ルージュ）をちょっとつけなおす」と言えば、だれもが口紅のことを言っていると理解する。18世紀にはすでに、女性だけでなく男性も白粉や美顔料、鏡、ブラシなどを収めた化粧小箱を持ちあるき、人前でためらうことなく化粧直しをしたものだった。フランスの宮廷において、口唇と頬に紅をさすことはほとんど義務といってよく、またそれは可能なかぎり強烈なものでなければならなかった。

　濃淡はそのときどきの流行や化粧者の身分によって変わり、身分が高ければ高いほど赤は鮮

年頃の 3 姉妹

白い衣服をまとい、縫い物に没頭する3姉妹はまだ若く未婚である。彼女たちの白い肌はその「貴族の血」、すなわち貴族の出自を際立たせている。頬の赤化粧は、彼女たちがすでに社交界の一員となっていることをしめしている。

ジョシュア・レイノルズ【1723-92。イングランド・ロココ期の画家】作「レディー・ウォルドグレイヴ」(1780年)、エディンバラ、スコットランド国立美術館

明だった。だれかが宮廷や都会から遠く離れた自らの領地に隠棲するとき、なんの説明もくわえられることなく「赤を離れる」と表現されたことからも、この化粧品の赤がどれほど社交生活の象徴であったかがわかる。だれもがそれを理解した。ヨーロッパのいくつもの宮廷がヴェルサイユ宮廷を真似ていたのであるからなおさらである。しかしながら、すべての宮廷がそうであったわけではなかった。ウィーンの宮廷の習慣に親しみ、1770年にヴェルサイユにやってきた若きマリー・アントワネット【1755-93】は、彼女をとりまく「厚化粧の人々」に怯えたとまではいかないまでも困惑し、そのことをやがて手紙で母親に知らせている。ただし、1770年には、フランス宮廷での紅白粉の使用はすでに衰えつつあった。

　白と赤による化粧は、多くの場合、顔に興味を添えたり、肌の白さを際立たせたりするため、小さな円や星、月、太陽などの形をした布の切れ端を糊で貼った付けぼくろの黒と組みあわさされた。これらのほくろはその位置によって異なる名でよばれた。目の端にあるものは「アサシヌ」【字義は「暗殺者」】、頬の中央のは「ガラント」【「雅」】、口唇のそばのは「アンジュエ」【「快活な」】、顎のは「ディスクレート」【「慎み」】、さらに首もしくは喉のほくろは「ジェネルーズ」【「寛容な」】といった具合である。これらは他の化粧品と同様、だまし絵、すなわち外観にとりつかれ、劇場に似た枠組みのなかで進化する社会が過剰なまでに押し進めたアートに属していた。たしかに18世紀の半ばから、美顔料や白粉、クリーム、つけぼくろといった化粧品の濫用を慎みがなく愚かなこととみなす人々が、男女を問わずしだいにふえてはいった。だが、これらの化粧品が、まずドイツと北ヨーロッパの国々、少し遅れてヨーロッパのカトリック教国において真に衰退するには、さらに10年程度待たなければならなかった。

　とはいえ、赤が頬や口唇に使われなくなったわけではない。1780年頃のパリにおいては、セーヌ左岸のシゾー通りに店を構えるデュビュイソン氏の名高い「女王の赤」（どの女王か？）や、ラトゥールという未婚女性の考案になるもうひとつの「完全に植物性の」、つまり無害で、「もっとも光沢があり、あらゆる色合いがそろっている薔薇の香りを集めた」赤がなおも宣伝されていた[(17)]。

美顔料と化粧

女性は上流社会の社交生活において、顔や首、胸、そして腕が真っ白であること、対照的に頬はしっかり赤いことが強要された。これらの部位の至る所に、黒い「付けぼくろ」がちりばめられた。

フランソワ・ブーシェ作「化粧をする女性」（1760年頃）、個人蔵

娼婦たちの赤の世界

アンリ・ド・トゥールーズ=ロートレック作「ムーラン通りのサロン」(1894–95年)、アルビ、トゥールーズ=ロートレック美術館

やがて新古典趣味や革命の動乱、ナポレオン戦争などによって社交生活は変わり、過度なまでの化粧はさほどはやらなくなった。この化粧は完全に消滅したわけではなかったが、19世紀のあいだに、新しい照明システムや新しい社交界の作法に調和するかたちで、もっと簡素で繊細な化粧法にしだいにとって代わられた。唯一、プロフェッショナルな風俗嬢やあえて顰蹙を買おうとする少数の女性のみが顔に紅白粉を塗り、赤を濫用しつづけた。これら社会秩序の周辺に生きる女性たちに魅了された偉大な画家たちは少なくなかった。マネ【1832-83】、トゥ

ールーズ＝ロートレック【1864-1901】、ヴァン・ドンゲン【1877-1968】、モディリアーニ【1884-1920】、オットー・ディクス【1891-1969】などである。

上流社会の女性はより控えめであったが、だからといって口紅を放棄したわけではなかった。第1次世界大戦後、口紅（ルージュ）が手頃な価格になり、まぎれもない大衆消費の対象となったからである。この頃には、口紅は回転式の筒型容器で売られるようになり、色調も多様化した。色合いにちなんだよび方をされることもしだいに少なくなっていった。かつては「カルマン」【カー

パリの娼館
ボリス・ドミートリエヴィチ・グリゴーリエフ【1856-1936。セザンヌの影響を強く受けたロシアの画家】作「入ってよ！」（1913年）、モスクワ、プーシキン美術館

マイン。エンジムシからえられる深紅の染料】や「グルナ」【ガーネット】、「スリーズ」【サクランボ】、「ヴェルミヨン」【バーミリオン】、「コクリコ」【ヒナゲシ】などといった呼称に、場合によっては「明るい」、「濃い」、「つやのない」、「光沢のある」といった簡単な形容詞を添えるだけで十分だった。当時は詩的ないし顧客の関心をそそることを意図した呼称が定番化しており、赤の色合いそのものを忠実に伝えることにはまったく注意がはらわれず、驚かせたり、不思議がらせたり、夢をみさせたりすることに重きが置かれた。「朝の牡丹」、「トルコ赤の美女」、「サン＝ジャンの夜」、「オペラ座でのパーティー」などがその例である。

一方、メーカーは女性客の心をとらえるため、色彩の種類の多様さ、新製品のクオリティ、さらにはよび名のオリジナリティによって独創性を競いあった。同時に、多くの色見本がガイドあるいは宣伝として役立つよう提供された。この色見本は、まぎれもなく赤の小事典に相当する。他のいかなる色彩、いかなる領域においてもこれらに匹敵するようなものはみられない。この分野では、科学者のポール・ボードクルー【生没年不詳】が、エオシン【赤色蛍光染料】をベースとした「キス（ベゼ）をしても落ちない」口紅を考案した1927年が、おそらく決定的な転換期といえるだろう。どぎついまでに鮮やかな色合いから「ルージュ・ベゼ」という洒落た名前がつけれたその口紅は、ナタリー・ウッドやオードリ・ヘプバーンといった人気女優に推奨され、1950年代の終わりまで大変な好評を博した。その後、女性はよりなめらかで軽い質感の製品を好むようになったが、伝説となったネーミングは今日まで残り、化粧品全般を象徴している。

19世紀からは、男性は（道化師と役者は別として）顔に赤をもちいることはなくなり、衣服にとり入れることもしだいに少なくなっていった。一般的にいえば、時代が下るにつれて赤はより女性化する傾向にある。1915年春に、フランス軍の有名な赤ズボンが廃止されるとと

もに(18)、かつては非常に高く位置づけられていた戦闘的起源を持つ男性的な赤は終焉を迎える。この分野においては、戦争神マルス神が決定的に女神ウェヌス（ヴィーナス）に席を譲ったわけである。赤はもはや男性を飾ったりしないが、女性を引き立てることはやめなかった。女性たちにとって、赤は上品で、すべての用途や年齢層に向いているというわけではないにせよ、なおも上流社会向きの色であり続けた。たしかに少女たちは赤い服をなおもまといつづけたが、少なくとも上流社会においては、赤い色自体は若い娘や年配の女性にはほとんどみられなくなった。

あらゆる領域において色彩に非常に注意深かったマルセル・プルーストは、『囚われの女』の有名な一節において、それにかかわる証言を書いている。若いアルベルティーヌのことが好きで、彼女に品のよい衣服を注文しようとする語り手は、赤い色が適当かどうか自問する。そして、敬服し、かつては多少とも愛していたゲルマント公爵夫人に尋ねる。

158頁

ある軽騎兵の金銭がらみの情事

舞台となっているのは、ロッテルダムのいかがわしい通りで、パリではない。旗はオランダの国旗である。

キース・ヴァン・ドンゲン作「軽騎兵、もしくはロッテルダムのリヴァプール・ライト・ハウス」（1907年）、個人蔵

ゲルマント夫人からはその衣装の呪法をぽつりぽつりとしか聞き出すことができなかった。とはいえその情報は、くだんの衣装が若い娘でも着られるものであれば、アルベルチーヌのために同様の衣装をつくらせるのに役立つものだったのである。「奥さま、たとえばゲルマント大公妃のお宅へいらっしゃる前にサン＝トゥーヴェルト夫人のところで晩餐をなさるご予定だった日、真っ赤なドレスに、赤い靴をお召しでしたね。あのお姿には驚嘆しました。まるで血の色をした大輪の花か、燃えあがるルビーを思わせるお姿でした。あれはなんとよばれるものだったのでしょう？　若い娘が着てもよろしいのでしょうか？」

公爵夫人は（…）涙が出るほど笑いながら、からかって問いただすような嬉しげな目で（…）、「この人どうしたのかしら？　へんな人」とでも言いたげな顔をしていたが、ついで甘えるような表情でわたしのほうを向いて言った、「燃えあがるルビーだとか、血の色をした大輪の花だとか、そんなことはわかりませんでしたが、たしかに赤いドレスを着ていたのは憶えています。あのころつくられた赤いサテン地ですわ。どうかしら、若いお嬢さんがお召しになってはいけないとは申せませんが、でもあなたのお嬢さま、たしか夜は

159頁

口紅

女性は口唇を赤く塗るという行為を、古代から21世紀まで、すべての時代を通じておこなってきた。文化や時代、社会階級、その時々の流行におうじて、色合いはきわめて多様だった。後期ローマ帝国では紫がかったものや黒っぽいもの、中世中期では控えめで上品な色合い、18世紀では強烈で、彩度の高いもの、そして今日ではありとあらゆる色合いとなっている。

フランティセック・クプカ【1871-1957】作「口紅」(1908年)、パリ、国立近代美術館

深紅のズボン

1914年の夏、フランスの歩兵は1870年とほぼ同様のいでたちで出兵していた。軍服はほとんど変化していなかった。重くてあまり実用的でなく、とりわけ派手すぎていた。それゆえ秋には、その茜染めのズボンがドイツ軍の格好の標的となった。

「フランス兵の捕虜を乗せた列車のドイツへの到着」(1914年末)、彩色絵葉書

外出なさらないというお話でしたね。あれは正式の夜会服ですから、昼間の訪問にはお召しになれませんわね」[19]（鈴木道彦訳、集英社）。

この一節はいろいろ教えてくれるが、昔の話である。ここでの夜会とは第1次世界大戦前夜のそれで、当時は女性が午後に社交的な訪問をしており、夜の大規模なレセプションにはそれとは異なる装いででかけていた。だが、こうした慣習は戦争終結直後にあっという間に変化した。狂乱の時代【第1次世界大戦終結後から1929年に世界恐慌が勃発するまでの1920年代、平和と自由が謳歌され、芸術や文化が花開いた活気と喧噪に満ちた時代】において、古いドレスコードは忘れ去られ、1960年代には、体はすべての束縛とタブー——色彩のタブーをふくむ——から解き放たれた。今日では年齢や境遇、アクティビティ、周囲をとりまく人々のいかんにかかわらず、女性はだれでも、本人がそれを望むならば赤い衣服を着ることが可能である。その色の着用がさけられるのは、周知のように、死にかかわる儀礼など、きわめて特殊な場合のみとなっている[20]。

危険な色？

赤旗と赤い縁なし帽──進行中の革命

フランス共和国の象徴
第一共和政【1792-1804年】は多くの象徴を使用した。すべてがこのポスターに載っているわけではないが、ここには三色帽章が型押しされたフリギア帽【フランス革命時に革命派が自由の象徴として被った赤い円錐形の帽子】、「専制君主に死を」というスローガン、さらに三色旗が確認できる。だが、リクトルの束桿【リクトル（古代ローマの警士）が携帯していた斧のまわりに短杖をたばねたもの。単一不可分なものとしてのフランス共和国の象徴】や槍、ことに注意深い国民の象徴である雄鶏が欠けている。

カラー印刷ポスター（1792年）

18世紀末には赤の象徴性に新たな意味がくわわり、その新しい意味は、以後数十年かけて他のすべての意味に勝るようにようになった。政治的赤がそれである。フランス革命に由来するこの赤は、19世紀のヨーロッパにおける社会闘争において重要度をまし、続く世紀には、世界的に広がって色の象徴性を独りじめにするほどまでになった。多くの領域において、「赤い」という語と、「社会主義の」、「共産主義の」、「過激主義の」、「革命的な」といった形容詞のあいだに、ある種の同義性が確立されたのである。歴史を通して、ひとつの色がひとつの思潮をこれほど体現したことはなかった。青と緑がとくに強大なふたつの政治勢力を象徴していた、帝政ローマや中世前期のビザンティウムにおいてさえも、である。

こうした赤の政治化はふたつの繊維でできたオブジェに端を発する。一方は、国王と貴族および聖職者の特権に対する蜂起が起こっていたフランスにおいて、大衆がかぶり、愛国的・革命的階級の象徴となったシンプルな縁なし帽である。もう一方は、赤い色の旗で、もともとは予防的・平和的な用途のものだった。だが、1791年7月、それはパリのシャン＝ド＝マルス（練兵場）で犠牲者の血に染まり、進行中の革命のシンボルに変容した。とすれば、ここで革命の歴史を少したどるべきだろう。まず旗の話からである[21]。

革命前のアンシャン・レジーム期では、赤旗は反逆的でも、暴力的なものでもなかった。それどころか、近隣諸国においてそうだったように、フランスにおいても治安に関連したたんなる合図の手段でしかなかった。赤旗──ないし大きな赤い布切れ──は、危険を住民に警告したり、集会の際に群衆に四散するよう促したりするためにもちいられた。やがてこの旗は1780年代に増加をみた群衆の集会に対するさまざまな法律、そして最終的に厳戒令そのものとむすびつけられていくことになる[22]。そして1789年10月、憲法制定議会が以下のことを宣言する。暴動の際には市吏が「市庁舎や役場の主たる窓やすべての通りと交差点に赤旗を掲げて」、公安権力の速やかな介入を知らせなくてはならないこと」、この赤旗がひとたび出されたときは、「あらゆる集まりは犯罪となり、力ずくで一掃されることになる」。かつては救いの手を差し伸べるためのものであったこの旗は、こうして以後は明確により威嚇的なものとなるのだった。

赤旗の歴史は、それから2年も経たない1791年7月17日という革命的な日に、大きな転機を迎えることになる。国外へ逃亡しようとしたルイ16世がフランス北東部のヴァレンヌで捕まり、パリへつれもどされた。シャン＝ド＝マルスの祖国の祭壇【フランス革命期にキリスト教に代わる市民的観念の象徴として、各地区に設けられた祭壇】のそばに、国王の罷免を求める「共和政の請願書」が置かれ、多くのパリ市民が記帳にやってきた。民衆は興奮し、そのままでは暴動にまで発展しそうだった。治安が脅かされる。そこでパリ市長のバイイ【1736-

白旗から三色旗へ

画家レオン・コニエ【1794-1880。パリ出身の新古典派・ロマン主義の画家・版画家で、一連のナポレオン戦争画で知られる。国立高等美術学校教授】は、1830年7月27日・28日・29日の革命の日を祝うため、この構図によってどのように旧王政の白旗が三色旗に変容したかをしめそうとした。白旗の裂け目から青空がみえる一方、もう一方の側は革命の殉死の血で染まっている。

レオン・コニエ作「フランスのさまざまな旗にかんする寓意的作品」（版画、1826-30年）。パリ、フランス国立図書館版画・写真部門

93。天文学者でアカデミー・フランセーズ会員。反革命分子として、シャン＝ド＝マルスで処刑】は、大急ぎで赤旗を揚げさせた。しかし国民衛兵隊は民衆が四散するするのを待たず、解散命令もなしに発砲した。これにより50名ほどの死者がでた【実際は10数名とされる】。まもなく彼らを「革命の殉死者」としてたたえる宣言が出された。こうして赤旗は「彼らの血を受けつぐもの」となり、一種の価値の反転、さらにいえば嘲弄の手段として、あらゆる圧政に立ち上がろうとする民衆の象徴となった。

それ以後、赤旗は民衆のあらゆる蜂起や抵抗運動時にこのような役割をになうようになる。民衆が街頭に繰り出すたび、または革命で得た権利が危機に瀕しているとみなされるたびに、赤旗が持ち出されるようになった。それはひとつの集合標識であり、その表象的な力は19世紀を通して強まっていった。1791年当時、それはサン＝キュロット【字義は「キュロットをはかない者」。フランス革命の推進力となった社会階層で、主体は無産階級】やもっとも急進的な愛国派の「フリギア帽」ないし「自由の縁なし帽」ともよばれる、赤い縁なし帽と対をなした。

それより2年前の1789年にはじめて登場したこのフリギア帽が、新しい思想のもっとも熱烈な信奉者のあいだで頻繁に着用されるようになるのは翌春のことである。自由と国民の女神像にそれをかぶせた連盟祭【1790年7月14日のフランス革命1周年記念】がそのさいたる例である。そして、それは急速に革命参加者たちのなかでもっとも急進的な人々の着衣のエンブレムとなっていった。赤い縁なし帽は男女を問わず臣民であり続けることを拒否し、市民たることを希求する男女にとって、自由を手に入れたことの象徴であった。1790年、それはサン＝キュロットの画一的な普段着の一部をなすようになり、92年6月20日の蜂起の際、ルイ16世はテュイルリー宮に侵入した民衆によって、この帽子を強制的にかぶらされた。それに続く数日、愛国派の新聞《レヴォリュシオン・ド・パリ（パリの革命）》[23]は、この帽子を「あらゆる隷属からの解放と専制政治の反対者の結集の標章である」と記した。

1792年9月における王政崩壊の後、赤い縁なし帽はいたるところでみられるようになった。それは座位ないし立位の自由の女神像【のちにこれは若い女性をかたどった「マリアンヌ像」として、行政機関の建物や広場などに置かれている。もっとも新しいマリアンヌ像のモデルは女優のソフィー・マルソー】のみならず、槍や旗、統一の叉銃、平等の三角形、正義の女神の天秤竿にもかぶせられた。大部分の公式の文書や書類にもこの帽子が描かれた。とりわけアシニャ紙幣【フランス革命期、王室・教会・亡命貴族から没収した領地を抵当にして発行された紙幣】では、他の新しい標章やシンボルとともに、または単独でその中心に据えられた。

翌年、パリ自治区【革命期に人口2万5000以上の都市に設けられ、パリには48か所あった】の集会においては、三色帽章が型押しされた赤い縁なし帽の着用が義務づけられた。そして縁なし帽（ボネ Bonnet）という語は、それ自体革命的な名前のひとつとなった。これにより、フランス国内に多数存在していたサン＝ボネ（Saint-Bonnet）——聖ボネは7世紀末に死去したクレルモンの司教の名——という名をもついくつかの村は、たとえばボネ＝ルージュ（Bonnet-Rouge「赤いボネ」）、ボネ＝リーブル（Bonnet-Libre「自由なボネ」）、ボネ＝ヌーボー（Bonnet-Nouveau「新しいボネ」）などと改名された。

おそらく「革命的シンボルのうち、もっとも多くの意味を帯びたもの」[24]であったこの帽子は、なにもないところから生まれたわけでは

ない。1789年以前、すなわち75年から83年にかけてのアメリカ革命【独立戦争】における、イメージによる一連のプロパガンダ戦争にすでに登場していた。赤い縁なし帽はそこでは自由の最初の象徴だった。したがって、他の場合と同様、ここにおいてもフランスの革命家たちはなにひとつ発明していなかったことになる。ただ、それ以前にあった慣行や表現様式、記号、シンボルを受けついで、適応・加工しただけなのである。しかし、ありていにいえば、アメリカ革命もまたなにも発明してはいない。この縁なし帽は、じつは16世紀から18世紀にかけて印刷された大半の図像学の概論書やエンブレム書、紋章集成書などに、自由の象徴として載っているからだ。

とりわけそれらのなかでもっとも数多く引照されているのが、1593年にローマで初版【図版なし】が刊行されたチェーザレ・リーパ【1555頃–1622。ペルージャ出身の碩学】の『イコノロジーア』【イコノロギアとも】で、多くの挿絵を載せたその1603年版はすべてのヨーロッパ言語に翻訳されている(25)。縁なし帽をかぶった自由の女神像は、これらのさまざまな集成本や概論書からすみやかに版画や彫版画へ、さらに歴史画やメダイユ、コイン、貨幣へと転写されていった。それゆえ、革命前夜には、縁なし帽の寓意的表現に目新しいものはなにもなかったといえるだろう(26)。

16世紀から18世紀にかけて、碩学や芸術家たちはこの帽子に、古代ローマの解放奴隷が着用していたいわゆる「フリギア帽」の記憶をみていた。歴史的にいえば、この見方は完全にまちがっているわけではない。しかし、今日では、この縁なし帽は奴隷たちの解放儀式においてほとんどなんの役割も果たしていなかったこと、また、この帽子と、前2世紀と前1世紀にいくつかの段階を経て古代ローマの属領となった、小アジアの一地域であるフリギアとはさほど関

係がなかったということがわかっている。ただ、その事実は重要ではない。シンボルと伝承はつねに歴史的正確さより強力だからである。

ここでの伝承が言おうとしているのは、古代ローマの自由民たちがフリギアを奴隷の調達地にしておきたかったということなのである。これら奴隷たちは、ひとたび解放されると、色は赤で形は円錐形、上部が前方にわずかに垂れた、彼らの父親たちの「フリギア帽」をふたたび手にした。一方、フランス革命時に生み出されたイメージでは、赤い縁なし帽は1790年-91年にはたんなる円錐形だった。だが、時間と状況が進むにつれて、それは徐々に「フリギア様式」、すなわち頭頂部が前方に垂れる形状となり、以後、この特徴的な形状が独自のものとして定着するようになったのである。

前述したように、サン゠キュロットたちは1790-92年に赤い縁なし帽をかぶるようになったが、その要因はふたつあると考えてよいだろう。ひとつは、1675年にジャン゠バティスト・コルベール【1619-83。ルイ14世下の財務総監で、重商主義政策を推進した】により課されたさまざまな税制措置に対して、ブルターニュ地方で起こった暴動【印紙税一揆ないし赤帽子の乱】の記憶である（この縁なし帽は、ブルターニュ内陸地方の農民の日常的なかぶり物だった）。もうひとつの、そしてとりわけ重要な要因は、18世紀半ばにガレー船の漕役刑に代わった徒刑において、罪人の徴かつ恥辱の標章として、受刑者が赤い縁なし帽をかぶらされたということである。国民公会は徒刑を廃止しなかったが、縁なし帽の使用は禁じた。

その人気にもかかわらず、革命家のなかにさえ赤い縁なし帽に反対する者が数多くいた。1792年の春からすでにその使用は一般的になっており、ジャコバン・クラブももちいていた。だが、熱烈なジャコバン派で、パリ市長でもあったジェローム・ペティヨン【1723-92。弁護士出身の革命家で、「人民の父」とたたえられた。晩年、ジロンド派に転向した】は、それを「ひたすら誠実な人々を怖がらせる」かぶり物だとして非難した。

一方、マクシミリアン・ロベスピエール【1758-94。ジャコバン派の指導者。サン゠キュロットの支持で国民公会からジロンド派を追放し、権力を掌握して恐怖政治をおこなったが、1794年7月の「テルミドールのクーデタ」で失脚し、処刑された】は、「赤い縁なし帽の人々」（サン゠キュロットと民兵）も、「赤いハイヒールの人々」（貴族）も好きではないと公言していた。これはきわめて興味深い公言である。政治的な象徴体系において、いったいに過激派同士がどれほど近接・類似しているかを際立たせているからである。しかしながら、国民公会は赤い縁なし帽への信頼をたもち続け、これを国家のシンボルのひとつとした。1792年9月から共和政の大型印璽に、槍の先端に描かれた赤い縁なし帽を刻ませたのである。ついで1793年秋には、マイル標石上の「フルール・ド・リス」【王権の象徴】を自由の縁なし帽に変えるよう命じた。総裁政府【1795年-99年】のもとでは、この縁なし帽はより控えめながら着用され、続く統領政府時代【1799年-1804年】に最終的に姿を消した。1802年には、知事たちは公共建造物にみられるすべての縁なし帽の除去を求めた。

政治的な色

　こうして赤い縁なし帽は消え去ったが、政治的色としての赤は生き残り、時がたつとともに広がる傾向にさえあった。フランスに端を発するこの赤は、19世紀の半ばにはヨーロッパ、さらに半世紀後、共産主義が影響力を広げて赤をその象徴的な色としたとき、本格的に世界規模のものとなった。以下では、現代の色の歴史に大きな影響をあたえたこの動きの主要な歩みを辿ってみよう。

　フランスでは帝政期に鳴りをひそめていた赤旗が、1830年の7月革命時にふたたび前面に現れ、続く7月王政【1848年2月24日に瓦解】のもとで勃発した民衆蜂起の際にくりかえし登場している。すなわち1831年11月のリヨンにおけるカニュ（絹織物工たち）の反乱、32年6月と34年4月の共和派のパリ市民たちによる蜂起のときにも赤旗がもちいられたのである。そこでの赤旗はバリケードの上にたなびいていたり、雇用者やしだいに保守化する政府に対して立ち上がった民衆のエンブレムとして使われたりした。ヴィクトル・ユゴーは『レ・ミゼラブル』の中で、1832年6月、パリに築かれたバリケードの上でのマブーフ老人の死を語りながら、赤旗に芝居がかった数頁を割いている。

　ぞっとするような爆発音がバリケードのうえに響きわたった。赤旗が落ちた。一斉射撃は激しく集中的だったため、赤旗の竿、つまり乗合馬車の長柄の先がへし折れてしまったのだ。(…)そして【アンジョルラスは】ちょうど自分の足元に落ちてきていた旗をひろいあげた。(…)アンジョルラスはつづけた。
　「だれか度胸のある者はいるか？　だれかバリケードに旗を立てなおす者はいるか？」
　ひとつとして答えはなかった。ふたたび銃で狙われているのはまちがいないのに、わざわざバリケードのうえに昇ることは、とりもなおさず死を意味していた。(…)
　アンジョルラスが「だれも名のり出ないのか？」とくりかえしよびかけたとき、老人【マブーフ】が居酒屋の入口に姿を現した。(…)老人は真っ直ぐにアンジョルラスのほうに歩いていった。蜂起者たちはどこか宗教的な畏怖のようなものを感じて、彼のとおる道を開けていた。彼は唖然として後ずさりするアンジョルラスから旗を引ったくった。そして、だれひとりすすんで押しとどめることも、手助けすることもできないでいるうちに、八十の坂をすぎたこの老人は、頭をゆらゆらさせながらもしっかりした足どりで、バリケードのなかにしつらえられていた敷石の階段をゆっくりと昇りはじめた。それがあまりにも陰惨で、あまりにも偉大な行為だったため、まわりの者たちが一斉に、「脱帽！」と叫んだほどだった。彼が一段一段昇っていく様は鳥肌が立つような眺めだった。白い髪、老いさらばえた顔、禿げあがって皺のよった大きな額、落ちくぼんだ眼、驚いたようにぽかんと開いたくち、赤旗を掲げるしなびた腕、それらが突如、闇のなかから現れ、松明の血のような光のなかでしだいに大きくなっていった。まるで九三年の幽霊が恐怖政治の旗を手に、地から湧き出たかと思われた。

三色旗の救い主ラマルティーヌ

200人以上が描かれているこの大作は、1848年の２月革命（２月25日）のもっとも有名なエピソードを描いたものである。臨時政府のメンバーだった詩人のラマルティーヌは、蜂起した者たちが国旗として認めさせようとしていた赤旗を拒絶し、世論を三色旗への賛意へと向けさせた。

アンリ＝フェリックス＝エマニュエル・フィリポトー【1815-84】作「1848年２月25日、市庁舎前で赤旗を退けるラマルティーヌ」（1848年）、パリ、プティ・パレ美術館

最後まで階段を昇りきり、わなわな震えるこの恐るべき亡霊が、目にみえない千二百丁の銃を前に、がらくたの山の頂に立ち、死に刃向かい、じぶんは死よりも強いとでも言わんばかりに、すっくと身を起こしたとき、暗闇に沈むバリケード全体が、およそこの世のものとも思われない壮大な様相を呈した。ただ奇跡のまわりにしか起こりえない沈黙がひろがった。

その沈黙の只中で、老人は赤旗を振りながら叫んだ。

「革命万歳！　共和国万歳！　友愛！　平等！　そして死を！」[27]【西永良成訳、ちくま文庫】

のちに国王ルイ＝フィリップを追放する1848年の２月革命の際、赤旗は新しい意味を帯び、フランス国旗になる寸前までいった。２月24日に共和政を宣言したパリの叛徒たちは、翌25日、赤旗を振りかざしながら臨時政府が招集された市庁舎に集まった。そして、群衆を代表して彼らのひとりが、「民衆の貧困の象徴と過去との断絶の印」である赤旗を国旗として正式に採択することを要求した。この緊迫した時期、共和政とそれを象徴する国旗について、２通りの考えが対立していた。一方は、ジャコバン派の考えで、進行中の革命がブルジョアジーを利した1830年のそれとは異なる、新しい社会秩序を夢みる「赤旗」、もう一方は、社会の転覆をなんら望むことがない改革をめざす、より穏健な「三色旗」である。臨時政府のメンバーで外務大臣でもあった詩人のアルフォンス・ド・ラマルティーヌ【1790-1869】は、今も名高い演説をおこない、世論を三色旗への賛意へと向けさせた。

市民諸君がわれわれ政府に持ちこんだ赤旗は恐怖の旗で（…）、人民の血のなかを引きずられ、シャン＝ド＝マルスを１周したにすぎないが、三色旗は祖国フランスの名声と栄光、そして自由とともに世界を１周している（…）。三色旗はフランスの旗であり、われわれの勝利の軍隊の旗であり、ヨーロッパを前にして掲げるべきわれわれの勝利の旗なのである[28]。

のちに書かれた著作のなかで多少とも自らの言葉を潤色しているとしても、ラマルティーヌがこの日、三色旗を救ったことにまちがいはない[29]。それから23年後の1871年【普仏戦争敗北の翌年】、赤旗はふたたびパリの街頭にあふれ、コミューン（革命自治政府）の手で市庁舎のペディメントに掲げられた。しかし、赤く蜂起したパリは、アドルフ・ティエール【1797-1877。第３共和政初代大統領】と国民議会が動員したヴェルサイユ正規軍に敗北した。それ以来、三色旗が秩序と正統性の旗となり、赤旗は抑圧され、最終的に反乱する民衆の旗とみなされるようになった。ただ、それ以前から、赤旗の歴史はもはやフランスだけでなく、ヨーロッパのそれとなっていた。

19世紀半ばに産業化されたヨーロッパのいたるところで叛乱が勃発しているとき、赤旗は労働運動の、ついで自分たちの主義を主張する労働組合や政党の、とりわけ1850年代からはいくつもの国で創設された社会党の識別標となった。それはまた、1848年に相次いだ国家的、民衆的あるいは自由主義的な一連の革命、すなわち大いなる期待をいだかせながら、最後には恐ろしい失望をもたらした革命に幻滅した大部分の人々によっても掲げられた。19世紀末に、

「共産党に１票を！」

1918年11月の敗戦時、翌年1月の選挙のために、ドイツ全土で熾烈なプロパガンダが展開された。この選挙により、【ドイツ皇帝ヴィルヘルム２世が廃位されて】帝政が瓦解し、議会制民主主義国家【ヴァイマル共和国】が誕生した【これをドイツ革命ないし11月革命とよぶ】。レーテ【兵士と労働者による評議会】は、ロシアのボルシェヴィキによって樹立されたソヴィエトに類似した体制をめざして闘った。

アルトゥア・カンプ【1864－1950。ドイツの歴史画家】作「共産党に投票を！」（1918年）。ベルリン、ベルリーニッシェ・ギャラリー

五月革命のポスター

パリでは、五月革命のポスターの大部分は美術学校や装飾美術学校の「民衆の工房」において着想・印刷された。孔版によるシルクスクリーン印刷で、多くの場合、それらはストライキ中のジャーナリズムの印刷所から提供された新聞紙に印刷された。赤インクの使用は、黒インクに勝る表現主義的強さをこれらのポスターにあたえていると同時に、この騒乱の革命的性格を浮き彫りにしているといえる。とはいえ、いわゆる「五月革命」の多くのポスターはじつは偽造ないし複製品であり、より最近になって制作されたものである。

パリ、フランス国立図書館 版画・写真部門

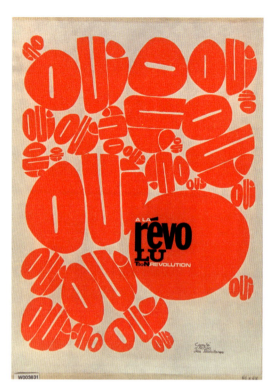

ヨーロッパ全域の社会主義者と革命家が赤旗のもとに結集したのはそのような理由からである。そして赤旗は、5月1日が「労働者の国際的祝日【メーデー】」に選ばれた1889年以降、さらに影響力を持つようになった。それ以降、この日には5大陸のあらゆるデモないし行進に登場するようになっている。

1917年のロシア革命のあとで、ひとつの新たな展開がみられた。権力についたボルシェヴィキ党がソヴィエト【労働者・農民・兵士からなる評議会】の体制下でプロレタリア独裁を樹立したのだ。この体制は赤旗を採用し、それは1922年にURSS（ソヴィエト社会主義共和国連邦）の公式の国旗となる。その旗は、最初はキリル文字によるさまざまな標語【およびロシア大陸中心の地球儀とその上に描かれた鎌・ハンマー、周りを囲む麦の穂などの図柄】で埋められていたが、最終的に労働者と農民の団結を象徴するX字に交差させた鎌とハンマーがあらわされた(30)。それ以来、この赤旗は世界中のあらゆるところで、単独で、あるいは他のシンボルとともに、共産主義を標榜する組合や政党、政治体制にしだいに採用されていった。1949年には、新しい中華人民共和国によっても選ばれた。そこには赤地に黄色い4つの小さな星と1つの大きな星、つまり五芒星が配されていた【五星紅旗】(31)

赤旗はまた、世界のほぼいたるところで労働運動をなおも連繫させている。そこには社会主義を堅持する運動(32)にくわえて、革命の永続、あるいは革命が世界全体に行き渡ることを夢見るいくつかの極左セクトもふくまれる。そして1968年の五月革命では、赤旗はパリをはじめとする各地でのデモやバリケードに、自分よりさらに左に位置するアナーキストとニヒリストたちの黒旗を目のあたりにすることになる。

その間、「赤」という語は、形容詞であろうが実詞であろうが、いくつかの言語において政治的に強い意味をもつにいたった。フランス語の場合、すでに1840年代から「赤」(ルージュ)は政治・社会の分野においてもっとも進歩的な考えに賛同する人、より一般的には革命家を意味していた(33)。この用語法は、19世紀末と20世紀全般を通じて、文芸の分野においても一般的だった。出版・マスメディアにおいても同様であり、共産党の誕生と定着ののちには、「赤票」や「赤い郊外」、「赤い市町村」などが、また共産主義に反対する思想では、「赤禍」といった言葉がしだいに頻繁に使われるようになった。さらに1981年にフランソワ・ミッテランが政権【−1995年】について以降、ある種の色彩の曲用により、ローズ（バラ色）が社会主義者の色になり、それと平行して「ローズ票」や「ローズの郊外」という表現もなされるようになった。しかしながら、赤がまだ社会主義者だけのものであった1900年代、婉曲法ないし変色によって、ローズは政治的により穏健な急進社会主義者の色であった(34)。

国際的にみると、20世紀後葉、共産主義の赤は、とりわけソ連や中国、そしてその衛星国ないし同調国と関連づけられていた。スポーツの分野においては、東欧諸国では、しばしば軍隊を出自とするさまざまな【プロフェッショナルな】スポーツクラブが急増したが、これらのスポーツ・クラブは1918年に採用されたソ連軍の徽章に敬意を表して、「赤い星」を冠した名称がつけられていた【たとえばベオグラードを本拠地とするサッカーチーム「ツルヴェナ・ズヴェズダ（レッドスター・ベオグラード」など】。

一方、出版の分野では、中国の文化大革命時期、33章で構成された毛沢東の著作などからの引用になる赤い表紙の選集『毛主席語録（毛沢東語録）』が世界中にあふれかえった。いささかとってつけたような、場合によってはわかりにくい性質にもかかわらず、この書は世界全体で9億冊が販売され、歴史的な大ベストセラーの1冊となった【1966年に一般向けとして刊行され、のちに紅衛兵の必携書となったこの書は、10年間で65億冊（！）が印刷されたという】。出版史上これより売れたのは、聖書のみである。

しかし、その政治的意味において、「赤」という語はいつもこのようにおだやかに使われていたわけではなかった。過激なまでに暴力的な政治的形態を具現さえした。1975年から79年までカンボジアを支配し、300万以上の死者を出したとされる、クメール・ルージュによる凄

黒旗と赤旗

1968年の5月革命の大きな政治的（かつ色彩的）出来事のひとつとして、伝統的な赤旗のかたわらに、さらにラディカルなエンブレム、すなわちアナーキストとニヒリストたちの黒旗が現れたことがあげられる。それ以降、革命の赤は政治的な色としてもっとも過激なものではなくなった。この黒の選択によって、おそらく極左勢力と極右勢力がふたたび合流するようになった。

1968年5月13日のパリにおけるデモ

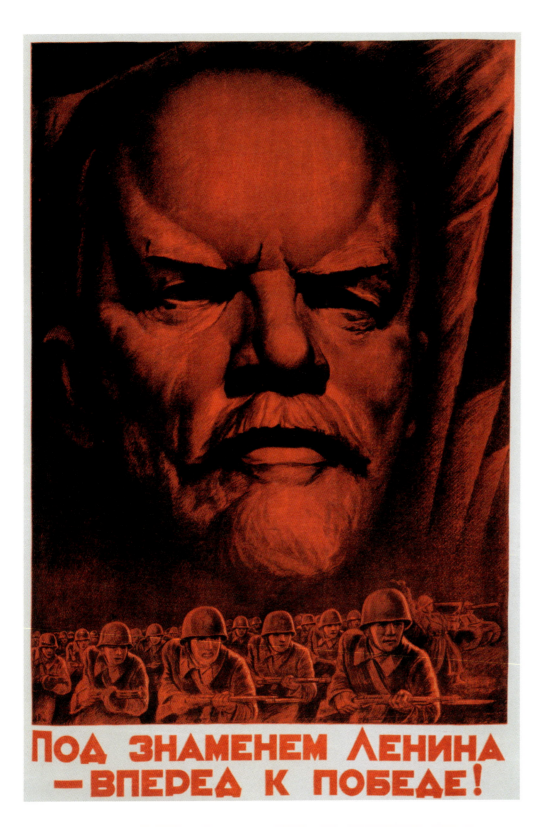

ロシアのプロパガンダ用ポスター

共産主義のロシアは、赤と黒をプロパガンダ用の支配的色とした。ヒトラーのドイツでも同様で、ヨーゼフ・ゲッベルス【1897-1945。ヒトラーの側近で国民啓蒙・宣伝大臣をつとめ、「プロパガンダの天才」と称された】は、白－赤－黒の三幅対を「アーリア人種の力をあらわす色の組みあわせ」だとして、赤と黒に白をくわえた。

「レーニンの旗に、勝利まで続け」、ロシアのポスター（1941年）

赤い中国

共産主義の中国においては、パレードと行進が数多く催されている。それはおびただしい赤旗が持ち出される機会である。中国共産党の党旗は、左上の隅に黄色で鎌とハンマーが、国旗は5つの黄色い星――ひとつが残りの4つより大きい――がそれぞれ赤地のうえに描かれている【この国旗は「五星紅旗」ともよばれ、大星は中国共産党と人民の団結を、4つの小星は労働者・農民・知識階級・愛国的資本家をあらわし、黄色は光明を象徴する】

国慶節の日のパレード（1966年10月1日）

惨きわまりない体制がその1例である。あるいは、1970年代の「ドイツ赤軍派」【1968年に結成された極左の民兵組織】による血まみれのテロ行為、さらには1978年3月、イタリア共和国の次期大統領になることが確実視されていた、キリスト教民主主義の指導者アルド・モーロを誘拐し、2ヶ月後にローマの中心部で殺害した「赤い旅団」【1969年にイタリアでの革命などを目的として結成された極左テロ組織】などの例もある。

　赤い色と、左派および極左の政党または政治的グループの関係は、150年以上ものあいだこの色の歴史を支配し、他の関係、たとえば幼年期や愛、情熱、美、楽しみ、エロティシズム、権力、そして正義との関係までもが後方に押しやられていた。ひとつの思潮が赤だけをもちいているうちに、そのエンブレムやシンボルとしての役割を独占したのである。

　そこでは赤はもはやひとつの色というより、むしろイデオロギーとなっていた。数年前まではまだ、赤が好きな色だと告白すれば、ただちに紛れもない共産主義者だとみなされるほどだった。ソ連の解体と共産主義というイデオロギーの弱体化を経た今日、この必然的な関連性は大幅に弱まった。しかし、色のなかで緑がそれを引きついだようである。他のどの色より緑が好きだといえば、あやまたず環境保護論者か自然エネルギーの擁護者、あるいは有機農業論者、さらには熱心な環境保護の活動家と思われるようになっているからだ[35]。そこでは感情的・詩的・美的・幻想的な特性がそっくり奪いとられ、最終的に色というもののあり方が歪曲されてしまう。こうした性急で単純な画一化とはたしてどのように闘ったらよいのだろうか。

エンブレムとサイン

ヨーロッパの国旗

EUに加盟している28か国の国旗は、7色しかもちいていない。白、黒、赤、緑、黄色、青、オレンジ色である。そのうちもっとも頻出しているのは赤で、23か国の国旗（82パーセント）に使われている。

ストラスブール、欧州議会の庭園

　現代社会において、そこから生まれた赤旗とさまざまなエンブレムが、自分のためだけにのみこの色の象徴性を独占したという印象を時折あたえてきたとしても、両者が赤の象徴性の独占権をえたわけではけっしてない。数多くの文脈において、赤は過去から現在まで他の多くのエンブレムや記章、符号、サインにもちいられているからだ。

　以下ではまず旗のもつもうひとつの特性からみていこう。国旗は繊維素材のオブジェの場合は風にはためき、たんなるイメージ（造形表現）の場合は無数に複製される。だが、このオブジェからイメージへの移行は、重要な転換点となる。では、国旗はいつ、どのように、竿の先端にとりつけられ、遠くから見える目的でつくられたまぎれもない布地から、さまざまな種類の支持材に置かれ、近くでみられるために考案された非繊維素材の旗に変わるのだろうか。分野を問わず、具体的なオブジェから象徴的なイメージへのこうした移行は、どのような突然変異によってもたらされるのだろうか[36]。

　これらの問題はなおもしかるべき歴史家たちの検討を待っているが、おそらくそれはいまだかつて提示されたことすらない問いだろう。一般的にいって、国旗はなおも十分に研究されていない歴史学的な研究対象としてある。過去2世紀にわたって、国旗についてまわったあらゆる私物化ないし流用や情熱ないし受難、さらにあらゆる偏向が、研究者たちを怖じ気づかせていたのかもしれない。たしかにしかじかの国旗の歴史にかんする多少なりとしっかりなされた個別研究は存在する。世界中の国旗についての公式・非公式の総覧も使うことができる。しかし、旗をあらゆる角度、すなわち物質的、制度的、社会的、法的、政治的、典礼的、象徴的、記号的な角度から検討したような、より野心的な研究はいまだない。このような研究は共同作業でしか実現しえないのだろう[37]。

　ここでは現存する総覧、たとえば国連加盟国の国旗総覧をとりあげ、それぞれの色がそこにおいて占める割合を検討してみよう[38]。明らかに赤が支配的である。この色は、2016年現在「独立国」とみなされる約202か国の4分の3の国旗に使用されている（77％）。これは桁外れの割合である。以下、白（58％）、緑（40％）、青（37％）、黄色（29％）、そして黒（17

％）が続く。その他の色は、かなりまれかまったく存在しない（たとえば、灰色やバラ色）(39)。では、なぜ赤がこれほどまでに遍在しているのだろうか。赤が象徴的にもっとも強力であるという説明だけでは十分ではない。ここでは今日五大陸でもちいられている国旗の体系が、西洋文明の創造物であることを明言しておかなくてはならないだろう。当初はキリスト教ヨーロッパのみの文化的理解と感性にもとづいて構築されたこの体系が、全世界に広がったのは比較的最近にすぎない。

ところが、そのヨーロッパでは、国旗のコード化以前に、紋章のコードが存在していた。たしかに紋章と国旗の系譜はつねに直截的というわけではない。しかし、旗章学が紋章学、つまり赤——紋章用語でいうところの「グル」【前出】——が長いあいだ支配的な色であった、記号体系の子孫であることは否定できない。おそらくそれが赤の遍在性にかかわる主な理由である。とはいえ、この色が現代の国旗のいたるところにみられる理由はそれだけではない。国旗は決して単独で存在するものではないからである。それはしばしば他のひとつないし複数の国旗に呼応している。他の国旗の色を採り入れたり再編したりしているからである。たとえば1777年から83年にかけて生まれたアメリカ合衆国の国旗【通称「星条旗」。独立時の13州を環状の白い星であらわしたもの】は、青・白・赤のイギリスの国旗——独立戦争の敵国の国旗【ユニオンジャック】——を積極的に、だが別の図柄で組み変えたものである。より最近では、共産主義圏におけるいくつもの国旗が、そこでもちいられている赤をソ連国旗の赤に、そしてさらに遡れば、神話的な赤に負っているのだ(40)。

紋章学や記号論ないし政治学にもとづくこれらの説明は、たしかになぜ単色または複数の色が選ばれたかを理解する助けとなるが、つねにではない。そうした説明は、一般的にあまりに機械的で期待はずれであるため、政府と国民から受け入れられていないからである。まさにこのことが、国旗の誕生を重大ないし特権的な出来事と関連づけるため、あるいはその出自を詩や神話によって美化するため、さまざまな伝承があとづけで創られた理由だといえる。

これらの伝承のうちのいくつかのは、古くからある。たとえばデンマークの赤地に白十字の華麗な国旗、通称「ダンネブロ」は、リボニア【エストニアのバルト海に面した地方】の異教徒を相手に戦う国王ヴァルデマー2世【在位1202–41】麾下のキリスト教徒軍を支援するため、1219年に天からあたえられた神徴に由来するという伝承である。朝日を象徴する大きな赤い円で、国名そのものとしても使われる「雄弁な」エンブレムである日本の「国旗」にも伝承がある(41)。それによれば、この旗は7世紀に誕生したとされるが、資料で裏付けられるのは16世紀からでしかない【諸説ある】。その他のあとづけの伝承や説明は、しかじかの国旗の赤にみられるように、祖国の独立と自由（これは緑によって具現化される）のために自らの命を投げ出した殉教者の血といったように、より貧弱で、しかもしばしばより最近のものである。

ヨーロッパで誕生し、国際的となったエンブレムのもうひとつの体系も、赤に卓越した立場をあたえている。道路標識である。これもまた中世の紋章を継承しており、その表示板は、国旗以上に本格的な紋章のように構成されている。それらはほとんどが紋章の配色を規制する原則を遵守しており(42)、多くが紋章学の言語であらわされているからである。例を2つ挙げてみ

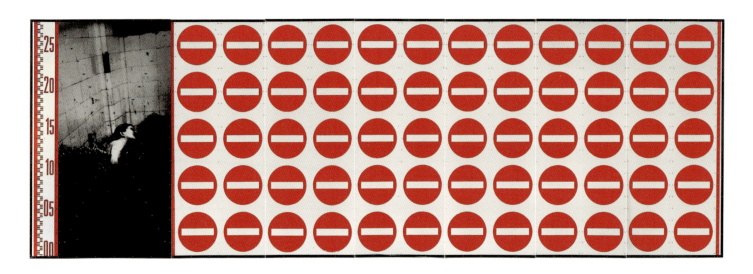

道路沿いの紋章

道路標識は、かつての鉄道標識がそうであったように、紋章の規範に大きく影響を受けている。標識は大部分が大紋章のように構成されており、紋章学の用語であらわすことができる。たとえば赤地に銀の浮きフェスが配された車両進入禁止の標識のように、である。

ジャン＝ピエール・レノー作「車両進入禁止の壁」、紙とネジによる大コラージュ（1970年）、291 × 873 cm。

ジャン＝フィリップ・シャルボニエの写真資料、ドゥニーズ・デュラン＝ルエル・アーカイヴ、アーティスト・コレクション

179頁上

赤信号。アトランタ、アメリカ合衆国

よう。ひとつは車両進入禁止の標識である。これは紋章の赤地に銀の浮きフェス【横帯】がもとになっている。もうひとつは、学校の存在を知らせ、徐行を命じる標識である。白地に黒で歩行する小学生が2人描かれ、赤で【三角形に】縁どりされた紋章がモデルになっている。

歴史的にみれば、こうした道路標識は、18世紀に誕生した航路標識と1840年代から使われている鉄道標識の子孫である。とすれば、19世紀から20世紀にかけての転換期の道路標識の出現前にすでに使用されていたものと、独自の創造になるものとを識別するには、標識の厳密な系譜学が必要となるだろう。それをここでおこなうことはもとより不可能である[43]。それゆえ以下では、道路交通法が色彩の世界と関係をたもっているということを強調するだけでよしとしよう。

道路標識は3通りの形態をとりうる。平行タイプ（路面標示）、垂直タイプ（交通標識）、光るタイプ（3色信号機、点滅系統）である。しかし、これらのケースにおいて、さまざまな色の意味ないし含意は同じままである。そこでは赤・青・黄色・緑・白・黒の6色のみがもちいられており、ヨーロッパではこれら6色は中世以来ほとんどすべての色彩体系の基本色であった。交通標識にかんしていえば、白・赤・青が主要な色となっている。ただし、白は単独では機能せず、他の色と一緒でのみ機能する。大部分の標識に存在しながら、白は独自の意味をもたず、しばしばたんなる表示面にとどまっているのだ。

それに対して、赤はつねに危険ないし禁止といった考えにむすびついている。それが標識をとり囲んでいるとき——多くのケース——は危険、白と一緒にもちいられるときは車両進入禁止や停止、そしてよりまれだが、青とともに使われるときは駐車禁止や停止を指示する。一方、青は地の色として使われるとき——この使われ方は頻繁になされる——、速度規則や方向指定などの遵守義務をしめす。また、白と組みあわされて駐車場、病院、高速道路区間の始点といった、たんなる地理上の情報を提供することも

ある。黄色は、とりわけ一時的な標識に属するが、利用者に慎重であることをうながすいくつかの標識においては、地の色としてももちいられる（事故、工事現場、工事中など）。使用される頻度はより少ないが、緑は一般的に許可を意味する。黒は危険を警告するか、斜めの棒線によって禁止の終わりを知らせる。

大まかではあるが、以上がフランスおよび隣国のいくつかの道路標識における色のもつ意味である。しかし、こうした規範は人が思うほど厳格でなく、より柔軟である。おそらくそのことがこの規範を効率的に機能するのを可能にしているはずである。それぞれの色はいくつもの暗示的ないし明示的意味を帯びており、同じ概念がいくつもの色によって表示されることもある。くわえて、国ごとに、さらにいうならいくつかの国（ドイツ、イタリア、イギリス）では地域ごと、道路のカテゴリーごとに、変異形が存在する。しかし、赤を禁止にむすびつけているようないくつかの確固とした考え方は、幾度もくりかえし現れている。たとえば古い道路交通法のカラー版小冊子には、禁止事項が少なかったことから、赤が少ししかみられない。それに反して、現行の分厚い規則書では、禁止事項が優勢であるため、赤がはびこるようになっているのだ。この違いは、それだけで20世紀初頭と21世紀初頭のあいだの我々の社会の変化を非常に端的にしめしているといえる[44]。

航路標識

国際信号旗の構想には長きを要した。最初の信号灯が早くもローマ時代に現れていたとしても、規範の萌芽が日の目をみるのには18世紀、それがまぎれもない国際的広がりをもつには1860年代を待たなければならなかった。この規範も紋章に大きく影響されており、非常に大きな拘束力を有する紋章の配色法を厳守している。

国際信号ポスター（1920年頃）

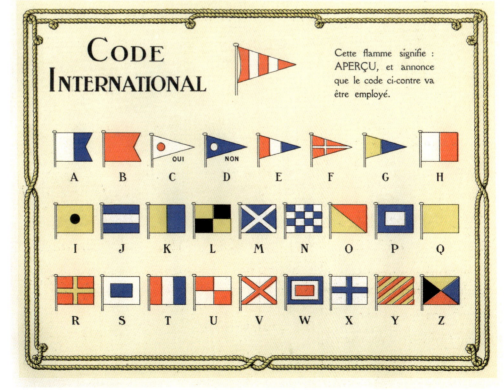

道路標識では、ある固有の要素が単独でひとつの装置を形づくっている。最初2色だったものが時を経て3色になった信号機である。この信号機もまた、航路標識に由来する鉄道標識の継承者といえる。海上でそうであるように、路上でも、最初の信号機は赤と緑の2色を対比させたものであった。

　世界最古の信号機が設置されたのは、1868年12月、ロンドンのパレス・ヤードとブリッジ・ストリートの角である。それは回転ガス灯を交通整理の警官が操作するという装置だった。だが、このシステムは危険なもので、翌年には、ランプを点火しにやってきた警官が、爆発によって生命にかかわるほどの傷を負っている。それでも、ロンドンは信号機の分野においてパイオニアであることを十分にしめした。同様の装置がパリにはじめて登場したのは1923年、ベルリンはその翌年にすぎないからである。パリにおいて最初に信号機が設置されたのは、セバストポール大通りとサン＝ドニ大通りの交差点だった。その信号機は通行を禁止する赤一色のものだった。緑が現れたのは1930年代初頭にすぎず、中間の色であるオレンジの出現はさらに後のことである。その間に、2色の信号機がアメリカに広がっていた。1921年のソルトレイク・シティをかわきりに、14年にはクリーヴランド、18年にはニューヨークに導入された[45]。

　ではなぜこの赤と緑の2色が、18世紀に入ってすぐにまず海上で、次に鉄道で、最後に道路で交通を統制するのに選ばれたのだろうか。なるほど赤は古い時代から（聖書のなかですでに言及されている[46]）危険と禁止の色であったが、緑は何世紀ものあいだ、許可や通行許可証とはなんのかかわりもなかった。それどころか、緑は無秩序や違反、確立された規則や体系に反するすべてのものを象徴する色としての機能を果たしていたのだ[47]。その上、緑は白がはるか昔から、そして青が中世の中期頃からおそらくそうだったように、赤に対立する色と考えられてもいなかった。

　しかし、色の分類において変化が生じた。この変化は、とりわけニュートンの発見（色のスペクトラル分類）が最終的に認められ、3原色と補色の理論が広まった18世紀においてみられた。それ以降、原色である赤は緑を補色とし、この2色が対をなすようになった。そこでは赤が禁止をあらわし、反対にその補色である緑が徐々に許可の色になっていったのである。その結果、1760年から1840年にかけて、まず海上で、次に陸上で赤が通行を禁止し、緑がそれを許可することが習慣化していった[48]。こうしてもうひとつの新しい色彩の規範史が生まれたのである。

現代における赤

赤十字

ジュネーヴの市民グループによって1863年に創設された赤十字国際委員会【提唱者は実業家のジャン・アンリ・デュナン（1828-1910）】は、最古のそして今なお存在する人道的支援団体である。そのエンブレムはスイス国旗の配色を反転して、白地に赤い十字が施されている。武力衝突の際、このエンブレムは、その兄弟とでもいうべき赤新月と同様に医療活動と医療施設を保護する。少なくとも建前としては。

ジャン＝ミシェル・フォロン【1935-2005。ベルギーの画家・版画家】作ポスター「フランス赤十字」（1981年）

赤い色と禁止または危険との関係は、他のさまざまな分野においてもみられる。現代社会は、この枠組みにおいて、聖書と中世のキリスト教倫理を継承した赤の象徴的機能を拡張し、それを大規模に使用してきた。赤は多様な状況下で警告を発し、規定し、禁止し、咎め、罰する。こうしたことはたしかに現代における赤の主要な用途のひとつである。だが、それはいたるところで青に追い抜かれ、日常生活と私的領域において使われることはよりまれになっている。

アンシャン・レジームのもとでそうであったように、赤い布切れや赤いマークないし目印は危険を知らせる。「規定の服用量を越さないこと」、「医師の助言のもとにのみ利用すること」といった注意書きとともに薬箱の上に描かれた赤い線や図柄もその例である。さらには、街頭における優先スペースや立入禁止スペースの境界を定める紅白のストライプもまたそうである。とりわけ赤い消防車がいかなる場合にも他のすべての車に優先する、火災と消防士の領域もしかりである。消防士の制服が赤ではなく黒やマリンブルーの場合は、一般に襟の折り返しが赤で飾られている。

一方、消火器や消火用具の色は世界中いたるところで赤である。そのうえ、ビルや一般家屋、事務所においては、簡単にみつけられるように、通常はこれらが唯一の赤いオブジェとなっている。街頭においても同様で、赤い看板は特殊な業種の店や仕事場に固有のものである。たとえばフランスにおけるたばこ小売店の人参型の看板、イタリアにおける薬局の十字などである。さらに武力衝突が起こった場合、同じ名を持つ2つの人道・医療支援組織のエンブレムである赤十字と赤新月は、容易にそうとわかるように車や建物の上に据えられ、軍事攻撃からそれらを守る。少なくとも建前としては、である[49]。

言語それ自体は、時代とともに「赤」という語をもちいて危険または禁止の概念を表現する数多くの熟語や表現を生み出した。現代フランス語にみられるものを少し列挙してみよう。「赤い警報」【最高レベルの警戒】、「赤い電話」【国家元首間のホットライン】、「レッド・ゾーン」【環境的・社会的観点からみて危険度が高く、立ち入りが禁止されている地域】、「赤にランク付けされた日」【交通渋滞の度合いの非常に高い日】、「赤のなかにいる」【財政的に苦しい状況にある】、「赤いリストに載る」【電話帳に番号を載せない】、「赤い雑巾を振る」【論争を引き起こすような問題

CROIX-ROUGE FRANÇAISE

消防士の赤

1世紀以上前から、多くの国において消防士は襟の折り返し部分が赤である制服を着用し、赤い消防車を運転する。この消防車は通常パトカーをふくめた他のすべての車に優先する。玩具として子供たちのあいだで人気があるゆえんだろう。まず赤ありき（！）、である。

シトロエンB14型消防車。木・金属製玩具（1927年）

に手を付ける】、さらにラジオや映画およびテレビの撮影現場における「赤ランプが点灯される」というものまである。同様の表現はおそらく西洋の大部分の言語にもあり、それらは人体、とりわけ顔とかかわり、不安や恐怖、羞恥、怒り、当惑といった感情をあらわすさまざまな言いまわしや諺、言語慣行に共通してみられる。たとえば「赤をみる」【かっとなる】、「赤変する」、「真っ赤になって怒る」、またはより直截に「雄鶏、ロブスター、ザリガニ、牡丹、トマト、ヒナゲシ…などのように、【顔が】赤いもしくは赤くなる」のように、である[50]。

こうした赤の少し異なる用語法としては、赤インクで添削された小学生の答案から、中世以来、判事がまとうこの色の法服をへて、真っ赤な焼き鏝で烙印を押された古代の重罪人や徒刑囚にいたるまで、賞罰や制裁ないし刑罰をしめしたりもする。ここではこの正義の赤が刑を科す者とそれに服する者両方の色であることを力説しなければならない。ヴィクトル・ユゴーが『レ・ミゼラブル』のなかで2度引いている古諺、「徒刑囚の上着は判事の法服を裁ったもの」は、じつはここからきている。たしかに両者とも赤色である。

ただ、幸いなことに、この色はつねにそれほど不安をいだかせたり、危険であったりするものではない。たとえば商いでは、赤はとりわけ注意を引く目的で使用される。赤で表示された価格は、販売促進商品またはお買い得品を目立たせる。商品の値札にある赤い小さな点は、販売の条件が特殊であることを表示する。「赤ラベル」はある商品の品質をほめそやす。ただ、それはありきたりの品をしのぐが、「黒ラベル」の恩恵に浴するものよりはおとるものとしてもいる。広告のポスターにおいても同様で、赤は目立たせること、強調すること、視線を引きつけること、さらには気に入られること、魅惑することを狙いとしてもちいられる。赤がなおも

聖ニコラウスからサンタクロースへ

広く知られる解釈に反して、サンタクロースは決してアメリカのものではなく、その着衣の赤もじつはコカコーラの赤とは少しも関係ない。サンタクロースは多くの奇蹟をなした人物で、子供の庇護者でもあるミュラ（トルコ・アナトリア地方）の司教聖ニコラウスの後継者なのである。その祝日である12月6日、聖ニコラウスは子供たちにプレゼントを配る。早くも中世から彼は赤い服に身をつつんだ姿であらわされてきた。この伝統はプロテスタントである北ヨーロッパで維持された。一方、カトリック圏のヨーロッパでは、12月25日に祝われるサンタクロースに少しずつとって代わられていった。

《セント・ニコラス・マガジン》【1873年から1943年まで刊行された児童向け雑誌】に掲載されたジョン・D・ケリーによるポスター（1895年）、ニューヨーク

誘惑の色であるからだ。かなり前から、少なくとも西欧世界において、男性にとっても女性にとっても、赤はもはやお気に入りの色でなくなっているにもかかわらず——この役割は青によってになわれている[51]——、依然として快楽、とりわけ官能や感性の快楽としばしば関連づけられている。

赤い色の玩具やボールと同様に、赤いキャンディーは子どもたちの大好きなものである。赤い色の果物はビタミンが豊富であり、他のいか

赤での添削・校正

小学生の学習ノートや答案だけが、赤で添削された資料ではない。ゲラ刷りもまたそうであり、ステファヌ・マラルメ【1842-98】の活版印刷の有名な詩集『骰子一擲（賽の一振りは決して偶然を廃することはないだろう）』のこの2葉の紙片がしめすように、19世紀の終わりからすでに赤による校正はおこなわれていた。作者が求めた非常に入念に練られたレイアウト、ヴァリエーションにとんだ活字は、すべて赤鉛筆で校正された6校の相次ぐゲラ刷りを要した。ただ、この詩人の重要な作品である規格外の詩は、明瞭ではない。

ステファヌ・マラルメ『骰子一擲』、ゲラ刷り（1897年）、パリ、フランス国立図書館

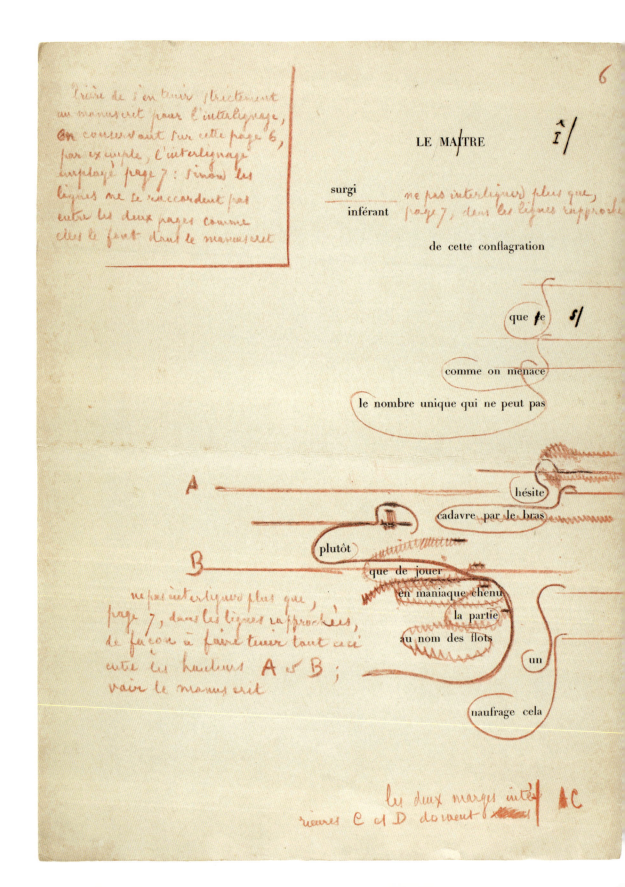

*Cette page peut servir de
type pour les proportions
de l'interlignage, à ceci près
qu'il y a lieu de
vérifier toujours
qu'un blanc soit
exactement le double
ou le triple de
l'interligne ordinaire,
ainsi que c'est au
manuscrit et
qu'on a tenté
de s'y conformer —
page 21*

       hors d'anciens calculs
         où la manœuvre avec l'âge oubliée

             jadis il empoignait la barre

à ses pieds
           de l'horizon unanime

prépare
   s'agite et mêle
      au poing qui l'étreindrait
un destin et les vents

être un autre

       esprit
          pour le jeter
               dans la tempête
         en reployer la division et passer fier

écarté du secret qu'il détient

envahit le chef
cause en barbe soumise

direct de l'homme

      sans nef
        n'importe
           où vaine

D   *être de même mesure, et d'une mesure
      commune à toutes les pages*

浮かれ騒ぎの赤

第1次世界大戦以前、人々はモンマルトルの丘麓にあるムーラン・ルージュのようなパリのキャバレーに、よからぬ仲間たちと足を運んだ。そこではダンス、オペレッタ、ミュージック・ホールのレヴュー、手品、「新趣向」など、しばしば羽目をはずした出し物を見物するため、あらゆる社会階が混じりあった。

リトグラフのポスター、(1904年)、パリ、フランス国立図書館、版画・写真部

誘惑の赤

もし赤でない服を着ていたら、マリリンは決してマリリンなどではないだろう。

1954年の写真

なる果物より美味だと思われている。女性の下着にかんしていえば、黒や白のものより男性の視線を集めるということが近年の調査からわかっている(52)。ありていにいえば、たしかに赤は、かつて長いあいだそうであったように、もはや売春の色とはみなされなくなっているが、なおもエロティシズムや女性らしさの色ではありつづけているのだ。

快楽の色である赤はまた、歓喜と祝祭の色でもある。たとえば、暦のうえで冬至のすぐあとに位置するクリスマスでは、樅の木の緑と雪の白、そしてサンタクロースの赤がむすびついている。サンタクロースの赤い服は、従来から言われていることとは裏腹に、コカコーラの1930年代の広告に負うところはなにもない。それは、子どもたちの保護者かつ庇護者で、司教冠をかぶり、赤いコートをまとった姿で中世末から表現されてきた聖ニコラウス【270-343】

に由来するのである。子どもたちはこの聖人の祝日にあたる12月6日にプレゼントを受けとっていた。ヨーロッパの大部分の地域でこの風習は今なお存続している【祝福の象徴であるボンボンや飴を配るキリスト教神話的な聖ニコラウスと、死の象徴である鞭を手にして子どもたちを嚇すゲルマン神話的なその従者とのかかわりについては、蔵持著『シャリヴァリ—民衆文化の修辞学』、同文館、1991年を参照されたい】。聖ニコラウスの後継者であるサンタクロースが現れたのはかなり後になってからにすぎず、12月25日の異教的・商業主義的乱痴気騒ぎにいたっては、さらにのちの出現となる[53]。

しかし、赤が尊重される娯楽はほかにも数多く存在する。たとえば見世物の分野では、公現祭【1月6日。東方の三博士がベツレヘムに誕生したイエスを訪れたことを記念する祝日】の風習として、舞台がみえるよう赤い幕(緞帳)が上げられたり、引かれたりする。映画館においてはこの風習は大きく衰退したが、劇場やオペラハウスでは、赤は今もなおいくらかの荘厳さをたもち続けている。しかしながら、この幕はつねに赤だったわけではない。18世紀にはいったいに青だった。それがしだいに赤に移り変わっていったのである。その移行は、嗜好が変わったためだけでなく、新しい照明が赤い舞台のうえの役者たちをより引き立てるからだった。とりわけ女優と女性のオペラ歌手は、青や緑に囲まれると、自分の顔が青白くくすんでみえると不満を述べていた。そこで幕と舞台は赤に変わり、ついで劇場内も全体が赤になった。金色と組みあわされて、または単独で、赤は少しずつ演劇とオペラを象徴する色となり、それは今日まで続いている。

こうした赤と演劇との関係はいくつかの重要

赤い部屋の神秘

一面赤で満たされた空間が、この絵を絵画史ななかでもっとも奇妙で不安をかき立てる作品のひとつにしている。謎の訪問者は、ステッキと手袋をテーブルの上に置き、素手のまま陰にいる。なにが起こるのだろうか。たんなる恋のたわむれだろうか。肉体関係だろうか。近親相姦だろうか。流血の犯罪だろうか。それとは対照的に、暖炉の上に飾ってあるエドゥアール・ヴュイヤール【1868-1940。ナビ派の画家】の絵はかなり穏やかである。

フェリックス・ヴァロトン【1865-1925。スイスの画家】作「赤い部屋」(1898年)、ローザンヌ州立美術館

赤の演劇性

古代ローマ以来、赤は劇場の色である以上に、演劇性の色である。

アンリ・ド・トゥールーズ＝ロートレック作「金色のマスカロン（仮面飾り）がついたボックス席」、ボール紙の油彩絵（1894年）、ウィーン、アルベルティーナ美術館グラフィック・コレクション

な出来事によって神話的なものとなった。1830年2月25日、パリでおこった有名なエルナニ事件【ヴィクトール・ユゴーの戯曲で、ロマン派演劇の創始とみなされる『エルナニ』の上演をめぐり巻き起こった、ロマン主義擁護者と古典派支持者のあいだの論争で、最終的にロマン派が勝利した】がそのひとつである。初演の夜、「ロマン派軍」、すなわちユゴーの友人たち——アレクサンドル・デュマ【1802-70】、テオフィル・ゴーティエ【1811-72】、ジェラール・ド・ネルヴァル【1808-55】、エクトール・ベルリオーズ【1803-69】、その他大勢——は、上演される前から反論をよんでいた彼らのリーダーの戯曲を擁護するためにきていた。それは、ユゴーとその仲間によってとなえられた新しい演劇観の成果であり、若さと情熱にあふれた作品であった。

テオフィル・ゴーティエは、同夜の公演の旗印となる赤いサテンのベストを着ていた。古典

エルナニ事件

初演の夜（1830年2月25日）、すべての「ロマン派軍」がヴィクトール・ユゴーの戯曲を、そして彼とともに新しい演劇観を擁護するためにやってきた。テオフィル・ゴーティエはこの公演の旗印となり、後世に名を残すことになる赤いサテンのベストを着ていた。

アルベール・ベナール【1849-1934】作「「エルナニ」の初演。交戦前」（1903年）、パリ、ヴィクトール・ユゴー記念館

色の音楽

一部の抽象画家──パウル・クレー【1879-1940】やニコラ・ド・スタール【1914-55】、セルジュ・ポリアコフ【1906-69】など──は、尋常ならざる色彩画家である。音響効果を生み出すために、しばしば色のリズムを活用したマーク・ロスコ【1903-70。抽象表現主義の代表とされる】もそのなかのひとりに数えられる。そのリズムは、とくに彼の作品を数点ならべて置いたときにみえ、そして聞こえる。そこではキャンバスが真の色彩のシンフォニーを醸し出している。色と音楽の融合をこれほどまでに実現した画家は少ない。そのことはガム（色相／音階）、トーン（色調／音調）、ヴァリュー（音価／色価）、ニュアンス（色合い／音差）、強度、クロマティズム（色彩／半音階主義）をたえず近づけるという手法についてもいえる。

マーク・ロスコ作「No. 16（赤、白、茶）」（1957年）、スイス、バーゼル市立美術館

派の信奉者より先に客席を占拠するため、彼は友人たちと同様、早めにテアトル＝フランセ（フランス座）にやってきた。彼らロマン派のメンバーたちは場内のあちこちに散らばって、賛同の合図として赤い大きな厚紙を振り、ただならぬ音をさせながら、幾度となく拍手したり、どなったりしながら古典派たちを圧倒し、この戯曲の勝利と新しい演劇観の勝利を確固たるものにした[54]。

演劇の赤と同類のものとして、公的な式典の赤がある。古代ローマの元老院やその継承者である中世末期の教皇庁にすでにみられることから、こちらのほうは演劇のそれより古いといえる。ここでの赤は演劇的というより、むしろ儀礼的なものであった。この赤は長い年月を経て国家権力の演出とむすびついた。それが決定的となったの19世紀のことだった。ナポレオンと他の小国君主たちはしばしばこの赤を頼みの綱としたが、共和政国家ですら、赤のうちにしばしばアンシャン・レジームを想起させるような威厳をみいだそうとした。こうした赤はなおも消滅してはいず、とくに信任式や落成式の際（「赤いテープ」がカットされる）や、他国の国家元首を迎えるにあたり、「赤い絨毯を広げる」といった際にみることができる。

一方、装飾から勲章への移行はすみやかだった。この赤の「名誉」は、中世の慣行から今日まで続く勲章や国家の報賞にみてとれる。たとえばブルゴーニュ公フィリップ善良公【在位1419-67】によって1430年に創設された「金羊毛騎士団」は、赤に独自の崇敬を捧げていた。騎士の長いコートはこの色であり、荘厳な集会の際には、室内は赤・黒・金色の壁掛けで覆われた。現代でもいくつもの団体が金羊毛騎士団にならって、その略綬や記章に赤を優先してもちいている。ナポレオン・ボナパルトによって1802年に制定された国家褒章の最高位である、レジョン・ドヌール勲章も例外ではなく、略章や略綬、小綬、中綬のすべてあるいはほぼすべてが赤で飾られている。隠語で、レジョン・ドヌール勲章を身につけていることを「麻疹にかかっている」、受章をじりじりしながら待っている状態を「デング熱にかかっている」というのは、まさにそのためである。

こうしたことは赤が荘厳と栄誉に満ちた色でありつづけることを少しも妨げたりはしない。だが、赤はまたなおも生き生きとして刺激的、そして攻撃的ですらある。赤ワインは白ワインより活力の回復に有効であり、赤身の肉は白身の肉より滋養に富むとされる。赤い車──フェラーリやマセラティを思い浮かべてみてほしい──は他の車より速い。スポーツの分野でも、赤いユニフォームで戦うチームは相手を動揺させ、負けることは滅多にない、という根強い神話がある。

以上が赤の今日におけるパラドックスである。もはやそれはわれわれのお気に入りの色ではない。日常の生活環境でもしだいに目立たなくなってきており、多くの分野において青もしくは緑に凌駕されてもいる。にもかかわらず、それは象徴としてなおも最強でありつづける。ひとつの色がきわめて長い歴史をもち、これほどまでにさまざまな意味や伝承、そして夢までも帯びている。それはなんと奇妙な運命（！）だろうか。しかし、この色の長い歴史は現代社会、すなわち、日を追うごとにますますみずからの過去や神話、象徴、さらに色彩にまで背を向け、疲れてその本来の価値をもはや信じられなくなっている社会がになうには、おそらくあまりにも重すぎるのである。

原注

原初の色

1. コロラトゥスという語は、赤を意味するときは、一般に身体や顔の赤み、とくに日焼けしたあるいは赤銅色の顔をさすのにもちいられた。J. André, *Études sur les termes de couleur dans la langue latine,* Paris, 1949, pp. 125-126参照。

2. モスクワの赤の広場(クラースナヤ・プローシシャチ)は都心部に位置する広大な矩形の広場だが、共産主義体制が始まるかなり前、ツァーリの時代【17世紀後葉】に命名されている。これが「赤」とよばれたのは、広場を囲む煉瓦造りの建物の色ではなく、街でもっとも美しい広場とされていたからである【クラースナヤは古代スラヴ語で「美しい」の意】。

3. B. Berlin et P. Kay, *Basic Color Terms: Their Universality and Evolution,* Berkeley, 1969.

4. エジプト絵画に鶏冠石があるということにはしばしば疑念が向けられていたが、最近の分析によってそれが完全に確認された。P. T. Nicholson et I. Shaw, éd., *Ancient Egyptian Materials and Technology,* Cambridge, 2000, pp. 113-114参照。

5. カルシウム銅ケイ酸塩【ラピスラズリやトルコ石の代用品として、釉薬にもちいられた。古名はカエルレウム】この有名なエジプシャン・ブルーについては以下を参照されたい。J. Riederer, «Egyptian Blue», in E. W. Fitzhugh, éd., *Artists' Pigments,* vol. 3, Oxford, 1997, pp. 23-45.

6. 黄色オーカーは含水酸化鉄によって色のついた粘質土。これを加熱すると完全に水分が蒸発し、色が黄色から赤、さらに褐色に変質する。

7. H. Magnus, *Die geschichtliche Entwicklung des Farbensinnes,* Leiptig, 1877; F. Marty, *Die Frage nach der geschichtlichen Entwicklung der Farbensinnes,* Wien, 1879; G. Alle, *The Colour Sense. Its Origin and Development,* London, 1879. これらの疑問については以下の総論を参照されたい。Adeline Grand-Clément, «Couleur et esthétique classique au XIXᵉ siècle. L'art grec antique pouvait-il être polychrome ?», in *Ítaca. Quaderns catalans de cultura clàssica,* vol. 21, pp. 139-160; M. Pastoureau, *Vert. Histoire d'une couleur,* Paris, 2013, pp. 14-20.

8. 乳児が他の色よりも先に赤をみるという長いあいだ認められてきたこの考えは、現在ではかえりみられなくなっている。P. Lanthony, *Histoire naturelle de la vision colorée,* Paris, 2012.

9. 西洋では、青が水を空気とむすびつけられるまで、前者は緑、後者は白と関連づけられていた。同様に、黒はまず夜や闇、地下世界と、やがて肥沃さや創造性、権威とむすびつけられた。

10. C. Perlès, *Préhistoire du feu,* Paris, 1977; J. Collina-Girard, *Le Feu avant les allumettes,* Paris, 1998; B. Roussel, *La Grande Aventure du feu,* Paris, 2006; R. W. Wrangham, *Catching Fire,* New York, 2009.

11. プロメテウスはゼウスやオリュンポスの神々とたえず戦っていたティタン族の子として生まれたとされる【諸説ある。以下も同様】。人間を水と土から創造したのち、プロメテウスは神々から火を盗み出して人間たちにあたえ、芸術と冶金術も彼らに教えた。それを知ったゼウスは怒って火をとりあげ、プロメテウスをカウカソス山の岩に裸で縛りつけ、毎夜鷲がやってきてその肝臓をついばむようにした。この責め苦は際限なく続いた【プロメテウスが不死だったため。3万年後にヘラクレスによって解放】。

12. ヘパイストスとその造形表現やギリシアの伝説における容貌については、以下を参照のこと。M. Delcourt, *Héphaïstos ou la légende du magicien,* Paris, 1957.

13. 血の歴史と神話については、以下がある。J.-P. Roux, *Le Sang. Mythes, symboles et réalités,* Paris, 1988; J. Bernard, *La Légende du sang,* Paris, 1992; G. Tobelem, *Histoire du sang,* Paris, 2013.

14. これについては『出エジプト記』(12・13、24・4-8、30・10)や『レヴィ記』(4・1、12・6、14・10、16・15-16、19・20)に数多くの言及がある。また、聖パウロの『ヘブライ人への手紙』(9・19-22)も参照されたい。

15. Prudence, *Le Livre des couronnes,* XIV, 14【プルデンティウス『王冠の書』】

16. E. Wunderlich, *Die Bedeutung der roten Fabre im Kultus der Griechen und Römer,* Giessen, 1925.

17. ウェルギリウス『アエネーイス上』、第5巻883-885行(泉井久之助訳、岩波文庫、1976年、227-228頁)。

18. J.-C. Belfiore, *Dictionnaire des croyances et symboles de l'Antiquité*, Paris, 2010, p. 857からの引用。
19. 古代ギリシアの絵画については、たとえばM. Bobertson, *La Peinture greque*, Genève, 1959 ; A. Rouveret, *Histoire et imaginaire de la peinture ancienne (Ve siècle av. J.-C. - Ier siècle apr. J.-C.)*, 2e éd., Rome, 2014 などを参照されたい。
20. P. Jockey, *Le Mythe de la Grèce blanche. Histoire d'un rêve occidental*, Paris, 2013.
21. ロマン主義時代、彼ら若い建築家たちはこれらの資料をロンドンやパリ、ベルリンのアカデミーに送ったが、いずれのアカデミーも資料を信じなかった。古代に彩色法が存在していたことがすべての考古学者に認められるには、それから長い時間を要した。
22. 巡回展のカタログでこの彩色を復元したみごとな試論については、*Die bunten Götter, Die Farbigkeit antiker Skulptur*, München, 2004などを参照。
23. Jockey, op. cit. ; A. Grand-Clément, *La Fabrication des couleurs. Histoire du paysage sensible des Grecs anciens (VIIIe - début du Ve av. J.-C.)*, Paris, 2011.
24. ギリシアの壺絵については以下を参照されたい。J. Montagu, *Les Secrets de fabrication des céramiques antiques*, Saint-Vailler, 1978 ; C. Bérard et al., *La Cité des images. Religion et société en Grèce antique*, Paris, 1984 ; J. Boardman, *La Céramique antique*, Pais, 1985 ; R. Cook, *Greek Painted Pottery*, 3e éd., London, 1997.
25. 古代ローマの絵画にかんするフランス語文献としては以下がある。A. Barbet, *Les peintures murales romaine. Les styles décoratifs pompériens*, Paris, 1985 ; I. Bardassarre, A. Pontandolfo, A. Rouveret et M. Salvadori, *La Peinture romaine, de l'époque hellénistique à l'Antiquité tardive*, Arles, 2006 ; Q. Dardenay et P. Capus, éd., *L'Empire de la couleur, de Pompéi au sud des Gaules*（展覧会カタログ）, Toulouse, 2014.
26. J. André, op.cit., pp. 239-240.
27. プリニウスはしばしば自分の読者が画家たちやその作品についての、そしてもはやわれわれが持ちあわせていない知識をもっていると想定していた。ときに彼は顔料にかんするラテン語の語彙がどれほど貧弱であり、それゆえ正確に顔料を明示することがむずかしいと強調している。
28. たとえばユリウス・フォン・シュロッサー（Julius von Schlosser, *La Littérature artistique*, nouv. éd., Paris, 1984, pp. 45-60【『美術文献解題』、勝國興訳、中央公論美術出版、2015年】）や、彼に続くあらゆる美術史家——彼らの数は多い！——の場合がそうである。シュロッサーはギリシア・ローマ芸術に対するプリニウスの言説を「古代芸術にかんする真の知の墓場」とまでよんでいる。埒もない話である。他の碩学たちもまたプリニウスが覚書と情報カードを一緒くたにし、異なる芸術家を混同しただけでなく、矛盾したことを言い、しかも彼以前の著作家たちの書いたものを書き直したにすぎないということを、本人自身がわかっていなかったと批判している。だが、こうした批判はいささか誇張がすぎており、時代錯誤でもある。くわえて、プリニウスの文章はしばしばまちがって訳されてもいるのだ。それを明確にした論考としては、たとえば以下がある。J.-M. Croisille,《Pline et la peinture d'époque romaine》, in *Pline l'Ancien témoin de son temps*, Salamanque et Nantes, 1987, pp. 321-337 ; J. Pigeaud, *L'Art et le Vivant*, Paris, 1995, pp. 199-210.
29. プリニウス『博物誌』、35巻第12章第6節。
30. 同、33巻第38章、35巻第27章。これについてはトランキエのみごとな研究がある。J. Trinquier,《Cinaberis et sang-dragon. Le cinabre des Anciens, entre mineral, végétal et animal》, in *Revue archéologique*, t. 56, 2013, fasc. 2, pp. 305-346.
31. 保守主義者ないし「反動主義者」としてのプリニウスについては、シンポジウムの論集である *Pline l'Ancien témoin de son temps*, op. cit. およびH. Naas, *Le Projet encyclopédique de Pline l'Ancien*, Rome, 2002ほかを参照されたい。
32. ウィトルウィウス『建築書』（森田慶一訳、生活社、1943年）、7巻第7-14章。
33. 壁画にかんしては、20世紀末にわれわれに多くの知識をもたらしたきわめて有意義なシンポジウムの以下の論集を参照のこと。H. Bearat, M. Fuchs, M. Maggetti et D. Paunier, éd., *Roman Wall Painting : Materials, Technics, Analysis and Conservation.*（国際ワークショップ会報、フライブルク、1996年3月7-9日）。とくにBearatの論文《Quelle est la gamme exacte des pigments romains?》, pp. 11-34.
34. これについてはBearat (ibid.) およ

びTrinquier（op. cit.）の重要な研究がある。

35. ポンペイではオーカー・ベースの一部の赤が、おそらくヴェスヴィオ山の噴火にともなう熱気によって赤色オーカーに変質した、黄色オーカーから生じている。今日、廃墟となったヴィラの壁画のいたるところに赤がみられるゆえんだが、噴火以前はそうではなく、赤と黄色が壁面を等しく分けあっていたと思われる。これは近年のより進んだ研究による仮説である。

36. このラテン語はフランス語にも入っている。壁画、とくにフレスコ画では、シノピア（sinopia）は最初の地塗りのうえに赤で描かれた下絵を意味する。

37. 最初期の鉱山はイタリア南部カンパーニア地方のポッツオーリ近郊にあった。

38. この鉛丹は鉛の小薄片を石灰や発酵した尿ないし酢とともに錆びつかせることで、より簡単に入手できる。

39. プリニウスはこの化合物をサンディクスと名づけた（『博物誌』35巻、40）。

40. 古代ローマでもちいられていた顔料については註33の文献にくわえて、以下の役立つ要約を参照のこと。N. Eastaugh, V. Walsh, T. Chaplin et R. Siddall, *The Pigment Compemdium. A Dictionary of Historical Pigments*, Leiden, 2004.

41. ウィトルウィウス『建築書』、前掲、7巻第14章。

42. F. Brunello, *The Art of Dyeing in the History of Mankind*, Vicence, 1973, pp. 3846.

43. Ibid., pp. 14-15.

44. プリニウス『博物誌』、前掲、24巻第56-57章。

45. 伝承によれば、この組合は前7世紀にヌマ・ポンピリウス（王政ローマ第2代王とされる。在位前715-前673）によって設けられたという。これはたんなる伝承でしかないが、それでも染色組合がかなり古くから存在していたことをしめしている。この組合は古代ローマの職人組合のうち、最古のものである。

46. Brunello, op. cit., pp. 104-105.

47. 中世の大部分と同様、古代世界は純白の白で染めることはほとんど不可能だった。

48. ローマでは長いあいだ、カピトリウム丘のユピテル像に紫のマントを着せることが慣行となっていた（ときには素材の石自体が鉛丹ないし辰砂で覆われていた）。これについては以下を参照されたい。Wunderlich, op. cit., note 16.

49. W. Born,《Purple in Classical Antiquity》, in *Ciba Review*, 1-2, 1937-39, pp. 110-119 ; M. Reinhold, *History of Purple as a Status Symbol in Antiquity*, Bruxelles, 1970（*Latomus*, vol. 116）; J. Daumet, *Étude sur la couleur de la pourpre ancienne*, Beyrouth, 1980 ; H. Stulz, *Die Fabre Purpur im frühen Griechentum*, Stuttgart, 1990.

50. 18世紀と19世紀の動物学者たちは、こうした軟体動物の呼称をめぐって終わりのない論争に明け暮れていた。ひとつの語がいくつもの貝をさし、同じ貝がいくつもの名でよばれている以上、その論争はむなしいものだった。このような困難にくわえて、特殊な種類も多様にあるとみなされている問題も指摘しておかなければならない。それについては以下を参照されたい。A. Dedekind, *Ein Beitrag zur Purpurkunde*, Berlin, 1898.

51. プリニウス『博物誌』、前掲、9巻第41-45章。

52. ローマ帝国では、希少ないし新しい色の染料をえるため、アクキガイ（bucinum）とプルプラ貝のエキスをさまざまな比率でまぜあわせることはまれではなかった。

53. ローマ時代の紫の極端なまでに多様な色合いとそれにむすびつけられた用語にかんしてはAndré, op.cit., pp. 90-105を参照されたい。

54. 古代人は紫で動物由来の羊毛や絹を染めたが、木綿を染めることはめったになく、亜麻にいたっては皆無だった。羊毛は未加工のままで染められ、ミョウバンの浸出液に浸けたあと、赤紫色の熱湯中で引き延ばされ、染料が完全にしみこむまで比較的長い時間とどめ置かれた。望ましい色合いにするには、この熱湯にさまざまな染色剤ないしそれ以外の物資、たとえばオルシエラやアカネ、蜜、そら豆、ワイン、水などをくわえた。

55. M. Besnier, 《Purpura》, in C. Daremberg et E. Saglio, *Dictionnaire des antiquités grecques et romaines*, vol. IV-1, Paris, 1905, pp. 769-778 ; K. Schneider, 《Purpura》, in *Realencyclopädie der klassishen Altertumwissenschaft*（*Pauly-Wissowa*）, Stuttgart, 1959, vol. XXIII2, col. 2000-2020.

56. Suétone, *Caligura*（Vies des douze Césars）, chap. XXXV【スエトニウス『12皇帝伝』】

57. Horace, *Satyrae*, livre II, sat. 8/10-11【ホラティウス「風刺詩」、『ホラティウス全集』、鈴木一郎訳、玉川大学出版部、2001年】

58. Jockey, op. cit.
59. Juvénal, *Satyrae*, III, 196, et XIV, 305. さらに古代ローマの法律家で近衛長官だったウルピアヌス【228没】の証言もある。「市内で毎日のようにいくつもの火事が起きている」(Dig., I, 15, 2) ことを嘆く証言である。
60. J. Marquardt, *La Vie privée des Romains*, Paris, 1892, t. II, p. 123.
61. Juvénal, op. cit., X, 37-39 ; Martial, *Epigrammata*, II, 29-37.
62. ルブリカ (Rubrica) とフクス (fucus) はいずれも赤い美顔料で、前者は酸化鉄を豊富にふくんだオーカーないし粘土を、後者はオルシエラをそれぞれ主成分とする。
63. Ovidem Ars amatoria, III, 29【オウィディウス『恋愛指南』沓掛良彦訳、岩波文庫、2008年】
64. Martial, op. cit., IX, 37-41.
65. J. André, op.cit., pp. 323-371.
66. プリニウス『博物誌』、前掲、10巻第24-25章。
67. Tite-Live, Ab urbe condita libri, XXI, 62【ティトゥス・リウィウス『ローマ建国以来の歴史』、吉村忠典ほか訳、京都大学学術出版会、2012年〜)】。
68. J. André, op.cit., pp.81-83.
69. F. Jacquesson, *Les mots de couleurs dans les textes bibliques*, Paris, 2008. LACITO研究所（フランス国立科学研究センター）のウェブ・サイト版。この論文は同じ著者の以下の研究によって補完されている。《Les mots de la couleur en hébreu ancien》, in F. Jocquesson et M. Dollfus, éd., *Histoire et géographie de la couleur*, Paris, 2013, pp. 67-130 (Cahiers du Léopard d'Or, vol. 13)。
70. Ibid.
71. B. Berlin et P. Kay, op. cit.
72. H. C. Conklin, 《Color Categorization》, in *The American Anthropologist*, vol. LXX/4,1973, pp. 931-942 ; B. Saunders, 《Revisiting Basic Color Terms》, in *Journal of the Royal Anthropological Institute*, vol. 6, 2000, pp. 81-99.
73. 古典ラテン語のroseusは、色の形容詞の場合はけっして「バラ色の」ではなく、「赤い」を意味する。通常、それは強烈かつ鮮やかな赤で、近代フランス語に訳せば「vermeil（鮮紅色の）」がもっともふさわしい。
74. 古典ラテン語における「赤」ないし「赤い」の用語法については、J. André, op.cit., pp. 75-127を参照。
75. 少なくともプルタルコスやスエトニウスの記述を信じるなら、である。これについては数多くの文献があるが、ここではとくに以下を紹介しておこう。M. Dubuisson, 《Verba uolant. Réexamen de quelques mots historiques romains》, in *Revue belge de philologie et d'histoire*, t. 78, 2000, fasc. I, pp. 147-169.
76. 『出エジプト記』、24・1-31.

好まれる色

1. 色の歴史にかんする筆者の研究全体にかかわるこれらの複雑な問題については、近々ミニュイ社から上梓される拙著 (M. Pastoureau, *Qu'est ce que la couleur ? Trois essais en quête d'une définition*) で分析する機会があるだろう。
2. 歴史的な問題を検討するため、それを近代に訳された聖書のしかじかの文章とむすびつけて満足するのは愚かなことである。聖書のテクストは流動的で不安定なものだからである。それゆえ、しかじかの時代にもちいられ、ある著者が参照し、別の著者が注釈をおこなったテクストの状態を回復するようつねに努めなければならない。それなしにはわれわれの分析は徒労に終わるだろう。
3. 教父たちの著作における色の象徴性については以下を参照されたい。C. Meier et R. Suntrup, *Zum Lexikon der Farbenbedeutungen im Mittelalter*, Köln et Wien, 2011, CD-Rom（紙媒体化が待たれる）。
4. C. Meier et R. Suntrup, 《Zum Lexikon der Farbenbedeutungen im Mittelalter. Einführung wu Gegenstqnd und Methoden sowie Probeartike aus dem Farbenbereich Rot》, in *Frühmittelalterliche Studen*, t. 21, 1987, pp. 390-498 ; M. Pastoureau, 《Ceci est mon sang. Le christianisme médiéval et la couleur rouge》, in D. Alexandre-Bidon, éd., *Le Pressoir mystique. Actes du colloque de Recloses*, Paris, 1990, pp. 43-56.
5. 教父たちは『ヨハネの黙示録』(6.4) に登場する2番目の「火のように赤い」【共同訳にこの表記はない】騎手が乗った馬の毛並みを「火のように赤いドラゴン」【「ドラゴン」の表記も共同訳にはない】としばしばむすびつけている。それは戦争を象徴している。
6. 『ルカによる福音書』12・49
7. プリニウス『博物誌』、前掲、7巻第13章2-6節。
8. こうした修道士たちの女性蔑視や中世の説教師たちについては以下を参照。M.-T. d'Alverny, 《Comment les théologiens et les philosophes voient la femme》, in *Cahiers de Civilisations*

médiévale, vol. 20, 1977, pp. 105-129 ; R. H. Bloch,《La misogynie médiévale et l'invention de l'amour en Occident》, in *Cahiers du GRIF*, vol. 43, 1993, pp. 9-23. さらにJ. Horowitz et S. Ménache, *L'Humour en chaire. Le rire dans la prédication médiévale*, Genève, 1994のとくに pp. 190-193には、説教師たちの女性蔑視にかんして数多くの言及がある。

9. Cyprien de Carthage, Epistula 10, chap. 5, éd. G. F. Diercks, Tuenhout, 1994, p. 55【カルタゴのキプリアヌス『書簡10』】

10. 聖血崇拝については以下がある。G. Schury, *Lebensflut. Eine Kulturgeschichte des Blutes*, Leiptig, 2001 ; C. Walker Bynum, *The Blood of Christ in the Later Middle Ages*, Cambridge, 2002 ; N. Kruse, éd., *1200 Jahre Heilig-Blut-Tradition*（2004年5月20日-6月11日開催のヴァインガルテン市記念式典カタログ、）, Katalog zur Jubiläumsausstellung des Stadt Weingarten, 20. Mai-11. Juli 2004, Weingarten, 2004.

11. 神秘のワインプレス機の主題にかんしては、D. Alexandre-Bidon, op. cit.を参照されたい。

12. C.H. Hefele, *Histoire des conciles d'apès les documents généraux*, vol. 5, 1863, pp. 398-424 ; École française de Rome, éd., *Le Concile de Clermont de 1095 et l'Appel à la croisade*, Actes de colloque universitaire international de Clermont-Ferrant（23-25 juin 1995）, Rome, 1997 ; Jacques Heers, *La première Croisade*, Paris, 2002.

13. M. Pastoureau,《La coquille et la croix : les emblèmes des croisés》, in *L'Histoire*, n° 47, juillet 1982, pp. 68-72 ; A. Demurger, *Croisades et croisés au Moyer Âge*, Paris, 2006, p. 46.

14. A.Paravicini Bagliani, *Le Chiavi e la Tiara. Immagini e simboli del papato medievale*, Rome, 2005 ; Idem, *Il potere del papa, Corporcità, autorappresentazione e simboli*, Florence, 2009.

15. Éginhard, *Vita Karoli Magni Imperatoris*, éd., L. Halphen, Paris, 1923, p. 46 ; R. Polz. *Le Souvenir et la légende de Charlemagne dans l'Empire germanique médiéval*, 1950 ; Idem, *Le Couronnement impérial de Charlemagne（25 décembre 800）*, Paris, 1964.

16. P. E. Schramm, *Die zeitgenössischen Bildnisse Karls des Grossen*, Leipzig, 1928 ; Idem, *Herrschaftszeichen und Staatssymbolik : Beiträge zu ihrer Geschichte vom dritten bis zum sechzehnten Jahrhundert*, Stuttgart, 1954-56, 3vol.

17. 重さ50キログラムあるこのマントは、今日ウィーンの美術史美術館に保存されている。これにかんする説明は、展覧会カタログに収載された以下にある。R. Bauer,《Il manto di Ruggero II》, *I Normanni, popolo d'Europa（1030-1200）*, Rome, 1994, pp. 279-287 また、次の論考も参照されたい。W. Tronzo,《The Mantle of Roger II of Sicily》, in *Investure*, Cambridge, 2001, pp. 241-253.

18. フランス歴代王の戴冠式のマントについては、以下を参照のこと。H. Pinoteau,《La tenue de sacre de saint Louis》, in *Itinéraires*, vol. 62, 1972, pp. 120-162 ; Idem, *La Symbolique royale française（Ve-XVIIIe siècle）*, La Roche-Rigault, 2004ほか。

19. *La Chanson de Roland*, G. Moignet, éd., Paris, 1970, vers 2653【『ロランの歌』、有永弘人訳、岩波文庫、1965年】。さらに以下も参照されたい。A. Lombard-Jourdan, *Fleur de lis et oriflamme. Signes célestes du royaume de France*, Paris, 1991, pp. 220-230.

20. 幟については以下を参照のこと。P. Contamine, *L'Oriflamme de Saint-Denis aux XIVe et XVe siècles. Étude de symbolique religieuse et royale*, Nancy, 1975.

21. ポーランドにおけるこの興味深い慣行に関心を向けてくれた、友人のマルグリト・ヴィルスカに感謝したい。封建領主による賦課租としてのコチニールについては、彼女の以下の論考がある。M. Wilska,《Du symbole au vêtement. Fonction et signification de la couleur dans la culture courtoise de la Pologne médiévale》, in *Le Vêtement. Histoire, archéologie et symbolique vestimentaux au Moyen Âge, Cahiers du Léopard d'Or*, vol. 1, Paris, 1986, pp. 307-324.

22. R. Jacob, *Image de la justice. Essai sur l'iconographie judiciaire de Moyen Âge à l'âge classique*, Paris, 1994, pp. 67-68.

23. 西洋における大紋章は12世紀中葉に登場しているが、当初それは物質的な要因、すなわち軍備品の進化とむすびついていた。兜と長い鎖帷子（くさりかたびら）が改良されたことで、騎士は戦場や馬上槍試合でだれかが分からなくなった。そこで徐々に盾の表面に絵柄（動・植物、幾何学模様）をあしらい、戦いのさなかでも当該騎士の見分けがつくように

した。ひとりの騎士はその生涯を通じて同じ絵柄や色のものをつねにもちい、単純だが厳格な構図の原則が形を整えるようになってから、大紋章のことが云々されるようになった。だが、こうした物質的な理由だけではすべてが説明できない。大紋章の出現は、じつは封建時代の西洋社会に影響をあたえた新しい社会秩序により深くかかわっていたのである。この社会はやがてアイデンティー・シンボル（姓名や大紋章、着衣記章など）を探し求めるようになった。

24. かなり長く、そしてゆっくりとした懐胎時期のあとの12世紀中葉、本格的な大紋章は、前項で指摘したように、戦場や馬上槍試合の場に登場した。当初は戦士たちが敵味方を識別するための徴としてもちいられただけだったが、やがて女性をふくむ貴族のエンブレムとなり、さらに13世紀からは他の社会階層や職位にまで広まり、アイデンティー・シンボルや所有印、そしてときには装飾としての役割も帯びるようになった。中世を通して西欧世界全体では100万もの大紋章があった。そのうちの4分の3は、無色の印影を介してわかっている。

25. これらの数値は以下の拙著による。M. Pastoureau, *Traité d'héraldique*, 2ᵉ éd., Paris, 1993, pp. 113-121.

26. 紋章用語の語源と初出については、前掲書p. 103を参照されたい。紋章はその6色を無原則にもちいているわけではない。これら6色はふたつのグループに分けられている。第1のグループには白と黄色、第2のグループには赤、黒、青、緑がふくまれる。配色の基本的な原則は同じグループに属する2色の並置や上塗りを禁じている（動物の舌や鉤爪のような微細な部分は原則外）。

27. のちに14世紀になって、スウェーデン国王もまた青い盾面の大紋章、すなわち「青地に金色の3王冠」の紋章を採用している。

28. この問題については以下を参照。K. Nirop, 《*Gueules*. Histoire d'un mot》, in *Romania*, vol. 48, 1922, pp. 559-570. われわれの知識はこの時期からほとんどふえていない。たとえば後期ラテン語のtegulatus【「瓦に覆われた」】は、ときに色の意味（「瓦色の」）でもちいられるが、ガリア語やペルシア語、さらにフランク語よりはおそらく安定した足跡をしめしている。ただ、いかなる碩学もそのことを考えてはこなかったと思われる。

29. or（金色）やargent（銀色）、azur（青）といった用語の場合はなんの問題もない。前二者はラテン語、3番目のazurはアラブ語に由来する。sable（黒）はドイツ語のsabelnから派生しており、このドイツ語もクロテンの黒い毛皮をさすスラヴ文語のsabolを語源とする。一方、sinople（緑）は、黒海沿岸、現トルコのシノペ地方で大量に産する赤い粘土をさすラテン語のsinopiaから派生している。この語は長いあいだ「赤」を意味していたが、14世紀後葉に紋章用語に組みこまれて「緑」の謂となった。ただ、こうした意味の変化がなぜ起きたかについては、今もなお謎である。

30. M. Pastoureau, 《De gueules plain. Perceval et les origines héraldiques de la maison d'Albret》, in *Revue française d'héraldique et de sigillographie*, vol. 61, 1991, pp. 63-81.

31. バニスター【1660-1716】の著とされるこの論考の近代フランス語訳は、C. Bourdreau, *L'Héritage symbolique des hérauts d'armes. Dictionnaire encyclopédique de l'enseignement du blason ancien (XIVᵉ-XVIᵉ s.)*, Paris, 2006, t. 2, p. 781による。

32. この近代フランス語訳は、後代の印刷本に典拠したH・コシュリの凡庸な版（次註参照）ではなく、バティカン図書館の写本（Ottob. Lat. 2257）および1515年にリヨンの書肆ルイエ＆アルヌイエから刊行された印刷本にもとづいている。

33. 『色の紋章研究』の新版刊行が待たれるところである。H・コシュリの古い版（パリ、1860年）【「異議を申し立てられた色」の章の注6参照】はしばしば引用されているが、誤りが多く、15世紀末の写本ないし1500年代の印刷本ではなく、16世紀末の印刷本に依拠して編まれている。『色の紋章研究』はかなりの数にのぼる異本がある。とくにそれは16世紀の初頭から末にかけて、衣服の色が実際に進化したことによるが、その結果、テクストが幾度となく修正・翻案された。この問題については、拙論（次注）とC・ブドローの次の論考を参照されたい。C. Boudreau, 《Historiographie d'une méprise. À propos de l'incunable du Blason des couleurs du héraut Sicile》, in *Études médiévales*, 69ᵉ congrès de l'AFCAS (Université de Montréal, mai 1994), Montréal, 1994, pp. 123-129.

34. M. Pastoureau, 《Le blanc, le bleu et le tanné. Beauté, harmonie et symbolique des couleurs à l'aube des temps modernes》, in F. Bouchet et D. James-Raoul, éd., *Désir n'a repos. Hommages à*

Danielle Bohler, Bordeaux, 2016, pp. 115-132.

35. B. Milland-Bove, *La Demoiselle arthurienne. Écriture du personnage et art du récit dans les romans en prose du XIIIe siècle,* Paris, 2006.

36. 列挙すれば、以下の順番となる。明るい青、暗い青、青緑、濃紺、きわめて濃い青。

37. C.-V. Langlois, *La Vie en France au Moyen Âge, de la fin du XIIe siècle au milieu du XIVe, d'après les romans mondains du temps,* Paris, 1926 ほか；D. Menjot, éd., *Les Soins de beauté au Moyen Âge,* Nice, 1987；*Le Bain et le Miroir. Soins du corps et cosmétiques de l'Antiquité à la Renaissance*（パリ・クリュニー美術館展覧会カタログ、2009年）. 中世末期と近代についてはさらに以下も参照されたい。C. Lanoë, *La Poudre et le Fard. Une histoire des cosmétiques de la Renaissance aux Lumières,* Seyssel, 2008.

38. ヴォルフラム・フォン・エッシェンバッハ（1170頃-1230頃）はバイエルン地方出身の騎士・詩人で、中世ドイツのもっとも偉大な叙事詩作者。クレティアン・ド・トロワの『ペルスヴァルまたは聖杯の物語』に着想をえた彼の『パルチヴァール』は、リヒャルト・ワーグナーのオペラ2作、すなわち『パルジファル』と『ローエングリン』の源泉となった。

39. 膨大にあるがしばしば不ぞろいな聖杯文学については、とくに以下を参照されたい。J. Marx, *La Légende arthurienne et le Graal,* Paris, 1952；R.S. Loomis, *The Grail. From Celtic Myth to Christian Symbol,* Cardiff, 1963；D. D. R. Owen, *The Evolution of the Grail Legend,* Édinburgh, 1968；J. Frappier, *Autour du Graal,* Genève, 1977；Idem, *Chrétien de Troyes et le mythe du Graal,* 2e éd., Paris, 1979；P. Walter, dir., *Le Livre du Graal,* 3 vols., Paris, 2001-2009.

40. J. Rossiaud, *La Prostitution médiévale,* Paris, 1988 ほか。

41. 『ヨハネの黙示録』17・3-4。

42. Heidelberg, Universtätsbibliothek, Cpg 848.

43. 騎士に袖を差し出す貴婦人のイメージは、ロマン主義時代に生まれたものではない。それはすでに12-13世紀の宮廷文学、とくにクレティアン・ド・トロワの作品（『イヴァンまたは獅子の騎士』や『ペルスヴァルまたは聖杯の物語』）、さらに1世紀後のロレーヌないしシャンパーニュ人の作者による『ナンゼのソヌ』【1270-80年に書かれた冒険小説】に明確にみてとれるからである。

44. イチジクと梨は現代の隠語でも性的な意味を帯びている。これについては以下を参照のこと。J. Cellard et A. Rey, *Dictionnaire du français non conventionnel,* Paris, 1991.

45. Chrétien de Troyes, *Le Conte du Graal,* éd., F. Lecoy, t. II, Paris, 1970, 第4109行以下【クレティアン・ド・トロワ『聖杯の物語、またはペルスヴァルの物語』、佐々木茂美訳、大学書林、1983年】。この一文はこれまで幾度となく注釈がなされてきたが、ここではとくに以下を参照されたい。H. Rey-Flaud, «Le sang sur la neige. Analyse d'une image-écran de Chrétien de Troyes», in *Littérature,* vol. 37, 1980, pp. 15-24.；D. Poirion, «Du sang sur la neige. Nature et fonction de l'image dans Le Conte du Graal», in D. Huë, éd., *Polyphonie du Graal,* Orléan, 1998, pp. 99-112.

46. 暗い服を着ることとむすびついた服喪の慣行は、初期キリスト教美術にすでにみられる。後期ローマ帝国時代のローマでは、新任の高官が他界した前任者の喪に服すため、黒衣ないし暗い服をまとったものだった。この慣行はカロリング朝やオットー朝の美術にまで登場している。

47. シャルトルの青となったサン＝ドニの青については、以下を参照。J. Gage, *Colour and Culture. Practice and Meaning from Antiquity to Abstraction,* London, 1993, pp. 67-78；M. Pastoureau, *Bleu. Histoire d'une couleur,* 2e éd., Paris, 2006, pp. 37-42【ミシェル・パストゥロー『青の歴史』、松村恵理・松村剛訳、筑摩書房、2005年】

48. 前注にあげた総括的な拙著を上梓するまで、この色にかんする筆者の主要な研究としては、とくに以下がある。《Et puis vint le bleu》, in D. Regnier-Bohler, éd., *Le Moyen Âge aujourd'hui, Europe,* n° 654, octobre 1983, pp. 43-50；《Vers histoire de la couleur bleue》, in *Sublime indigo*（1987年マルセイユ・フライブルク開催展覧会カタログ）, pp. 19-27；《La promotion de la couleur bleue au XIIIe siècle : le témoignage de l'héraldique et de l'emblématique》, in *Il colore nel Medievo. Arte, simbolo, tecnica. Atti delle giornate di studi* (*Lucca, 5-6 maggio 1995*), Lucca, 1996, pp. 7-16；《Voir le couleurs au XIIIe siècle》, in A. Paravicini Bagliani, éd., *La visione li sguardo nel Medioevo,* 1998, pp. 147

−165 (*Micrologus. Natura, scienze e società medievali*, vol. VI / 2.

49. M. Pastoureau, *Bleu. Histoire d'une couleur*, op. cit., pp. 53-56.

50. J. Le Goff, *La Civilisation de l'Occident médiéval*, 2ᵉ éd., Paris, 1982, p. 330【ジャック・ル・ゴフ『中世西欧文明』、桐村泰次訳、論創社、2007年】

51. 実際には、これは地中海東部地方のさまざまなコナラ種の葉に生息する昆虫を採取し、それを乾燥させて抽出した動物由来のものである。染色には雌だけがもちいられ、卵を産む直前に採取しなければならなかった。この雌虫を酢につけてから日干しにすると、褐色味を帯びた一種の穀粒のようになる。これを一度すりつぶしてから、強力な赤い体液を少量だがとり出す。こうして得た染料は定着性があって彩度が高く、鮮やかでもあるが、少量の染料を集めるだけでもかなりの数の昆虫が必要となった。中世のケルメスはそれゆえ高価なものとなり、きわめて値を張る布地の染色にのみもちいられた。

52. A. Ott, *Études sur les termes de couleur en vieux français*, Paris, 1900, pp. 129-132.

53. J. B. Weckerlin, *Le Drap escarlate au Moyen Âge : essai sur l'étymologie et la signification du mot écarlate et notes techniques sur la fabrication de ce drap de laine au Moyen Âge*, Lyon, 1905 ; W. Jervis Jones, *German Colour, A Study in their Historical Evolution from Earliest Times to the Present*, Amsterdam, 2013, pp. 338-140.

54. フィレンツェ州立古文書館控訴院無効判事記録ms. 117。この一括記録集は308葉からなり、サイズは30×24 cm。Pragmmatica(「規則の実践」と理解すべき)というそのタイトルは、おそらく16世紀に命名されたと思われる。

55. L. Gérard-Marchant, 《Compter et nommer l'étoffe à Florence au Trecento (1343)》, in *Médiévales*, vol. 29, 1995, pp. 87-104. 紙に転記されたこの手写本は傷みがひどく、判読がむずかしい。巧みな修復がなされたにもかかわらず、全文の約10パーセントが永久に失われた。

56. L. Eisenbart, *Kleiderordnungen der deutschen Städte*, Göttingen, 1962 ; A. Hunt, *A History of Sumptuary Laws*, New York, 1996 ; M. A. Ceppari Ridolfi et P. Turrini, *Il mulino delle vanità*, Sienne, 1996 ; M. G. Muzzarelli, *Guardaroba medievale. Vesti e società dal XIII al XVI secolo*, Bologne, 1999.

57. L. Gérard-Marchant, C. Klapisch-Zuber et al., *Draghi rossi e querce azzurre : elenchi descrittivi di abiti di lusso, Firenze, 1344-1345*, Firenze, 203 (SISMEL, Memoria scropturarum 6, testi latini 4).

異議を申し立てられた色

1. M. Pastoureau, 《Le blanc, le bleu et le tanné》, op. cit., pp. 115-132.

2. C. Casagrande et S. Vecchio, *I sette vizi capitali. Storia dei peccati nel Medioevo*, Torino, 2000.

3. 同様のシステムは徳性についても存在している。7つの大罪と7つの徳性という2通りのシステムは、エンブレムの書や紋章論、さらにその関連文献から知られている。それらの影響は17世紀中葉までの詩や美術の作品にみてとれる。フランソワ・ラブレーはガルガンチュアの着衣の色を皮肉たっぷりに揶揄している。

4. 中世における地獄の造形表現については、以下を参照されたい。J. Baschet, *Les Justices de l'au-delà. Les représentations de l'enfer en France et en Italie (XIIᵉ–XVᵉ siècle)*, Rome, 1993.

5. 悪魔の色にかんしては、たとえばM. Pastoureau, *Noir. Histoire d'une couleur*, Paris, 2008, pp. 47-56を参照。

6. 実際のところ、この黒と赤のむすびつきは、前章で検討しておいたフィレンツェの貴婦人たちの衣装リストにはみられない(前注書pp. 90-93参照)。また、1480年から85年にかけて編まれ、誤ってシチリアの紋章官(1437没)が著者だとされる不可思議な紋章の書の最終章(*Le Blason des couleurs*, éd. H.Cocheris, Paris, 1860, pp. 80-81)も参照されたい。この著者は黒と赤のむすびつきに絶望の徴と死・最後の審判・天国・地獄という4相の想起をみている。

7. この規則については以下を参照のこと。M. Pastoureau, *L'Art héraldique au Moyen Âge, Paris, 2009, pp. 26-32.*

8. 中世末期には、白/黒の対合は白/赤の対合より豊かな意味を帯びているとする考えがしだいに強まっていった。事実、1360年から80年にかけて、黒色は顕著なまでに好まれるようになった。悪魔や死、罪の色から、当時さかんに喧伝されていたふたつの徳性、すなわち謙虚さと節制の色となったのだ。さらに、黒と白を色彩軸の両端に置くアリストテレスの色の分類理論が広く普及してもいた。それ以来、多くの分野で、とくにチェスボードの上で、白

と黒の対比が白と赤のそれ以上に強力かつ豊かであると考えられるようになる。これについては以下の拙著を参照されたい。M. Pastoureau, *Le Jeu d'échecs médiéval,* Paris, 2012, pp. 30-34.

9. 今日、正義の赤は一部の法曹家の法官服——少なくともかなり荘厳に——のほか、大学の法学部教授の礼服にみられる。実際、ヨーロッパ各地では、緑が科学部や医学部、黄色が文学部や人間科学部の色であるのに対し、法学部は赤をエンブレム・カラーとしている。

10. ユダの造形表現にかんする研究はかなり少なく、しかも古いものばかりである。赤毛の問題をめぐる最上の総括的研究には、たとえば以下がある。Ruth Mellinkoff,《Judas' Red Hair and the Jews》, in *Journal of Jewish Art,* vol. IX, 1982, pp. 31-46 ; Idem., *Outcasts. Signs of Otherness in Notgern European Art of the Late Middle Ages,* Berkeley, 2 vols., 1993, vol. 1, pp. 145-159. メリンコフの考えとは反対だが、次のヴィルヘルム・ポルテの説は傾聴に値する。Wilhelm Porte, *Judas Ischariot in der Bildenden Kunst,* Berlin, 1883.

11. 一般的な図像学に挙げられたこれらの特徴や属性にかんするリストや研究としては、たとえば以下がある。L. Réau, *Iconographie de l'art chrétien,* t. II /2, Paris, 1957, pp. 406-410 ; G. Schiller, *Iconography of Christian Art,* t. II, London, 1972, pp. 29-30, 164-180, 494-510, etc. ; E. Kirschbaum, dir., *Lexikon der christlichen Ikonographie,* t. II, Freiburg, 1970, pp. 444-448.

12. R. Mellinkoff, *The Mask of Cain,* Berkeley, 1981.

13. C. Raynaud,《Images médiévales de Ganelon》, in *Félonie, trahison et reniements au Moyen Âge,* Montpellier, 1996, pp. 75-92.

14. これについては、前記R・マリンコフによる印象的な図像集成(Mallinkoff, op. cit,)を参照されたい。とくに第2巻、図版VIIとpp. 1-38。

15. フォーヴェル(Fauvel)の名はアクロスティック(折句)である【本文訳注参照】。1310年から14年のあいだに王室の大法官府で編まれた政治的・社会的風刺詩の『フォーヴェル物語』については、とくに以下を参照されたい。J.-C. Mühlethaler, *Fauvel au pouvoir. Lire la satire médiévale,* Genève, 1994.

16. 中世の西洋世界で一部の社会的カテゴリーに強制された、この不名誉ないし識別的な徴の問題については、なお真に満足できるような共同研究の対象とはなっていない。それゆえ、いささか古く性急なユリス・ロベールの次の研究に頼らざるをえない。Ulysse Robert, *Les Signes d'infamie au Moyen Âge,* Paris, 1891. これに対し、ユダヤ人に課せられた徴や記章にかんしては、以下のような研究がある。G. Kisch,《The Yellow Badge in History》, in *Historia Judaica,* vol. 19, 1957, pp. 89-146 ; B. Ravid,《From Yellow to Red. On the Distinguishing Head Covering of the Jews of Venice》, in *Jewish History,* vol. 6, 1992, fasc. 1-2, pp. 179-210 ; D. Sansy,《Chapeau juif ou chapeau pointu? Esquisse d'un signe d'infamie》, in *Symbole des Altags, Altag der Symbole. Festschrift für Harry Kühnel,* Graz, 1992, pp. 349-375 ; Idem.,《Marquer la différence. L'imposition de la rouelle aux XIIIe et XIVe siècles》, in *Médiévales,* n° 41, 2001, pp. 15-36.

17. ここではヤコブやリベカ【ヤコブとエサウの母】の姿が中世の造形表現にみられないということを指摘しておなかければならない。おそらくそれは、神学者や芸術家たちが、エサウに対する彼らの奸計や不実なふるまいを唾棄すべきものとみなしていなかったためだろう。

18. サウルの造形表現については *Lexikon der christlichen Ikonographie,* op. cit., t. IV, Freiburg, 1972, col. 50-54を参照されたい。

19. 造形表現では、カイアファはしばしばくすんだ肌に巻き毛の赤毛で描かれており、この3通りの特徴が、彼をピラトゥス【イエスを裁いたローマ総督】やヘロデ王以上にネガティブな存在に仕立て上げている。Idem., t. IV, co. 233-234.

20. rufusという語をダビデの形容辞にもちいているウルガタ訳聖書とは異なり、近代のフランス語訳聖書、とくにプロテスタントのそれは、roux(赤褐色の)をblond(褐色の)に置き換えている。そこには審美観と両立しえなかった赤毛を拒むという考えの残存をみるべきだろうか。ダビデの造形表現にかんする研究は数多くある。その包括的な研究と関連文献については以下を参照されたい。C. Hourihane, *King David in the Index of Christian Art,* Princeton University Press, 2002.

21. セトとティフォンの関係については以下を参照されたい。F. Vian,《Le mythe de Typhée...》, in *Éléments orientaux dans la mythologie grecque,*

Paris, 1960, pp. 19-37 ; J. B. Russell, *The Devil*, Ithaca et London, 1977, pp. 78-79 et 235-255.

22. これら悪口のリストについては、W. D. Hand, *A Dictionary of Words and Idioms associated with Judas Iscariot*, Berkeley, 1942を参照されたい。

23. Martial, Epigrammata, XII, 54 et XIV, 76.

24. E. C. Evans, 《Physiognomics in the Ancient World》, in *Transactions of the American Philosophical Society*, n. s., vol. 59, 1969, pp. 64.

25. H. Bächtold-Stäubli, dir., *Handwörterbuch des deutschen Aberglaubens*, Berlin & Leiptig, t. 3, 193, col. 1249-1254.

26. 以下の俚諺集参照。H. Walter, *Proverbia sententiaeque latinitatis Medii ac Recentioris Aevi*, Göttingen, 1963-1969, 6 vols. ; J. W. Hassell, *Middle French Proverbs, Sentences and Proverbial Phrases*, Toronto, 1982 ; G. Di Stefano, *Dictionnaire des locutions en moyen français*, Montréal, 1991.

27. こうした信仰が近代にまで続いたことについては、小冊子ではあるが、X. Fauche, *Roux et rousses. Un éclat très particulier*, Paris, 1997参照。

28. M. Trotter, 《Classifications of hair Color》, in *American Journal of Physical Anthropology*, vol. 24, 1938, pp. 237-259 ; J. V. Neel, 《Red Hair Colour as a Genetical Character》, in *Annales of Eugenics*, vol. 17, 1952-1953, pp. 115-139.

29. 広く普及している誤解とは反対に、スカンディナヴィアでもアイルランドでも、スコットランドでも赤毛はブロンド髪ほど多くない。それは地中海沿岸社会同様、むしろマイノリティに属している。とはいえ、このマイノリティは数と比率の点で他の地域より多い。

30. 中世において、赤毛であることはたんにその人格に赤と黄色のネガティブな面を引き寄せることだけではなかった。それはまた肌がそばかすだらけであり、斑点を帯びているがゆえに不純であり、なにほどか獣性の持ち主ともみなされた。中世の感性はこうして染みがついたものを恐れた。この感性にとって、美しさとは純粋であり、純粋さとは無地なものだった。縞はつねに卑下され、斑点はとりわけ不安視された。皮膚病が頻発して恐れられ、その極端な病であるハンセン病の患者たちを社会から追放していた社会であってみれば、そうした感性はなんら驚くことではない。

31. この下降順については以下を参照されたい。E. Heller, *Psychologie de la couleur. Effets et symboliques*, Paris, 2009, p. 4, pl. 1.

32. Idem.

33. J. Rossiaud, *L'Amour vénal. La prostitution en Occident (XIIe - XVIe s.)*, Paris, 2010, p. 87.

34. U. Robert, *Les Signes d'infamie*, op. cit.

35. M. Pastoureau, *Noir. Histoire d'une couleur*, op. cit., pp. 124-133.

36. これについては『エゼキエル書』(8・10-13) に記されているエルサレムの罪、とくに装飾や宝石、色の過度なまでの奢侈も読まれたい。

37. プロテスタントの偶像破壊運動にかんしては、以下のような数多くの研究がある。J. Philips, *The Reformation of Images. Destruction of Art in England (1553-1660)*, Berkeley, 1973 ; M. Warnke, *Bildersturm. Die Zerstörung des Kunstwerks*, München, 1973 ; M. Stirm, *Die Belderfrage in der Reformation*, Gütersloh, 1977 (Forschungen zur Reformationsgeschichte, 45) ; C. Christensen, *Art and the Reformation in Germany*, Athens (U.S.A), 1979 ; S. Deyron et P. Lottin, *Les Casseurs de l'été 1566. L'iconoclasme dans le Nord*, Paris, 1981 ; G. Scavizzi, *Arte e architectura sanra. Cronache e documenti sulla controversia tra riformati e cattolici (1500-1550)*, Roma, 1981 ; H. D. Altendorf et P. Jezler, éd., *Bilderstreit. Kurturwandel in Zwinglis Reformation*, Zurich, 1984 ; D. Freedberg, *Iconoclasts and their Motives*, Maarsen, 1985 ; C. M. Eire, *War against the Idols. The Reformation of Worship from Erasmus to Calvin*, Cambridge (U.S.A.), 1986 ; D. Crouzet, *Les Guerriers de Dieu. La violence au temps des guerres de Religion*, 2 vols., Paris, 1990 ; O. Christin, *Une révolution symbolique. L'iconocrasme huguenot et la reconstruction catholique*, Paris, 1991. これらの単著や共著にくわえて、2001年にベルンとストラスブールで開催された偶像破壊運動展の浩瀚かつ大部のカタログもある。

38. M. Pastoureau, 《Naissance d'un monde en noir et blanc. L'Église et la couleur des origines à la Réforme》, in *Une histoire symbolique du Moyen Âge occidental*, Paris, 2004, pp. 135-171.

39. その激しい言葉からなる「新しい装いに対する説教」において、メランヒトンはすべての善良なキリスト教徒に地味で暗い色の着衣を心がけ、「人間が孔雀のようにさまざまな色の服を

着ること」がないよう勧めた（Corpus reformatorum, vol. 11, p. 139-149)。ここではフィリップ・メランヒトンの本名についても着目しておこう。彼の姓であるシュヴァルツェルト（Schwartzerd）はドイツ語で「黒い土」を、そして自称のギリシア語名メランヒトン（Melanchthon）もまた同じ意味なのである。これは彼が黒色の主導者であったことを想い起こさせる。

40. P. Charpenne, *L'Histoire de la Réforme et des réformateurs de Genève*, Genève, 1861 ; R. Guerdan, *La Vie quotidienne à Genève au temps de Calvin*, Paris, 1973 ; W. Monter,《Women in Geneva》, in *Enforcing Morality in Early Modern Europe*, London, 1987, pp. 205-232.

41. J. Calvin, *Institution de la vie chrétienne*（*texte de 1560*）, III, x. 2.

42. プリニウス『博物誌』、35巻第12-31章。

43. B. Guineau, *Glossaire des matériaux de la couleur et des termes techniques employés dans les recettes de couleurs anciennes*, Tuenhout, 2005, etc.

44. 筆者はこの一文を偉大な中世美術史家だった故エンリコ・カステルヌオヴォ氏に負っている。ただ、残念なことに、氏は自ら目にしたこの驚くべき処方を記した文書がどこにあるかをしめしてくれなかったが、そこには雄牛の血が染みついた羅紗を、ケルメスのレーキ（有機顔料）と同じような作業によって赤い顔料に変えるということが記されているという。

45. 集大成やさまざまな版、そしてより数多くの研究が日の目をみることを期待するとして、これらの処方集は色を研究する歴史家たちに同じ問題を投げかけている。中世の画家たちは実践的というよりむしろ思弁的なこれらのテクストをどのようにもちいたのか。その著者たちはたしかに実践家だったのか。テクストはいったいだれに向けて編まれたのか。これを実際に書いた写字生たちの正確な役割はなんだったのか。今日知るかぎりで、こうした問いに答えるのはむずかしい。ただ、これら処方集の歴史とそれにかかわる問題点については、以下の的確な指摘が参考になる。R. Halleux,《Pigments et colorants dans la *Mappae Clavicula*》, in *Pigments et colorants de l'Antiquité et du Moyen Âge, Colloque International du CNRS.*, éd. B. Guineau, Paris, 1990, pp. 173-180.

46. サンダラックを抽出したのは、ヤシの実——カラムス・ドラコ（Calamus draco）——からである。その幹はまた籘を産出し、これも徐々にヨーロッパに輸入されるようになった。

47. C. Gaignebet,《Le sang-dragon au Jardin des délices》, in *Ethnologie française*, n.s., vol. 20, n° 4, octobre-décembre 1990, pp. 378-390.

48. M. Pastoureau, *Bestiaires du Moyen Âge*, Paris, 2011, pp. 205-208.

49. このダイアグラムの詳細な説明は、拙著『黒。色の歴史』（M. Pastoureau, *Noir. Histoire d'une couleur*, op. cit., pp. 140-143）にある。

50. L. Savot, *Nova seu verius nova-antiqua de causis colorum sententia*, Paris, 1609.

51. A. De Boodt, *Gemmarum et lapidum historia*, Hanau, 1609.

52. F. Aguilon, *Opticorum libri sex*, Anvers, 1613.

53. たとえば「単色」あるいは「純色」という表現は多義的ないしあいまいで、基本色と同様、天然の顔料や白も黒もくわえない色も意味する。

54. プリニウス『博物誌』、第33巻56章158節。古典ラテン語ではきわめてまれなこのシラケウスという語は、プリニウスが染料としてより顔料や染料としてもちいているため、より理解がむずかしくなっている。

55. この発明については、1995年にパリの国立図書館で開かれた、フロリアン・ロダリとマキシム・プレオー監修による展覧会「色の解剖学」の浩瀚なカタログがある。また、ニュートンの恩恵を受け、赤・青・黄色の3原色の優越さを主張したル・ブロンの書（J. C. Le Blon, *Coloritto, or the Harmony of Colouring in Painting Reduced to Mechanical Practice*, London, 1725）も参照されたい。長期にわたる多色版画印刷の歴史にかんしては以下がある。J. M. Friedman, *Color Printing in England, 1486-1870*, New Haven, 1978.

56. R. Boyle, *Experiments and Considerations Touching Colours*, London, 1664, pp. 219-220.

57. ニュートンのスペクトル発見とその活用については、以下を参照されたい。M. Blay, *La Conception newtonienne des phénomènes de la couleur*, Paris, 1983.

58. I. Newton, *Optiks : or a Treatise of the Reflexions, Refractions, Inflexions and Colour of Light...*, London, 1704 ; *Optice sive de reflectionibus, refractionibus et inflectionibus et coloribus lucis...*, London, 1707（Samuel Clarkによるラテン語訳、1740年、ジュネーヴ）【アイザック・ニュートン『光学』、堀伸夫・田中一

郎訳、槙書店、1980年／島尾永康訳、岩波文庫、1983年】

59. N. J. Thiéry de Ménonville, *Traité de la couleur au nopal et de l'éducation de la cochenille dans les colonies françaises de l'Amérique*, 2 vols., Cap-Français, 1787.
60. メキシコ産エンジムシの交易戦争と歴史については、以下を参照されたい。A.B. Greenfield, *A Perfect Red, Empire, Espionage and the Quest for the color of Desire*, New York, 2005（フランス語訳 *L'Extraordinaire Saga du rouge. Le pigment le plus convoité*, Paris, 2009）.
61. M. Proust, *Le Côté de Guermantes*, t. I, Paris, 1920, pp. 14-15【マルセル・プルースト『ゲルマントのほう』、吉川一義訳、岩波文庫、2013年】
62. フランスの短靴製造者であるクリスチャン・ルブタン【1964-】は、おそらくポップアートに影響されて、赤い革製のヒールに、いずれ商標ないしロゴとなるよう、最近ある特殊な飾り【3弁のバラの花】をつけるようになった。あるいは人情というべきか、その販価からして、彼はそれをかつての貴族階級の「赤いハイヒール」に近づけようとしているのかもしれない。
63. O. de Serres, *Theatre d'agriculture et mesnage des champs*, Paris, 1600, p. 562.
64. F. Eisenberg, *Grundriss der deutschen Grammatik*, 2ᵉ éd., Stuttgart, 1989, pp. 219-222 ; W. Jervis Jones, *German Colour Terms. A Study in their Historical Evolution from Earliest Times to the Present*, Amsterdam, 2013, pp. 419-420, 474-476.
65. Egbert de Liège, Fecunda ratis, éd., E. Voigt, Halle, 1889, pp. 232-233（詩のタイトルは「狼の子供たちから救われた少女」）。このきわめて古い版については以下を参照されたい。G. Lontzen,《Das Gedicht *De puelle a lupellis servata* von Egbert von Lüttich》, in *Merveilles et contes*, vol. 6, 1992, pp. 20-40 ; C. Brémont, C. Velay-Valentin et J. Berlioz, *Formes médiévales du conte merveilleux*, Paris, 1989, pp. 63-74.
66. 筆者はこれまで『赤頭巾ちゃん』の赤についていろいろ書いてきたが、ここでは1990年以降にあちこちの媒体に発表した研究や論考の一部を要約しておいた。
67. Victor Hugo,《La légende de la nonne》, in *Odes et Ballades. Oeuvres cimplètes*, t. 24, Ollendorf, 1912, pp. 352-358【「オードとバラッド集」、『ヴィクトル・ユゴー文学館 第1巻』、辻昶・稲垣直樹・小潟昭夫訳、潮出版社、2000年】
68. G. Lontzen, op. cit.参照。
69. E. Heller, op. cit., pp. 47-48.
70. R. Schneider, *Die Tarnkappe*, Wiesbaden, 1951.
71. B. Bettelheim, *The Uses of Enchantment*, New York, 1976, pp. 47-86.
72. M. Pastoureau, *Vert. Histoire d'une couleur*, op. cit., pp. 51-78.
73. ここでは説話や寓話におけるこれら3色の役割に筆者の関心を向けさせてくれたフランソワ・ポプラン氏に感謝したい。

危険な色？

1. この分野でなされた近年の調査による数値の結果については、E. Heller, op. cit., pp. 4-9およびpl. I・2を参照されたい。
2. J. Gage, op. cit., pp. 153-176, 227-236.
3. J. André, op. cit.
4. Idem., pp.111-112, 116-117.
5. 「バラの指をした朝の少女【暁の女神エオス】が姿を現すとき」。『オデュッセイア』の歌のなかで、ホメロスはこの詩句を、話をふたたび軌道にのせたり、新たな展開をはじめるための定式としてもちいている。
6. C. Joret, *La Rose dans l'Antiquité et au Moyen Âge. Histoire, légendes et symbolisme*, Paris, 1892.
7. 「バラ色の」にみあった形容詞としては、ほかにpallescens, rubellus, subrubeus【字義はいずれも「赤みを帯びた」】などがある。詳細はJ. André, op. citop.cti., pp. 139-147, etc参照。
8. A. Ott, *Études sur les couleurs en vieux français*, Paris, 1899 ; B. Schäfer, *Die Semantik der Farbadjektive im Altrfranzösischen*, Tübingen, 1987.
9. 染料を顔料に変えるには、布地から高濃度の染料を抽出し、アルミニウム塩のような金属塩に科学的に沈殿させる。こうしてレーキをえることができる。
10. A. M. Kristol, *Color. Les langues romanes devant le phénomène de la couleur*, Berne, 1978.
11. Jean Robertet, *Oeuvres*, éd. Margaret Zsuppàn, Genève, 1970, épitre n°16、p. 139.

12. それゆえ16世紀と17世紀のフランス語では、jauneという語自体はときに「バラ色(の)」と訳されたが、「黄色(の)」の謂いではなかった。
13. P. Ball, *Histoire vivante des couleurs. 5000 ans de peinture racontée par les pigments*, Paris, 2010, pp. 207-208.
14. たとえば以下の画家・版画家たちの作品である。ジョージ・ロムニー【1734-1802】、フランツ・クサーヴァー・ヴィンターハルター【1805-73】、ジェームズ・ティソ【1876-1902】、メアリー・カサット【1844-1926】、アンリ・カロ＝デルヴァイユ【1876-1928】
15. M. Pastoureau,《Rose Barbie》, in A. Monier, dir., *Barbie*（パリ装飾博物館展覧会カタログ）, 2016, pp. 92-98.
16. 19世紀前葉まで、ヨーロッパ各地の貴族ないしブルジョワジーに属する人々は、農民と差異化するためにきわめてきれいな肌をしていなければならなかった。だが、こうした価値観は「上流階級」が海辺を、のちに山をしばしば訪れるようになった19世紀後葉に変わる。太陽光線で日焼けした顔色や褐色になった肌をこれみよがしにみせつける風がよしとされ、以後は農民とではなく、しだいに数をました労働者たちと差異化されるようになったのである。彼ら労働者たちは都市に住み、室内で作業をするために肌は白く、青白い、あるいは灰色がかった顔色をしていた。それゆえ、素朴な農民よりはるかに低劣な労働者と似てはならなかった。この価値観とそれにともなう太陽を求める行動は、以後数十年間にさかんとなる。そして1930-60年代に最盛期を迎え、日焼けが流行となった。肌を焼かなければ「ならない」となったのだ。だが、その流行は長続きしなかった。海辺でのヴァカンスやウィンター・スポーツが中流階層に、さらにより下層の階層にまで広まった1960年代半ばから、上流階級はもはやだれでも、あるいはほとんどの人々ができるようになった日焼けに徐々に背をけていったからである。日焼けがとくに「有給休暇」の対象となった。上流階級にとってみれば、それはグロテスクとまではいかないまでも、不快な(!)ことだった。以後、彼らの流行は、たとえ海や山にでかけても、日焼けをしないこととなった。やがて当初は尊大なスノビズムに属していた態度がしだいに流行するようになる。ただし、今度は健康を志向するものだった。日光に長時間あたっていたことによる皮膚がんをはじめとするさまざまな病への危惧から、とくに中流階層のあいだで日焼けが避けられるようになったのだ。日焼けはもはや価値をもたず、むしろその反対になったのである。価値体系の歴史においてしばしば登場してきた振り子が、逆方向に傾いたことになる。ただし、それはいつまで続くだろうか?
17. C. Lanoë, *La Poudre et le Fard*, op. cit., p. 142.
18. 1914年8月、フランス軍の兵士たちはきわめて目立つ赤ズボンをはいて戦場に向かった。おそらくこのあまりにも派手すぎる色によって、数万の兵が命を落としたはずである。そこで12月には、この赤は青に替えられることになった。それはくすんで灰色がかった、目立たない青だった。だが、兵士全部のズボン地を青く染めるのに必要な大量の合成藍を確保するというのは、長く複雑な作業だった。最終的にフランス軍の全部隊が、「地平線で空と大地を分けているように思えるが、名状しがたい線の色」を参考として、「ホライゾン・ブルー」と命名された新しい青い軍服を着るようになったのは、1915年春のことだった。M. Pastoureau, *Bleu. Histoire d'une couleur*, op. cit., pp. 187-188, 202.
19. Marcel Proust, La Prisonnière, t. I, Paris, 1919, p. 47【マルセル・プルースト『囚われの女』、鈴木道彦訳、集英社、2007年】
20. ここでは、今もなお赤毛の女性たちが髪の色と同じ赤い服を着るのを避けているということを付言しておこう。ただ、なかには自由な精神からか、あるいはへそまがりなのか、あえてそれをまとう女性たちもいる。
21. 赤旗が歩んだ激動の歴史について、もっとも優れた研究としては以下がある。M. Dommanget, *Histoire du drapeau rouge, des origines à la guerre de 1939*, Paris, 1967 ; M. Agulhon, *Marienne au combat. L'imagerie et la symbolique républicaines de 1789 à 1880*, Paris, 1979, pp. 21-53 ; E. Liris,《Autour des vignettes révolutionnaires : la symbolique du bonnet phrygien》, in M. Vovelle, dir., *Les Images de la Révolution française*, Paris, 1988, pp. 312-323 ; J.-C. Benzaken,《L'allégorie de la Liberté et son bonnet dans l'iconologie des monnaies et médailles de la Révolution française (1789-1799)》, in *La Gazette des Archives*, n° 146-147, 1989, pp. 338-377 ; M. Pastoureau, *Les Emblèmes de la France*, Paris, 1977, pp. 43-49.
22. ここでは、フランス語の形容詞martial(戦争の、断固たる)が、赤を象徴的な色としていた古代ローマ人た

ちの戦争神マルス（Mars）を想起させる、ということを指摘しておこう。

23. M. Dommanget, op. cit., p. 26.
24. M. Agulhon, op. cit., p.16.
25. C. Ripa, *Iconologia*, nouvelle édition en collaboration avec L. Faci, Rome, 1603.
26. これについては以下のみごとな書を参照されたい。Jean Starobinski, *L'Invention de la liberté（1700-1789）*, Genève, 1964.
27. Victor Hugo, *Les Misérables*, Bruxelles, 1862, livre XIV, chapitre 2【ヴィクトル・ユゴー『レ・ミゼラブル』、西永良成訳、ちくま文庫、2013年】
28. A. de Lamartune, *Histoire de la Révolution de 1848*, Paris, t.I, pp. 393-406.
29. 1848年2月25日の蜂起のあと、叛徒たちは臨時政府に三色旗の白の部分に赤い縁なし帽を描くよう強要した。だが、この新しい三色旗は長続きしなかった。縁なし帽子が第2共和政の印章から消え、二度と表されることがなかったからだ。反対に、それは第3共和政にふたたび登場し、自由の、さらに共和国の寓意的な女性像である「マリアンヌ」の胸像や立像がかぶるようになった。
30. 旧ソ連の国旗には、5大陸の労働者の団結【と共産党】を象徴する五芒星が鎌とハンマーの上方に配されていた。
31. 中国とURSS(ソヴィエト社会主義共和国連邦）の国旗の歴史については、W. Smith et O. Neubecker, *Die Zeichen der Menschen und Völker*, Lucerne, 1975, pp. 108-113, 114-178を参照されたい。
32. 1971年、F・ミッテランによって再編されたフランスの社会党は、新しいエンブレムを採用した。それはバラの花を1輪を片手で固く握りしめる図柄で、力と優しさの連帯を象徴するものだった。このバラは共産党が存在する国々で、しばしば社会党を象徴するバラ色と符合するものだった。ちなみに、フランスの場合、それは1920年からのことである【この年、フランス社会党が分裂して一部が共産党を結成し、以後、両党が激しい抗争を展開した】M. Agulhon,《Les couleurs dans la politique française》, in *Ethnologie française*, t. XX, 1990, fasc. 4, pp. 391-398参照。
33. この意味はすでに1789-98年の革命期にみられた。A. Geffroy,《Étude en rouge, 1789-1798》, in *Cahiers de lexicologie*, vol. 51, 1988, pp. 119-148参照。
34. M. Agulhon,《Les couleurs dans la politique française》, op. cit.
35. M. Pastoureau, *Vert. Histoire d'une couleur*, op. cit., pp. 217-222.
36. ドイツ語には旗を区別する語がふたつある。単体の物質的なオブジェであるFlaggeと、支えがあって機能するエンブレム的なイメージとしてのFahneである。他の大部分の西欧語にはひとつしかない。この適切な区別については以下を参照されたい。O. Neubecker, *Fahnen und Flaggen*, Leiptig, 1939, etc.
37. その計画を論じた拙論をここで提示しておこう。M. Pastoureau,《Du vague des drapeau》, in *Le Genre humain*, vol. 20, 1989, pp. 119-134.
38. 一般的にいって、国旗の色は抽象的なもので、その色合いは考慮されていない。ほとんどの国では、いかなる憲法条文も、国旗の赤や緑、あるいは青が、色見本とのかかわりで定められた特定の色合いでなければならないということを明示してはいない。だが、例外もある。とくにその国旗が半世紀たらずの歴史しかもたない若い国がそうである。より古い歴史をもつ国々では、例外はとりわけ青にかかわる。そこでの青は曖昧ではなく、はっきりと「ライトブルー」と明示されている（例：アルゼンチン、ウルグアイ、より近年ではイスラエル）。
39. ここで列挙した数値はあくまでも概略的なものであるが、筆者が典拠としたのは最近作成された2通りの国旗総覧である。ただし、ここでは小さな記章やバッジ、さらには一部の国旗に配されているが、しばしば恣意的にもちいられている大紋章も考慮から外した。すべての国旗が2色ないし3色ではないが、後者の場合は青＝白＝赤が支配的である。
40. ただ、東欧の古い歴史をもつ国々では、国旗の色が共産主義的なイデオロギーではなく、かつての王侯家の紋章に負っていることを指摘しておこう。ポーランドや旧チェコスロヴァキア、ルーマニアなどのように、である。
41. 日本の「国旗」にかんしては、かなりの数にのぼる日本語の研究書が発表されている。ヨーロッパの言語による書としては以下がある。W. Smith et O. Neubecker, *Die Zeichen der Menschen und Völker*, op. cit., pp. 164-173.
42. 紋章は6色しかもちいず、「好まれる色」注26で指摘しておいたように、これら6色はふたつのグループに分けられている。第1のグループには白と黄色、第2のグループには赤、黒、青、

緑がふくまれる。これらの色のもちい方にはかなり厳格な規則があり、同じグループに属する2色の並置や上塗りを禁じている。この規則は大紋章が登場した12世紀からあり、18世紀までは規則違反は1パーセント未満しかない。旗章学もまたこうした規則を採り入れているが、違反はより多い（10-12パーセント）。今日、EUに加盟している28か国の国旗のうち、ポルトガル（緑と赤が接している）とドイツ（黒と赤が接している）だけがこの規則から逸脱している。これについては以下を参照されたい。M. Pastoureau, *Figures de l'héraldique,* Paris, 1996, pp. 44-49.【ミシェル・パストゥロー『紋章の歴史』、松村剛監修、創元社、1997年】

43. 航路標識と鉄道標識については、これまでほとんど研究の対象となってこなかった。国際信号の出現にかんしては、アメリカ海軍による簡単な概要がある（U.S. Navy, *The International Code of Signals,* New York, 1890）。また、航路や鉄道、道路についてのより豊富な情報は以下を参照されたい。M. Vanns, *An Illustrated History of Signalling,* Shepperton (G.B.)。フランスの鉄道にかんしてはA・ジェルニゴンのすぐれた総括的研究がある。A. Gernigon, *Histoire de la signalisation ferroviaire française,* Paris, 1998.

44. フランスの道路標識の歴史については、以下を参照されたい。M. Duhamel, *Une demi-siècle de signalisation routière en France 1894-1946,* Paris, 1994 ; M. Duhamel-Herz et J. Nouvier, *La Signalisation routière en France, de 1946 à nos jours,* Paris, 1998.

45. 筆者は寡聞にして信号機の歴史にかんする本格的な研究を知らない。この歴史はいずれ書かれるべきだろう。

46. ここでは通常は越えることができない障壁だったが、神意によって海水が退き、エジプトから脱出したイスラエルの民を通過させた紅海の渡行（『出エジプト記』14・15-31）について考えたい。

47. M. Pastoureau, *Vert. Histoire d'une couleur,* op. cit.

48. 今日、一部の国では通行を許可する色が緑ではなく青となっている。しかし、たとえば日本のように、青信号とよばれるが、実際は緑の信号となっている国もある。

49. 2005年からは、ジュネーヴ諸条約の第三追加議定書が定めたレッド・クリスタル（赤水晶）によっても守られている。この人権のエンブレムは、赤十字があまりにもキリスト教的であり、赤新月があまりにもイスラーム的だとする国によって選ばれたものである。

50. この表現や言いまわしについては、以下を参照されたい。A. Mollard-Desfour, *Le Rouge. Dictionnaire des mots et expressions de couleur,* 2ᵉ éd., Paris, 2009.

51. E. Heller, op. cit., pp. 4-9 & pl. I–II.

52. 貞潔と衛生的な色である白に対して、黒は長いあいだ下劣で不道徳、そして不品行と遊興の常習者たちの色とされてきた。今ではそれも昔語りとなっている。一部の女性たちは黒いスカートやペチコートを身につける際は、白よりも黒の下着を好んで着ている。黒が女性たちの肌に適しているとする説もある。さらに、多くの人々が認めているように、今日の合成繊維では、黒の色合いが頻繁な洗濯にもっとも抵抗力があるという。だが、おそらく赤はその黒にもましてもっとも扇情的な色とみなされている。少なくとも女性誌や世論調査を信じるかぎり、である。

53. ペール・ノエル（サンタクロース）については、V. Timtcheva, *Le Mythe du Père Noël. Origine et évolution,* Paris, 2006 ; N. Cretin, *Histoire du Père Noël,* Toulouse, 2010などを参照されたい。

54. 「エルナニ事件」については、以下を参照されたい。A. Dumas, *Mes Mémoires,* t. 5, Paris, 1852 ; T. Gautier, *Histoire du romantisme,* Paris, 1877 ; E. Blewer, *La Campagne d'Hernani,* Paris, 2002.

参考文献

1. 総論

Berlin (Brent) et Kay (Paul), *Basic Color Terms. Their Universality and Evolution*, Berkeley, 1969.

Birren (Faber), *Color. A Survey in Words and Pictures*, New York, 1961.

Brusatin (Manlio), *Storia dei colori*, 2ᵉ éd., Turin, 1983 (trad. française, *Histoire des couleurs*, Paris, 1986).

Conklin (Harold C), « Color Categorization», dans *The American Anthropologist*, vol. LXXV/4, 1973, p. 931-942.

Eco (Renate), dir., *Colore : divietti, decreti, discute*, Milan, 1985 (numéro spécial de la revue *Rassegna*, vol. 23, sept. 1985).

Gage (John), *Color and Culture. Practice and Meaning from Antiquity to Abstraction*, Londres, 1993.

Heller (Eva), *Wie Farben wirken. Farbpsychologie, Farbsymbolik, Kreative Farbgestaltung*, 2ᵉ éd., Hambourg, 2004.

Indergand (Michel) et Fagot (Philippe), *Bibliographie de la couleur*, Paris, 1984-1988, 2 vol.

Meyerson (Ignace), dir., *Problèmes de la couleur*, Paris, 1957.

Pastoureau (Michel), *Bleu. Histoire d'une couleur*, Paris, 2000【ミシェル・パストゥロー『青の歴史』、松村恵理・松村剛訳、筑摩書房、2005年】

—, *Noir. Histoire d'une couleur*, Paris, 2007.

—, *Dictionnaire des couleurs de notre temps. Symboliques et société contemporaines*, 4ᵉ éd., Paris, 2007【ミシェル・パストゥロー『ヨーロッパの色彩』(初版)、石井直志・野崎三郎訳、パピルス、1995年】

—, *Vert. Histoire d'une couleur*, Paris, 2013.

Portmann (Adolf) et Ritsema (Rudolf), dir., *The Realms of Colour. Die Welt der Farben*, Leyde, 1974 (*Eranos Yearbook*, 1972).

Pouchelle (Marie-Christine), dir., *Paradoxes de la couleur*, Paris, 1990 (numéro spécial de la revue *Ethnologie française*, t. 20/4, oct.-déc. 1990).

Rzepinska (Maria), *Historia coloru udziejach malatstwa europejskiego*, 3ᵉ éd., Varsovie, 1989.

Tornay (Serge), dir., *Voir et nommer les couleurs*, Nanterre, 1978.

Valeur (Bernard), *La Couleur dans tous ses états*, Paris, 2011.

Vogt (Hans Heinrich), *Farben und ihre Geschichte*, Stuttgart, 1973.

Zahan (Dominique), « L'homme et la couleur », dans Jean Poirier, dir., *Histoire des moeurs. Tome I : Les Coordonnées de l'homme et la culture matérielle*, Paris, 1990, p. 115-180.

Zuppiroli (Libero), dir., *Traité des couleurs*, Lausanne, 2001.

2. 古代と中世

Beta (Simone) et Sassi (Maria Michela), éds., *I colori nel mondo antiquo. Esperienze linguistiche e quadri simbolici*, Sienne, 2003.

Bradley (Mark), *Colour and Meaning in Ancient Rome*, Cambridge, 2009.

Brinkmann (Vinzenz) et Wünsche (Raimund), éds., *Bunte Götter. Die Farbigkeit antiker Skulptur*, Munich, 2003.

Brüggen (Elke), *Kleidung und Mode in der höfischen Epik*, Heidelberg, 1989.

Carastro (Marcello), éd., *L'Antiquité en couleurs. Catégories, pratiques, représentations*, Grenoble, 2008, p. 187-205.

Cechetti (Bartolomeo), *La vita dei Veneziani nel 1300. Le veste*, Venise, 1886.

Centre universitaire d'études et de recherches médiévales d'Aix-en-Provence, *Les Couleurs au Moyen Âge*, Aix-en-Provence, 1988 (*Senefiance*, vol. 24).

Ceppari Ridolfi (Maria) et Turrini (Patrizia), *Il mulino delle vanità. Lusso e cerimonie nella Siena medievale*, Sienne, 1996.

Descamp-Lequime (Sophie), éd., *Couleur et peinture dans le monde grec antique*, Paris, 2004.

Dumézil (Georges), « Albati, russati, virides », dans *Rituels indo-européens à Rome*, Paris, 1954, p. 45-61.

Frodl-Kraft (Eva), « Die Farbsprache der gotischen Malerei. Ein Entwurf », dans *Wiener Jahrbuch für Kunstgeschichte*, t. XXX-XXXI, 1977-1978, p. 89-178.

Grand-Clément (Adeline), *La Fabrique des couleurs. Histoire du paysage sensible des Grecs anciens*, Paris, De Boccard, 2011.

Haupt (Gottfried), *Die Farbensymbolik in der sakralen Kunst des abendländischen Mittelalters*, Leipzig-Dresde, 1941.

Istituto storico lucchese, *Il colore nel Medioevo. Arte, simbolo, tecnica. Atti delle Giornate di studi*, Lucques, 1996-1998, 2 vol.

Luzzatto (Lia) et Pompas (Renata), *Il significato dei colori nelle civiltà antiche*, Milan, 1988.

Pastoureau (Michel), *Figures et couleurs. Études sur la symbolique et la sensibilité médiévales*, Paris, 1986.

—, « L'Église et la couleur des origines à la Réforme », dans *Bibliothèque de l'École des chartes*, t. 147, 1989, p. 203-230.

—, « Voir les couleurs au xiiie siècle », dans *Micrologus. Nature, Science and Medieval Societies*, vol. VI (*View and Vision in the Middle Ages*), 1998, t. 2, p. 147-165.

Rouveret (Agnès), *Histoire et imaginaire de la peinture ancienne*, Paris et Rome, 1989.

Rouveret (Agnès), Dubel (Sandrine) et Naas (Valérie), éds., *Couleurs et matières dans l'Antiquite. Textes, techniques et pratiques*, Paris, 2006.

Sicile, héraut d'armes du xve siècle, *Le Blason des couleurs en armes, livrées et devises*, éd. H. Cocheris, Paris, 1857.

Tiverios (Michales A.) et Tsiafakis (Despoina), éds., *The Role of Color in Ancient Greek Art and Architecture (700-31 B.C.)*, Thessalonique, 2002.

Villard (Laurence), éd., *Couleur et vision dans l'Antiquité classique*, Rouen, 2002.

３．近・現代

Batchelor (David), *La Peur de la couleur*, Paris, 2001.

Birren (Faber), *Selling Color to People*, New York, 1956.

Brino (Giovanni) et Rosso (Franco), *Colore e citta. Il piano del colore di Torino, 1800-1850*, Milan, 1980.

Laufer (Otto), *Farbensymbolik im deutschen Volsbrauch*, Hambourg, 1948.

Lenclos (Jean-Philippe et Dominique), *Les Couleurs de la France. Maisons et paysages*, Paris, 1982.

—, *Les Couleurs de l'Europe. Géographie de la couleur*, Paris, 1995.

Noël (Benoît), *L'Histoire du cinéma couleur*, Croissy-sur-Seine, 1995.

Pastoureau (Michel), « La Réforme et la couleur », dans *Bulletin de la Société d'his-toire du protestantisme français*, t. 138, juill.-sept. 1992, p. 323-342.

—, « La couleur en noir et blanc (xve-xviiie siécle) », dans *Le Livre et l'Historien. Études offertes en l'honneur du professeur Henri-Jean Martin*, Genéve, 1997, p. 197-213.

—, *Les Couleurs de nos souvenirs*, Paris, 2010.

４．文献学的・術語学的諸問題

André (Jacques), *Étude sur les termes de couleurs dans la langue latine*, Paris, 1949.

Brault (Gerard J.), *Early Blazon. Heraldic Terminology in the XIIth and XIIIth Centuries, with Special Reference to Arthurian Literature*, Oxford, 1972.

Crosland (Maurice P.), *Historical Studies in the Language of Chemistry*, Londres, 1962.

Giacolone Ramat (Anna), « Colori germanici nel mondo romanzo », dans *Atti e memorie dell'Academia toscana di scienze e lettere La Colombaria (Firenze)*, vol. 32, 1967, p. 105-211.

Gloth (Walther), *Das Spiel von den sieben Farben*, Königsberg, 1902.

Grossmann (Maria), *Colori e lessico : studi sulla struttura semantica degli aggetivi di colore in catalano, castigliano, italiano, romano, latino ed ungherese*, Tübingen, 1988.

Irwin (Eleanor), *Colour Terms in Greek Poetry*, Toronto, 1974.

Jacobson-Widding (Anita), *Red-White-Black, as a Mode of Thought*, Stockholm, 1979.

Jones (William Jervis), *German Colour Terms. A Study in their Historical Evolution from Earliest Times to the Present*, Amsterdam, 2013.

Kristol (Andres M.), *Color. Les langues romanes devant le phénoméne couleur*, Berne, 1978.

Maxwell-Stuart (P. G.), *Studies in Greek Colour Terminology*, vol. 2, Leyde, 1998.

Meunier (Annie), « Quelques remarques sur les adjectifs de couleur », dans *Annales de l'université de Toulouse*, vol. 11/5, 1975, p. 37-62.

Mollard-Desfour (Annie), *Dictionnaire des mots et expressions de la couleur*, Paris, 2000-2016, 7 vol.

Ott (André), *Études sur les couleurs en vieux français*, Paris, 1899.

Schäfer (Barbara), *Die Semantik der Farbadjektive im Altfranzösischen*, Tübingen, 1987.

Sève (Robert), Indergand (Michel) et Lanthony (Philippe), *Dictionnaire des termes de la couleur*, Paris, 2007.

Wackernagel (Wilhelm), « Die

Farbenund Blumensprache des Mittelalters », dans *Abhandlungen zur deutschen Altertumskunde und Kunstgeschichte*, Leipzig, 1872, p. 143-240.

Wierzbicka (Anna), « The Meaning of Color Terms: Chromatology and Culture », dans *Cognitive Linguistics*, vol. I/1, 1990, p. 99-150.

5．染色と染色家たち

Brunello (Franco), *L'arte della tintura nella storia dell'umanita*, Vicence, 1968.

—, *Arti e mestieri a Venezia nel medioevo e nel Rinascimento*, Vicence, 1980.

Cardon (Dominique) et Châtenet (Gaëtan du), *Guide des teintures naturelles*, Neuchâtel et Paris, 1990.

Chevreul (Michel Eugéne), *Leçons de chimie appliquées à la teinture*, Paris, 1829.

Edelstein (Sidney M.) et Borghetty (Hector C.), *The ≪ Plictho ≫ of Giovan Ventura Rosetti*, Londres et Cambridge (Mass.), 1969.

Gerschel (Lucien), « Couleurs et teintures chez divers peuples indo-européens », dans *Annales E.S.C.*, 1966, p. 608-663.

Hellot (Jean), *L'Art de la teinture des laines et des étoffes de laine en grand et petit teint*, Paris, 1750.

Jaoul (Martine), dir., *Des teintes et des couleurs*, exposition, Paris, 1988.

Lauterbach (Fritz), *Geschichte der in Deutschland bei der Färberei angewandten Farbstoffe, mit besonderer Berücksichtigung des mittelalterlichen Waidblaues*, Leipzig, 1905.

Legget (William F.), *Ancient and Medieval Dyes*, New York, 1944.

Lespinasse (René de), *Histoire générale de Paris. Les métiers et corporations de la ville de Paris*, t. III (*Tissus, étoffes…*), Paris, 1897.

Pastoureau (Michel), *Jésus chez le teinturier. Couleurs et teintures dans l'Occident médiéval*, Paris, 1998.

Ploss (Emil Ernst), *Ein Buch von alten Farben. Technologie der Textilfarben im Mittelalter*, 6e éd., Munich, 1989.

Rebora (Giovanni), *Un manuale di tentoria del Quattrocento*, Milan, 1970.

Varichon (Annei), Couleurs : pigments et teitures dans les mains des peuples, Pqris, 2e éd., 2005【アンヌ・ヴァリション『色：世界の染料・顔料・画材　民族と色の文化史』（第2版）、河村真紀子・木村高子訳、マール社、2009年】

6．顔料の歴史

Ball (Philip), *Histoire vivante des couleurs. 5000 ans de peinture racontée par les pigments*, Paris, 2005.

Bomford (David) *et alii*, *Art in the Making : Italian Painting before 1400*, Londres, 1989.

—, *Art in the Making : Impressionism*, Londres, 1990.

Brunello (Franco), « De arte illuminandi » e altri trattati sulla tecnica della miniature medievale, 2^{e}éd., Vicence, 1992.

Feller (Robert L.) et Roy (Ashok), *Artists' Pigments. A Handbook of their History and Characteristics*, Washington, 1985-1986, 2 vol.

Guineau (Bernard), dir., *Pigments et colorants de l'Antiquité et du Moyen Âge*, Paris, 1990.

Harley (Rosamund D.), *Artists' Pigments (c. 1600-1835)*, 2e éd., Londres, 1982.

Hills (Paul), *The Venetian Colour*, New Haven, 1999.

Kittel (Hans), dir., *Pigmente*, Stuttgart, 1960.

Laurie (Arthur P.), *The Pigments and Mediums of Old Masters*, Londres, 1914.

Loumyer (Georges), *Les Traditions techniques de la peinture médiévale*, Bruxelles, 1920.

Merrifield (Mary P.), *Original Treatises Dating from the XIIth to the XVIIIth Centuries on the Art of Painting*, Londres, 1849, 2 vol.

Montagna (Giovanni), *I pigmenti. Prontuario per l'arte e il restauro*, Florence, 1993.

Reclams Handbuch der künstlerischen Techniken. I : Farbmittel, Buchmalerei, Tafel- und Leinwandmalerei, Stuttgart, 1988.

Roosen-Runge (Heinz), *Farbgebung und Maltechnik frühmittelalterlicher Buchmalerei*, Munich, 1967, 2 vol.

Smith (Cyril S.) et Hawthorne (John G.), *Mappae clavicula. A Little Key to the World of Medieval Techniques*, Philadelphie, 1974 (*Transactions of The American Philosophical Society*, n.s., vol. 64/IV).

Techné. La science au service de l'art et des civilisations, vol. 4, 1996 («La couleur et ses pigments »).

Thompson (Daniel V.), *The Material of Medieval Painting*, Londres, 1936.

7．着衣の歴史

Baldwin (Frances E.), *Sumptuary Legislation and Personal Relation in England*,

Baltimore, 1926.
Baur (Veronika), *Kleiderordnungen in Bayern von 14. bis 19. Jahrhundert*, Munich, 1975.
Boehn (Max von), *Die Mode. Menschen und Modern vom Untergang der alten Welt bis wum Beginn des zwanzigsten Jahr-hunderts*, Munich, 1907-25, 8 vol【マックス・フォン・ベーン『モードの生活文化史』（イングリート・ロシェク編・簡約版）、永野藤夫・井本晌二訳、河出書房新社、1989・90年】
Boucher (François), *Histoire du costume en Occident de l'Antiquité à nos jours*, Paris, 1965【フランソワ・ブーシェ『西洋服装史：先史から現代まで』、近田武ほか訳、石山彰監修、座右宝刊行会編、文化出版局、1973年】
Bridbury (Anthony R.), *Medieval English Clothmaking. An Economic Survey*, Londres, 1982.
Eisenbart (Liselotte C.), *Kleiderordnungen der deutschen Städte zwischen 1350-1700*, Göttingen, 1962.
Harte (N. B.) et Ponting (Kenneth G.), éds., *Cloth and Clothing in Medieval Europe. Essays in Memory of E. M. Carus-Wilson*, Londres, 1982.
Harvey (John), *Men in Black*, Londres, 1995 (仏訳1998)【ジョン・ハーヴェイ『黒服』、太田良子訳、研究社出版、1997年】
Hunt (Alan), *Governance of the Consuming Passions. A History of Sumptuary Laws*, Londres et New York, 1996.
Lurie (Alison), *The Language of Clothes*, Londres, 1982【アリソン・リュリー『衣服の記号論』、木幡和枝訳、文化出版局、1987年】
Madou (Mireille), *Le Costume civil*, Turnhout, 1986 (*Typologie des sources du Moyen Âge occidental*, vol. 47).
Mayo (Janet), *A History of Ecclesiastical Dress*, Londres, 1984.
Nixdorff (Heide) et Müller (Heidi), dir., *Weisse Vesten, roten Roben. Von den Farbordnungen des Mittelalters zum individuellen Farbgeschmak*, exposition, Berlin, 1983.
Page (Agnès), *Vêtir le prince. Tissus et couleurs à la cour de Savoie (1427-1447)*, Lausanne, 1993.
Pellegrin (Nicole), *Les Vêtements de la liberté. Abécédaire des pratiques vestimentaires françaises de 1780 à 1800*, Paris, 1989.
Piponnier (Françoise), *Costume et vie sociale. La cour d'Anjou, xive-xve siècles*, Paris-La Haye, 1970.
Piponnier (Françoise) et Mane (Perrine), *Se vêtir au Moyen Âge*, Paris, 1995.
Quicherat (Jules), *Histoire du costume en France depuis les temps les plus reculés jusqu'à la fin du xviiie siècle*, Paris, 1875.
Roche (Daniel), *La Culture des apparences. Une histoire du vêtement (xviiexviiie s.)*, Paris, 1989.
Roche-Bernard (Geneviève) et Ferdière (Alain), *Costumes et textiles en Gaule romaine*, Paris, 1993.
Vincent (John M.), *Costume and Conduct in the Laws of Basel, Bern and Zurich*, Baltimore, 1935.

8．哲学と科学史

Albert (Jean-Pierre) *et alii*, éd., *Coloris Corpus*, Paris, 2008.
Blay (Michel), *La Conceptualisation newtonienne des phénomènes de la couleur*, Paris, 1983.
—, *Les Figures de l'arc-en-ciel*, Paris, 1995.
Boyer (Carl B.), *The Rainbow from Myth to Mathematics*, New York, 1959.
Goethe (Johann Wolfgang von), *Zur Farbenlehre*, Tübingen, 1810, 2 vols.【ヨハン・ヴォルフガング・フォン・ゲーテ『色彩論 完訳版』（全2巻＋別冊：高橋義人・前田富士男ほか訳・解説、工作舎、1999年）；『色彩論』、木村直司訳、筑摩書房、2001年】
—, *Materialen zur Geschichte der Farbenlehre*, nouv. éd., Munich, 1971, 2 vol.
Halbertsma (Klaas J. A.), *A History of the Theory of Colour*, Amsterdam, 1949.
Hardin (Clyde L.), *Color for Philosophers. Unweaving the Rainbow*, Cambridge (États-Unis), 1988.
Lindberg (David C.), *Theories of Vision from Al-Kindi to Kepler*, Chicago, 1976.
Magnus (Hugo), *Histoire de l'évolution du sens des couleurs*, Paris, 1878.
Newton (Isaac), *Optiks : or a Treatise of the Reflexions, Refractions, Inflexions and Colour of Light...*, Londres, 1704 ; *Optice sive de reflectionibus, refractionibus et inflectionibus et coloribus lucis...*, Londres, 1707 (Samuel Clarkによるラテン語訳、1740年、ジュネーヴ)【アイザック・ニュートン『光学』、堀伸夫・田中一郎訳、槙書店、1980年／島尾永康訳、岩波文庫、1983年】
Pastore (Nicholas), *Selective History of Theories of Visual Perception, 1650-1950*, Oxford, 1971.
Sepper (Dennis L.), *Goethe contra Newton. Polemics and the Project of a New Science of Color*, Cambridge, 1988.
Sherman (Paul D.), *Colour Vision in the*

Nineteenth Century : the Young-Helmholtz- Maxwell Theory, Cambridge, 1981.

Westphal (John), Colour : a Philosophical Introduction, 2e. éd., Londres, 1991.

Wittgenstein (Ludwig), Bemerkungen über die Farben, Frankfort-am-Main, 1978【ルードウィヒ・ウィトゲンシュタイン『色彩について』、中村昇・瀬嶋貞徳訳、新書館、1997年】

9．芸術の歴史と理論

Aumont (Jacques), Introduction à la couleur : des discours aux images, Paris, 1994.

Ballas (Guila), La Couleur dans la peinture moderne. Théorie et pratique, Paris, 1997.

Barash (Moshe), Light and Color in the Italian Renaissance Theory of Art, New York, 1978.

Dittmann (Lorenz), Farbgestaltung und Fartheorie in der abendländischen Malerei, Stuttgart, 1987.

Gavel (Jonas), Colour, A Study of its Position in the Art Theory of the Quattroand Cinquecento, Stockholm, 1979.

Hall (Marcia B.), Color and Meaning. Practice and Theory in Renaissance Painting, Cambridge (Mass.), 1992.

Imdahl (Max), Farbe. Kunsttheoretische Reflexionen in Frankreich, Munich, 1987.

Kandisky (Wassily), Ueber das Geistige in der Kunst, Munich, 1912【カンディンスキー『抽象芸術論：芸術における精神的なもの』、西田秀穂訳、美術出版社、1963年】

Le Rider (Jacques), Les Couleurs et les Mots, Paris, 1997.

Lichtenstein (Jacqueline), La Couleur éloquente. Rhétorique et peinture à l'âge classique, Paris, 1989.

Roque (Georges), Art et science de la couleur. Chevreul et les peintres de Delacroix à l'abstraction, Nîmes, 1997.

Shapiro (A. E.), « Artists' Colors and Newton's Colors », dans Isis, vol. 85, 1994, p. 600-630.

Teyssèdre (Bernard), Roger de Piles et les débats sur le coloris au siècle de Louis XIV, Paris, 1957.

10．赤色固有の歴史

古代

Besnier (Maurice), « Purpura », dans C. Daremberg et E. Saglio, Dictionnaire des antiquités grecques et romaines, vol. IV/1, Paris, 1905, p. 769-778.

Dedekind (Alexander), Ein Beitrag zur Purpurkunde, Berlin, 1898.

Doumet (Joseph), Étude sur la couleur de la pourpre ancienne, Beyrouth, 1980.

Reinhold (Meyer), History of Purple as a Status Symbol in Antiquity, Bruxelles, 1970 (Latomus, vol. 116).

Schneider (Kurt), « Purpura », dans Realencyclopädie der klassischen Altertumswissenschaft (Pauly-Wissowa), Stuttgart, 1959, vol. XXIII/2, col. 2000-2020.

Stulz (Heinke), Die Farbe Purpur im frühen Griechentum, Stuttgart, 1990.

Trinquier (Jean), « Cinaberis et sangdragon. Le cinabre des Anciens, entre minéral, végétal et animal », dans Revue archéologique, t. 56, 2013, fasc. 2, p. 305-346.

Wunderlich (Eva), Die Bedeutung der roten Farbe im Kultus der Griechen und Römer, Giessen, 1925.

中世

Contamine (Philippe), L'Oriflamme de Saint-Denis aux xive et xve siècles. Étude de symbolique religieuse et royale, Nancy, 1975.

Gaignebet (Claude), « Le sang-dragon au Jardin des délices », dans Ethnologie française, n.s., vol. 20, n° 4, oct.-déc. 1990, p. 378-390.

Lontzen (Günter), « Das Gedicht De puella a lupellis servata von Egbert von Lüttich », dans Merveilles et contes, vol. 6, 1992, p. 20-44.

Meier (Christel) et Suntrup (Rudolf), « Zum Lexikon der Farbenbedeutungen im Mittelalter. Einführung zu Gegenstand und Methoden sowie Probeartikel aus dem Farbenbereich Rot », dans Frühmittelalterliche Studien, t. 21, 1987, p. 390-478.

Mellinkoff (Ruth), « Judas's Red Hair and the Jews », dans Journal of Jewish Art, vol. IX, 1982, p. 31-46.

Nyrop (Kristoffer), « Gueules. Histoire d'un mot », dans Romania, vol. LXVIII, 1922, p. 559-570.

Pastoureau (Michel), « Ceci est mon sang. Le christianisme médiéval et la couleur rouge », dans D. Alexandre- Bidon, éd., Le Pressoir mystique. Actes du colloque de Recloses, Paris, 1990, p. 43-56.

—. « De gueules plain. Perceval et les

origins héraldiques de la maison d'Albret », dans *Revue francaise d'héraldique et de sigillographie*, vol. 61, 1991, p. 63-81.

Poirion (Daniel), « Du sang sur la neige. Nature et fonction de l'image dans *Le Conte du Graal* », dans D. Hüe, éd., *Polyphonie du Graal*, Orléans, 1998, p. 99-112.

Ravid (Benjamin), « From Yellow to Red. On the Distinguishing Head Covering of the Jews of Venice », dans *Jewish History*, vol. 6, 1992, fasc. 1-2, p. 179-210.

Rey-Flaud (Henri), « Le sang sur la neige. Analyse d'une image-écran de Chr.tien de Troyes », dans *Litterature*, vol. 37, 1980, p. 15-24.

Walker Bynum (Caroline), *The Blood of Christ in the Later Middle Ages*, Cambridge, 2002.

Weckerlin (Jean Baptiste), *Le Drap* escarlate *au Moyen Âge : essai sur l'étymologie et la signification du mot* écarlate *et notes techniques sur la fabrication de ce drap de laine au Moyen Âge*, Lyon, 1905.

近現代

Agulhon (Maurice), « Les couleurs dans la politique française », dans *Ethnologie française*, t. XX, 1990, fasc. 4, p. 391-398.

Cretin N., *Histoire du Père Noël*, Toulouse, 2010.

Dommanget (Maurice), *Histoire du drapeau rouge, des origines à la guerre de 1939*, Paris, 1967.

Fauche (Xavier), *Roux et rousses. Un éclat très particulier*, Paris, 1997.

Geffroy (Anne), « Étude en rouge, 1789-1798 », dans *Cahiers de lexicologie*, vol. 51, 1988, p. 119-148.

Greenfield (Amy Butler), A Perfect Red, Empire, Episonage, and the Quest for the Colorof Desire, New York, 2005（仏訳2009年）【エイミー・B.グリーンフィールド『完璧な赤:「欲望の色」をめぐる帝国と密偵と大航海の物語』、佐藤桂訳、早川書房, 2006年】

Lanoë (Catherine), *La Poudre et le Fard. Une histoire des cosmétiques de la Renaissance aux Lumières*, Seyssel, 2008.

Mollard-Desfour (Annie), *Le Rouge. Dictionnaire des mots et expressions de couleur*, 2ᵉ éd., Paris, 2009.

Thièry de Ménonville (N. J.), *Traité de la culture du nopal et de l'éducation de la cochenille dans les colonies francaises de l'Amérique*, Cap-Français, 1787, 2 vol.

Timtcheva (Viara), *Le Mythe du Père Noël. Origines et évolution*, Paris, 2006.

図版版権者

見返：パリ、フランス国立図書館

©ADAGP, Paris 2016: 11（© Serge Poliakoff）; 140（© Kees Van Dongen）; 158（© Kees Van Dongen）; 159（© František Kupka）; 178（© Jean-Pierre Raynaud）; 181（© Jean-Michel Folon）; 193（© Mark Rothko / © 1998 Kate Rothko Prizel & Christopher Rothko）; 215（© Josef Albers / © The Josef and Anni Albers Foundation）.
AFP Photo / Solange Brand / Courtesy Ars Libri et Robert Klein Gallery : 175.
AKG-Images : 46, 84, 113, 146, 162, 182, 188, 190 ; Album / Prisma : 179 haut ; Album / Oronoz : 43 ; © Manuel Bidermanas : 173 ; © The British Library Board : 67 ; © Gérard Degeorge : 48 ; © Werner Forman : 15, 25 ; © André Held : 69 ; © Erich Lessing : 24, 71 ; © Gilles Mermet : 41 ; © Sotheby's : 153 ; Quint & Lox : 47 droite. © Joseph and Anni Albers Foundation : 215.
BnF, Paris : 39, 57, 65, 78, 83, 91, 103, 127, 165, 172, 184, 185, 186 ;
Bibliothèque de l'Arsenal, Paris : 75.
Bibliothèque Méjanes, Aix-en-Provence : 139.
Bodleian Library, Oxford : 104.
Bridgeman Images : 27, 97, 99, 105 haut, 118-119, 122, 137, 143, 150, 156, 158, 159 ; © Agnew's, Londres : 155 ; © De Agostini Picture Library / G. Dagli Orti : 19 ; © The Berger Collection, Denver Art Museum : 109 ; Bildarchiv Steffens / Henri Stierlin : 12 ; © Glasgow University Library, Écosse : 59 ; © SGM : 176 ; © Scottish National Gallery, Édimbourg : 154 ; © The Sullivan
Collection : 151 ; © Peter Willi : 120.
© cd66 / CCRP / Dinh Thi Tien - Image maker : 36.
© Jean Clottes : 17.
Droits réservés / photo X : 44, 70.
Getty Images / © Baron : 187.
Institut de recherche et d'histoire des textes - CNRS : Amiens, biblioth.que municipale : 62-63.
Kharbine-Tapabor / Collection Dixmier : 183 ; Collection IM : 179 bas ; Collection Jonas : 181.
La Collection : © Artothek : 140, 193 ; © Jean-Paul Dumontier : 54.
Leemage : © De Agostini : 28, 107 ; © The British Library Board : 87, 102, 105 bas ; © Fine Art Images : 157 ; © Heritage Images : 174 ; © Photo Josse : 148, 149 ; © Luisa Ricciarini : 23, 34 ; © S. Vannini : 21.
Musée Fabre de Montpellier Méditerranée Métropole / Photographie Frédéric Jaulmes : 11.
© Florian Monheim / Bildarchiv Monheim GmbH : 73.
Musée national d'art de Catalogne, Barcelone / © Jordi Calveras : 61.
Musée national suisse, Zurich : 76-77.
© Musées royaux d'art et d'histoire, Bruxelles : 47 gauche.
Newberry Library, Chicago : 131.
© Rheinisches Bildarchiv Köln / Helmut Buchen : 80.
RMN-GP : Agence Bulloz : 191 ; © Archives Alinari, Florence, Dist. RMN-GP / Nicola Lorusso : 110-111 ; Philipp Bernard : 125 ; © BPK, Berlin, Dist. RMN-GP : 168-169 ; © BPK, Berlin, Dist. RMN-GP / Jörg P. Anders : 117 ; © BPK, Berlin, Dist. RMN-GP / Hermann Buresch : 114 ; © BPK, Berlin, Dist. RMN-GP / Annette Fischer / Heike Kohler : 145 ; © The British Museum, Londres, Dist. RMN-GP / The Trustees of the British Museum : 51 ; © Château de Versailles / Daniel Arnaudet / Gérard Blot : 132 ; © Château
de Versailles / Christophe Fouin : 133 ; © The Metropolitan Museum of Art, Dist. RMN-GP / Image of the MMA : 101 ; Musée de Cluny, musée national du Moyen Âge / Franck Raux : 60 ; Musée du Louvre / Thierry Le Mage : 53 ; Musée du Louvre / Hervé Lewandowski : 31 ; © The National Gallery, Londres, Dist. RMN-GP / National Gallery Photographic Department : 121 ; René-Gabriel Ojéda : 81.
Roger-Viollet : © Bilderwelt : 161 ; © Petit Palais : 168-169.
Scala, Florence : © 2016, AGF : 45 ; Photo Pierpont Morgan Library / Art Resource : 94 ; © Luciano Romano, courtesy of the Ministero dei Beni e Att. Culturali : 33.
© Luca Sassi : 93.
© Soktha Tang, 2006: 178.

図像の収集はカリヌ・ベンザカン氏とカロリヌ・ヒュシュ氏による。

p. 50の引用文はFrançois Jacquesson, Les Mots de couleurs dans les textes bibliqueⓒLACITO（CNRS), Paris, 2008

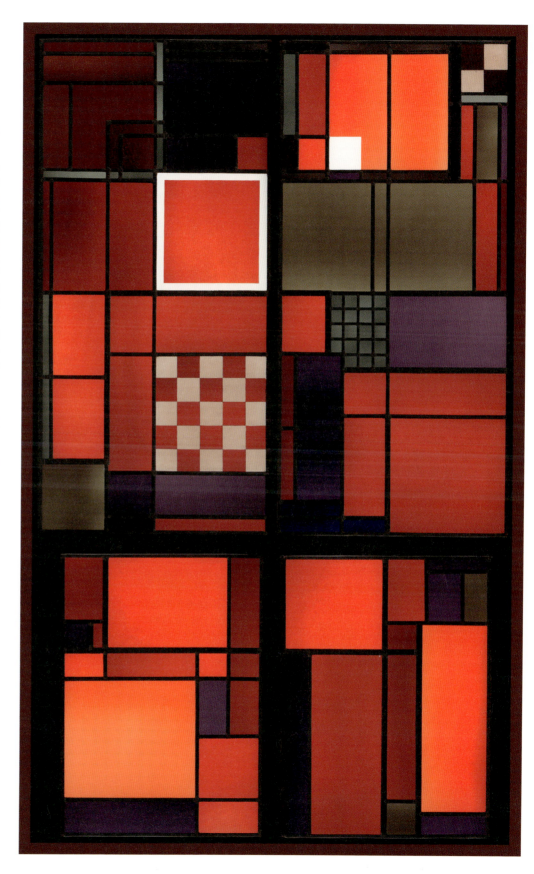

ヨーゼフ・アルバースのステンドグラス

パウル・クレー【1879–1942】やヨハネス・イッテン【1888–1967】の弟子だったヨーゼフ・アルバース（ヨゼフ・アルベルス）【1886–1976】は、バウハウスで教鞭をとり、1920年から33年まではステンドグラスの工房を主宰した。色彩の理論家であり、マティス【1869–1954】の大いなる讃美者でもあった彼は、長いあいだ青と緑に限定されていた抽象的なステンドグラスに、赤を大量に導入した。

ヴァイマルにあったバウハウス学校のヴァルター・グロピウス【1883—1969。建築家で、バウハウスの創設者・初代校長】の執務室に通じる待合室のためのステンドグラス（1923年）。破壊されたこのステンドグラスは、2008年にリュク＝ブノア・ブルアールによって復元されている。216.5×128 cm。ル・カトー＝カンブレジ、県立マティス美術館

謝辞

　本書が誕生するにあたって、ヨーロッパにおける赤の社会的・文化的歴史という問題が、国立高等研究実習院および社会科学高等研究院での筆者の長年にわたるゼミナールの主題だったことを明記しておきたい。筆者はすべてのゼミ生と聴講者たちに対し、さまざまな色について30年以上共有してきた実りある意見交換ができたことを感謝したい。

　また、筆者の周囲でその助言や指摘、示唆をあたえてくれたすべての友人や両親、同僚、学生たち、とくにタリア・ブレロ、ブリジット・ビュトネ、ピエール・ビュロー、イヴォンヌ・カザル、マリ・クロトー、クロード・クプリ、リディア・フラン、アドリヌ・グラン＝クレマン、エリアヌ・アルトマン、フランソワ・ジャクソン、クリスティヌ・ラポストル、モーリス・オランデ、ドミニク・ポワレル、フランソワ・ポプラン、アンヌ・リツ＝ギルベール、オルガ・ヴァシリエヴァ＝コドニェの諸氏にも謝意を表したい。

　さらに版元になってくれたスイユ出版社、とりわけ「ボー・リーヴル」編集陣のナタリー・ボー、カロリヌ・フークス、カリヌ・バンザカン＝レダン、クロード・エナール、グラフィック・デザイナーのフランソワ＝グザヴィエ・ドゥラリュ、製本担当のカリヌ・リュオー、そして筆者の広報担当者であるモー・ブーローおよびマリ＝クレール・シャルヴェの諸氏にも感謝を捧げたい。これらの方々が本書をきわめて美しい作品となり、前著同様、一般読者の知るところとなるよう動いてくれた。

　最後に、筆者がその建設的な批評と有益な再読をしていただいたクローディア・ラベル氏に対しても深甚なる謝意をしめさなければならない。

訳者あとがき

　今から40年近く前になるだろうか、筆者はフランス南西部、クロマニョン人の最初の化石人骨発見地でもあるレ・ゼジ一帯の後期旧石器時代の壁画洞窟を数か所訪れ、壁面の起伏を利用して描かれた動物たちが、間接照明の薄闇のなかを息づかいもあらく、洞窟内疾駆しているさまに圧倒された。以来、調査地をひろげ、フランス先史学会の一員としてより西部のピレネー地方やスペイン北・南部の壁画洞窟も踏査し、動物像に加えて、おびただしい数の記号的・抽象的な造形群とその彩色の謎に想いをはせてきた。新たなウラン＝トリウム年代測定法で前6万5000年頃、つまりクロマニョン人ではなく、ネアンデルタール人の時代に描かれたとされる、スペイン北部ビルバオ近郊のラ・パシエガの赤色動物像もまのあたりにすることができた。さらにオーストリアや旧チェコスロヴァキア、ハンガリーへも足を延ばし、旧石器時代の「ヴィーナス像」を含むさまざまな動産品に先史時代人の造形的感性を追ってもきた。可視化された色とかたちはじつにそこから始まるからだ。

　赤色顔料が多用されたラスコーやアルタミラは、保存のため閉鎖されてすでに久しいが、ピカソに影響をあたえたという正面観と側面観を結びつけた歪曲遠近法や、下絵をそこなうことなく、その輪郭線をもちいて新たな動物像を描く重ね書きなど、洞窟壁画には先史人たちの成熟した作画法をみてとることができる。かつてA・ルロワ＝グーランは動物像の洞窟内における分布や記号群との結びつきに着目し、そこに男性・女性原理の「二元論」を想定してもいる（詳細は拙訳『先史時代の宗教と芸術』および『世界の根源』参照）。だが、残念ながらこの偉大な碩学をもってしても顔料についての考察はほとんどなされなかった。彼以後、その瑕疵を埋める科学的研究がようやくなされるようになったが、たとえばスペイン北部サンタンデル近郊のラ・ガルマ洞窟では、壁画群の主要の顔料として赤が中心にもちいられたことが解明されている（全体50か所あまりのうち、赤37か所、黒11か所、黄色5か所）。とすれば、赤はまさに人類の始原の造形に君臨した色といえるだろう。

　『赤。色の歴史』を原題とする本書（Michel Pastoureau, *Rouge. Histoire d'une couleur,* Le Seuil,Paris, 2016）は、中世史家として著名なミシェル・パストゥローの色にかんする連作の1書である。連作の他書と若干記述に重複がみられるのは当然のこととして、旧石器時代から現代までを眺望し、序文で言挙げしているように「歴史書であり、言語表現から、日常生活や社会的実践、科学的知、技術的適用、宗教的倫理、さらに芸術的創造を経てシンボルへといたる、長期的かつ多角的な赤の研究した」本書は、その歴史的・文化的視野において異彩を放っている。「赤」という色だけについて、これほど充実した内容を披歴した研究書は他に類がないだろう。だが、興味深いのはそれだけでない。彼はまたやはり序文において歴史学のアポリア、つまり残された資料に対する時間の介在をいか

に扱うかという問題を3点指摘してもいる。たとえば「われわれはまたこれらの色と向きあう際には、かつての社会におけるきわめて異なる照明条件を考えなければならない。松明やオイルランプ、燭台、ロウソク、ガスといった照明が生みだす明かりは、電気が供給するそれとは同じではない」とする指摘である。さらに彼は方法論や認識論にかかわるアポリアも提示しているが、本書はまさにこうしたアポリアをみずから果敢に引き受け、「赤」という色を切り口として編まれた、いわば歴史への挑戦的な書ともなっている。

たとえばわが国の還暦をはじめとする慣行における赤や、文明開化を象徴する赤絵（錦絵）などにかんする言及もほしかったところだが、むろんそれは無理な注文というべきだろう。だが、多くの証拠・証言を駆使しながら、ひとつの色がたんに審美観の表象だけでなく、階層の差異化やアイデンティティ・シンボル、権威、交易・生産、信仰、交通・交信、民間伝承、さらに政治・思想、科学的分析などの文化的・社会的装置としてもちいられてきたとする著者の指摘は、歴史の生態系を見事に析出して説得力に富む。その浩瀚さにおいて、本書は文化史の可能性を一気に拡大したものといえるだろう。

著者の詳細については、すでに数点上梓されている邦訳書の解説に譲るとして、以下では彼の略歴を簡単に紹介するだけにとどめたい。彼は1947年、パリに生まれている。父アンリ・パストゥロー（1912-91）文学者で、画家のイヴ・タンギーやキリコなどと交流があり、アンドレ・ブルトン──『芸術の誕生』などの著者でも知られるジョルジュ・バタイユによれば、ブルトンはラスコー壁画の顔料がみずみずしいのを疑い、爪でそれを掻いて罰せられたという──らのシュールレアリストたちとも近い関係にあった。幼い頃から、彼はこの父に連れられて、タンギーやキリコのアトリエを訪れていたという。また従兄にあたるあのクロード・レヴィ＝ストロースの書斎にもおそらく通ったことだろう。

2014年までソルボンヌにあり、バタイユらを輩出した国立古文書学校に入学したパストゥローは、1792年、中世紋章の動物譚にかんする論文で博士号を取得したのち、1972年から82年までフランス国立図書館のメダイユ部門主任を勤めた。1983年からはソルボンヌにあった国立高等実習研究院、1990年からは、1975年に同研究院から独立し、筆者も学んだ国立高等社会科学研究院でそれぞれ西欧の中世象徴史などを講じるようになる。本書はこれら研究院での講義をまとめたものだという。彼はまた美術史学の最高峰とされる国立ルーヴル高等美術学校でも教鞭をとった。

2008年から17年まで、フランス紋章・印章学会会長をつとめていたパストゥローは、恒例行事となっているローザンヌ大学（同大学から名誉博士号授与）でのコロックをはじめとする各地での講演や、本書上梓時におけるテレビ・ラジオ番組のゲスト・コメンテーターなどを精力的にこなす一方、これまで40点あまりの研究書を発表している。以下はその主要な著作の題名と初版刊行年の一覧である。

1976年 『円卓の騎士時代におけるフランスおよびイングランドの日常生活』（*La Vie quotidienne en France et en Angleterre au temps des chevaliers de la Table ronde*, Hachette littératures, Paris）

同　『大紋章』（*Les Armoiries*, Brepols,

Turnhout）

1979年　『紋章論』（*Traité d'héraldique*, Picard, Paris）

1981年　『印璽・印章』（Les Sceaux, Brepols）

1982年　『アーミン模様とシノプル（緑）――中世紋章研究』（*L'Hermine et le Sinople, études d'héraldique médiévale*, Le Léopard d'Or, Paris）

1984年　『コイン、認識票、メダイユ』（*Jetons, méreaux et médailles*, Brepols）

1986年　『図像と色』（*Figures et couleurs. Études sur la symbolique et la sensibilité médiévales*, Le Léopard d'Or）1986

1989年　『色、図像、象徴』（*Couleurs, images, symboles. Études d'histoire et d'anthropologie*, Le Léopard d'Or）

1991年　『悪魔の布――縞模様の歴史』（*L'Étoffe du diable, une histoire des rayures et des tissus rayés*, Le Seuil, Paris. 松村剛・松村理恵訳、白水社、1993年。新装版『縞模様の歴史――悪魔の布』、白水社、2004年）

同　『カペー朝のフランス』（*La France des Capétiens,* Larousse, Paris）

1992年　『ヨーロッパの色彩』（*Dictionnaire des couleurs de notre temps*, Bonneton, Chamalières. 石井直志・野崎三郎訳、パピルス、1995年）

1996年　『紋章の歴史――ヨーロッパの色とかたち』（*Figures de l'héraldique*, Gallimard, Paris. 松村剛監修、松村理恵訳、創元社、1997年）

1998年　『フランスのエンブレム』（*Les Emblèmes de la France*, Bonneton）

同　『染色職人のうちのイエス――中世西欧の色と染色』（*Jésus chez le teinturier. Couleurs et teintures dans l'Occident médiéval*, Le Léopard d'Or）

2001年　『王を殺した豚、王が愛した象――歴史に名高い動物たち』（*Les Animaux célèbres*, Bonneton. 松村理恵・松村剛訳、筑摩書房、2003年）

2002年　『青の歴史』（*Bleu. Histoire d'une couleur*, Le Seuil. 松村理恵・松村剛訳、筑摩書房、2005年）

2004年　『ヨーロッパ中世象徴史』（*Une histoire symbolique du Moyen Âge occidental*, Le Seuil. 篠田勝英訳、白水社、2008年）

2005年　共著『色の小冊子』（*Le Petit Livre des couleurs,* avec Dominique Simonnet, Panama, Paris）

2006年　共著『聖書と聖人たち』（*La Bible et les Saints,* avec Gaston Duchet-Suchaux, Flammarion, Paris）

2007年　『熊――ある失脚した王の歴史』（*L'Ours. Histoire d'un roi déchu*, Le Seuil）

2008年　『黒。色の歴史』（*Noir : Histoire d'une couleur*, Le Seuil）

2009年　『中世の紋章芸術』（*L'Art de l'héraldique au Moyen Âge*, Le Seuil）

同　『豚――ある愛されなかったイトコの歴史』（*Le Cochon. Histoire d'un cousin mal aimé*, Gallimard）

2010年　『われわれの記憶の色』（*Les Couleurs de nos souvenirs*, Le Seuil）：メディシス賞（評論部門）受賞

2011年　『中世動物譚』（*Bestiaires du Moyen Âge*, Le Seuil）

2013年　共著『ローマの造形』（*Figures romanes,* avec Frank Horvat, Le Seuil）

同　『一角獣の秘密』（*Les Secrets de la licorne,*

Réunion des musées nationaux, Paris）
同　『緑。色の歴史』（*Vert. Histoire d'une couleur*, Le Seuil）
同　『豚』（*Le Cochon, préface de Jean-Pierre Coffe*, Gallimard）
同　『記号（徴）と夢──中世の象徴体系と感性』（*Les Signes et les songes : Études sur la symbolique et la sensibilité médiévales*, Edizioni del Galluzzo, Florence）
2015年　『豚に殺された王』（*Le Roi tué par un cochon*, Le Seuil）
2016年　『赤。色の歴史』（*Rouge. Histoire d'une couleur*, Le Seuil）：本書
同　『石はもはや黒を恐れない』（*Pierre n'a plus peur du noir*, Privat, Toulouse）
同　共著『フランスの色』（*Les couleurs de la France, avec* Pascal Ory et Jérôme Serri, Hoëbeke, Paris）
2017年　共著『金羊毛の騎馬大紋章集』（*Le grand armorial équestre de la Toison d'or, avec* Jean-Charles de Castelbajac, Le Seuil / BNF）

　以上のほかに、本書原注にもその一部が記されている論考も数多くあるが、この尋常ならざる構想力と着想力、そして資料収集力はいったいどこに由来するのか。世代を同じくする筆者にとっては、ひたすら驚愕あるのみである。歴史の地平をこうして独自に切り開き、すでに「パストゥロー史学」を確立している著者の影響を受けた研究者も誕生している。とすれば、余人をもってしてはおそらくなしえない色の連作が完成したあかつきには、色彩史や紋章学のみならず、歴史学および歴史人類学全体はまちがいなく新しい時代を迎えることだろう。その完成を鶴首するゆえんである。

　最後に、本書翻訳の機会をあたえてくれた原書房第1編集部長の寿田英洋氏と編集部の廣井洋子氏の長年にわたるご厚情に対し、あらためて感謝の念を捧げたい。

　2018年晩夏

訳者を代表して
蔵持不三也

◆著者紹介
ミシェル・パストゥロー　Michel Pastoureau
1947年パリ生まれ。国立古文書学校卒。フランス国立図書館メダイユ部門主任をつとめたのち、国立高等実習研究院、ついで国立高等社会科学研究院主任教授、フランス紋章・印章学会会長などを歴任した。本書をふくむ40点あまりの著書を上梓し、邦訳書には、『悪魔の布──縞模様の歴史』（1991年）、『ヨーロッパの色彩』（1992年）、『紋章の歴史』（1996年）、『王を殺した豚、王が愛した象──歴史に名高い動物たち』（2001年）、『ヨーロッパ中世象徴史』（2004年）、『青の歴史』（2005年）などがある。『われわれの記憶の色』（2010年）でメディシス賞（評論部門）受賞。

◆訳者紹介
蔵持不三也　Fumiya Kuramochi
1946年栃木県今市市（現日光市）生まれ。早稲田大学第1文学部仏文専攻卒、パリ第4大学（ソルボンヌ大学）修士課程修了（比較文化専攻）、社会科学高等研究院博士課程修了（民族学専攻）。早稲田大学人間科学学術院教授やモンペリエ大学客員教授をへて現在早稲田大学名誉教授　著書に、『シャリヴァリ──民衆文化の修辞学』（同文館）、『ペストの文化誌──ヨーロッパの民衆文化と疫病』（朝日新聞社）、『シャルラタン──歴史と諧謔の仕掛人たち』、『英雄の表徴』（以上、新評論）ほか。共・編著・監修に、『ヨーロッパの祝祭』（河出書房新社）、『神話・象徴・イメージ』（原書房）、『エコ・イマジネール──文化の生態系と人類学的眺望』、『文化の遠近法』、『ヨーロッパ民衆文化の想像力』（以上言叢社）ほか。翻訳・編訳・共訳に、ミシェル・ダンセル『図説パリ歴史物語＋パリ歴史小事典』（2巻）、ベルナール・ステファヌ『図説パリの街路歴史物語』（2巻）、ドミニク・レズロ『街角の遺物・遺構から見たパリ歴史図鑑』、ニコル・ルメートルほか『図説キリスト教文化事典』、フランソワ・イシェ『絵解き中世のヨーロッパ』、アンリ・タンクほか『ラルース版世界宗教大図鑑』、キャロル・ヒレンブラント『図説イスラーム百科』、ベルナール・ステファヌ『パリ地名大事典』（以上、原書房）、マーティン・ライアンズ『本の歴史文化図鑑』、ダイアナ・ニューオールほか『世界の文様歴史文化図鑑』、フィリップ.パーカー『世界の交易ルート大図鑑』（以上柊風舎）、A・ルロワ＝グーラン『先史時代の芸術と宗教』（日本エディタースクール出版部）、同『世界の根源』（言叢社）ほか多数。

城谷民世　Tamiyo Shiroya
北海道室蘭市生まれ。早稲田大学人間科学部人間健康科学科卒、パリ第7大学前期博士課程（政治社会学専攻）修了、エクス＝アン＝プロヴァンス大学政治学院後期博士課程修了。博士（社会学）。
論文に、La « spiritualité », une nouvelle forme rhizomique de religiosité. Étude comparative s'appuyant sur des festivals de spiritualité au Japon, en France et aux Pays-Bas などがある。

ROUGE. HISTOIRE D'UNE COULEUR
by Michel Pastoureau
© Éditions du Seuil, 2016
Japanese translation rights arranged with Les Éditions du Seuil, Paris
through Tuttle-Mori Agency, Inc., Tokyo

赤の歴史文化図鑑

●

2018年10月5日　第1刷

著者………ミシェル・パストゥロー
訳者………蔵持不三也
　　　　　城谷民世
装幀………川島進デザイン室
本文組版・印刷………株式会社ディグ
カバー印刷………株式会社明光社
製本………小高製本工業株式会社
発行者………成瀬雅人
発行所………株式会社原書房
〒160-0022　東京都新宿区新宿1-25-13
電話・代表 03(3354)0685
http://www.harashobo.co.jp
振替・00150-6-151594
ISBN978-4-562-05601-9

©Fumiya Kuramochi 2018, Printed in Japan